CORRIGÉS

D0723150

I. PRONOMS DÉMONSTRATIFS ET POSSESSIFS

1 a. Ce b. ce d. celle – ça f. Ce g. Cela

2 a. Ce sont b. C'est c. C'est d. ce sont e. C'est f. Ce sont g. c'est h. c'est

3 a. Celui b. celle c. Ceux d. celles e. celui f. ceux g. celle h. Celles

4 a. celui b. celle c. Ceux d. Celui e. ceux f. celles g. Celle h. celles

5 a. cela b. cela c. cela d. cela e. ce f. cela g. cela h. ce

6 a. ceci b. ceci c. C' d. Ceci e. C' f. ce g. Ceci h. ceci

7 a. sans ça b. comment ça c. ça d. ça suffit e. avec ça f. avec ça g. à ça h. Ça ne fait rien

8 a. Ce b. ceux c. ce d. Ceux e. ce f. ceux g. ceux h. Ce

9 a. ...ceux... b. ... celui... c. ... celle ... d. ... de celui ... e. ... à ceux ... f. ... à celles ... g. ... celui ... h. ... celle ...

10 a. ...Celui... b. ...celle... c. Celui... d. Celles ... e. Ceux ... f. Ce ... g. ... ceux ... h. Ça ...

11 a. ... celui-là. b. Celui-ci ... c. ... celles-là ... d. ... ceux-là ... e. ... Ça/Cela ... f. ... ceux-ci ... ceux-là. g. ... celle-ci ... celle-là. h. ... Ça/Cela ...

12 a. ... Ceux-ci ... ceux-là ? b. Celle ... c. ... celui-là ... d. ... celles-là ... e. ... celui-ci ? f. ... celle-là ... g. ... celui-ci ... h. Ceux-là ...

13 a. ceux-là b. ceux-ci c. celles-ci/celles-là d. ceux-là e. celle-ci f. ceux-là g. Celui-ci/Celui-là h. Celle-ci/Celle-là

14 a. Celui-ci b. ceux-là c. celle-ci ... celle-là d. celui-ci e. Ceux-ci f. celui-là g. celle-ci/celle-là h. celui-ci

15 b. le mien c. la mienne d. La leur e. aux miens f. les nôtres g. le vôtre – le nôtre h. le nôtre

16 a. la sienne b. les miennes c. les leurs d. le vôtre e. la leur f. les siens g. les tiennes h. les nôtres

17 a. pronom personnel b. pronom possessif c. adjectif possessif d. pronom possessif e. adjectif possessif f. pronom personnel g. pronom possessif h. adjectif possessif

18 a. ... la mienne ? b. ... les miennes. c. ... la sienne. d. À la tienne ! e. ... le sien. f. ... le tien. g. ... les tiennes ? h. ... les siennes.

19 a. ce n'est pas le sien. b. ce sont les miens. c. c'est la vôtre. d. ce ne sont pas les leurs. e. ce ne sont pas les miens. f. c'est la sienne. g. c'est la leur. h. ce n'est pas la tienne.

20 a. la leur b. la sienne c. le mien d. la nôtre e. le vôtre f. le sien g. les tiens h. les leurs

21 a. ce ne sont pas les siennes. b. ce n'est pas la leur. c. ce ne sont pas les miens/les nôtres. d. ce ne sont pas les miens/les nôtres. e. ce ne sont pas les leurs. f. ce n'est pas le sien. g. ce n'est pas la mienne. h. ce ne sont pas les nôtres.

22 a. les siennes b. des leurs c. aux nôtres d. le vôtre e. les siens f. des leurs g. les vôtres h. la tienne

23 a. 5 b. 3 c. 1 d. 6 e. 4 f. 2 g. 8 h. 7

24 a. la tienne b. le leur c. les miens d. le tien e. la mienne f. les vôtres g. Les leurs h. Les siens

25 a. Mes manches sont toutes tachées. Les siennes sont impeccables. b. Vos filles n'ont rien dit. Les nôtres n'ont fait que pleurer. c. Nos voitures ont plus de dix ans. Les leurs sont toutes neuves. d. Mes bagues sont fausses mais les tiennes sont serties de vrais diamants. e. Si tes raquettes sont cassées, je peux te prêter les miennes. f. Nos enfants ont le même âge que les leurs. g. Vous vous souvenez de nos amis ? Moi, je me souviens très bien des vôtres. h. Nous avons retrouvé tes lettres mais nous ne savons plus où nous avons pu mettre les siennes.

Bilans

26 1. celle 2. la vôtre 3. la mienne 4. celle-ci 5. le vôtre 6. celui 7. celui-ci 8. Le mien 9. celle 10. ceux 11. celui

27 1. C' 2. celle 3. c' 4. la sienne 5. le sien 6. Celui 7. Celui-ci 8. ce 9. C' 10. cela 11. Celui 12. le mien 13. Ce 14. ceux 15. les siens 16. celui 17. C' 18. celles 19. Ce 20. celui

II. LES PRONOMS RELATIFS

28 a. que b. qui c. que d. que e. qui f. qui g. que h. qui

29 a. Il manque la tête de cette statue. b. Tu ne te souviens pas de cet événement. c. J'ai gardé la clé de ce coffre. d. Il a fait une photocopie de ce document. e. Elle rêve de ce pays. f. Nous cherchions le titre de cette chanson. g. Je t'ai parlé de cette musique. h. J'ai brisé la vitre de cette voiture.

30 a. On m'a offert un chat que j'ai surnommé ... b. Allons nous promener au Futuroscope où les enfants ... c. Ils ont rencontré le présentateur dont ils ont suivi ... d. Vous achetez cette maison que les parents de mon amie ont mise en vente. e. Suivez le conseil de Claude qui est sûr. f. J'aimerais voir cette exposition dont on m'a dit ... g. Prenez cette route qui est ... h. Ils habitent à Saint-Tropez où il y a ...

31 a. qui b. qui c. dont d. qui e. dont/où f. dont g. que h. où

32 a. que b. où c. qui d. dont e. où f. que g. dont h. qui.

33 a. où b. qui c. que d. dont e. que f. qui g. dont h. où

34 a. à qui b. en qui c. chez qui d. pour qui e. avec qui f. pour qui g. de qui h. sur qui

35 a. ce qui b. ce que c. ce que d. ce qu' e. ce qui f. ce qu' g. ce que h. ce que

36 a. ce que b. ce dont c. ce que d. ce dont e. ce qu' f. ce qui g. ce dont h. ce qui

37 a. ce qui b. ce qui c. ce que d. ce dont e. ce qui f. ce dont g. ce qui h. ce que

38 a. Gilles m'a parlé de l'architecture ..., ce pour quoi il se passionne. b. La Sécurité sociale est trop endettée, ce sur quoi tous les Français semblent d'accord. c. À 70 ans, il a couru 20 km ..., ce dont il est très fier. d. On m'a demandé de ..., ce à quoi je suis opposé. e. Perdre ... : ce contre quoi les syndicats appellent à manifester. f. Il transporte ..., ce avec quoi il travaille. g. Ils se sont acheté ..., ce dont ils rêvaient depuis longtemps. h. Les 35 heures ..., ce à quoi personne ne s'attendait.

39 a. C'est un ensemble en cuir qu'elle voudrait acheter. b. C'est ce canapé qu'ils ont choisi pour leur salon. c. C'est Sabine qui s'occupe de tout. d. C'est un chat persan que ses parents lui ont offert. e. C'est ce jouet que Claire souhaite avoir pour son anniversaire. f. C'est Luc qui va être content. g. C'est ce magazine que nous lisons chaque semaine. h. C'est mon mari qui ne sera pas d'accord pour vendre ce meuble.

40 a. avec qui b. pour qui c. sur qui d. qui e. à qui f. pour qui g. à qui h. de qui

41 a. qui a donné des concerts dans toute la France. b. en qui personne ne croyait il y a cinq ans. c. pour qui seule la musique compte. d. sur qui les journaux ont fait de bonnes critiques. e. avec qui les musiciens aiment jouer. f. à qui des milliers d'adolescentes écrivent. g. avec qui je rêve de jouer un jour. h. sans qui le rock français serait différent.

42 a. de qui b. ce que c. pour qui d. qui e. avec qui f. ce qui g. pour qui h. à qui

43 a. auquel b. auquel c. auxquels d. à laquelle e. auquel f. à laquelle g. auxquelles h. à laquelle

44 a. ... une organisation humanitaire à laquelle son mari a adhéré l'année dernière. b. ... une décision grave sur laquelle il a précisé qu'il ne reviendrait pas. c. ... un romancier français pour lequel j'éprouve une profonde admiration. d. ... des amis avec lesquels nous aimons beaucoup faire la fête. e. ... des routes calmes par lesquelles je préfère passer durant les vacances. f. ... un contrat par lequel ils sont liés l'un à l'autre. g. ... un film réalisé par Charlie Chaplin dans lequel Charlot et Buster Keaton jouent pour la première fois ensemble. h. ... les ponts de la capitale, sous lesquels quelques sans-abri viennent dormir, la nuit venue.

45 a. auxquels b. auxquelles c. auquel d. à laquelle e. à laquelle f. auquel g. auxquelles h. auxquels

46 a. de laquelle b. desquelles c. duquel d. desquels e. duquel f. desquelles g. duquel h. desquels

47 a. desquels b. duquel c. de laquelle d. desquelles e. duquel f. desquelles g. de laquelle h. desquels

48 a. ce sont les immeubles près desquels j'habite. b. c'est le bateau grâce auquel il a gagné la course. c. ce sont les bois dans lesquels j'ai joué quand j'étais enfant. d. c'est le camion à cause duquel un cycliste est mort. e. c'est l'étudiant avec lequel je partage mon studio. f. ce sont les associations auxquelles ils apportent leur aide. g. ce sont les poupées de collection pour lesquelles elle dépense tout son argent. h. c'est la salle dans laquelle je m'entraîne.

49 a. dont → 4 b. duquel → 1 c. dont → 6/7 d. dont → 6 e. dont → 8 f. dont → 5 g. duquel → 2 h. dont → 3

50 a. duquel b. dont c. dont d. duquel e. dont f. duquel g. dont h. dont

51 a. par laquelle b. pour lequel c. sur lequel d. en lequel e. sur lequel f. de laquelle g. sous lequel h. dans laquelle

52 a. ... des panneaux au-delà desquels l'entrée est interdite. b. ... un sommet enneigé du haut duquel on découvre la vallée. c. ... son projet sans lequel il n'obtenait pas le contrat. d. ... un arbre rare à partir duquel on fabrique le caoutchouc. e. ... trois possibilités en dehors desquelles il n'y a pas de salut. f. ... sa femme avec laquelle il a eu trois enfants. g. ... un vieux magasin de Paris de la terrasse duquel il y a un très beau panorama de la

capitale. h. ... plusieurs réformes parmi lesquelles :
la baisse des impôts sur le revenu.

53 a. que b. dont c. qui d. que e. qu' f. dont
g. qui h. qui

54 a. à qui b. sur lesquels c. auxquels
d. auxquelles/à qui e. dont f. pour lesquelles
g. auxquelles h. sur lequel/avec lequel

Bilans

55 1. que 2. dont 3. auquel 4. desquelles
5. qui/lesquels 6. qui 7. lesquelles 8. qui
9. laquelle 10. duquel

56 1. dont 2. que 3. à laquelle 4. duquel
5. qui 6. de laquelle 7. ce que 8. sur lequel
9. duquel 10. pour laquelle 11. dont 12. duquel
13. qui 14. que 15. où/dans lequel 16. auquel
17. où 18. à laquelle 19. ce que

III. PRONOMS PERSONNELS COMPLÉMENTS

57 a. je le vois souvent. b. je la suis. c. elle
l'accompagne. d. je les lis. e. ils le condamnent.
f. elle les convoque. g. elle les connaît. h. ils le
prennent.

58 a. Nous l'avons croisé ... b. Il les accompagne
... c. Les Saunier nous invitent ... d. Ils la vendent
... e. Patrick le reprend ... f. ... c'est M. Dupin qui
vous conduit ... g. Ils les réveillent ... h. Elle la voit ...

59 a. Je leur conseille ... b. Le juge les écoute ...
c. Il ne leur dit pas bonsoir. d. Nous leur faisons
confiance. e. Le docteur les rassure. f. L'école
leur offre ... g. Il les adore. h. Le proviseur les
convoque ...

60 a. lui b. nous c. me d. te e. se f. vous
g. leur h. lui

61 a. Il ne la voit pas souvent. b. Ils lui font mal.
c. Elle ne la contredit jamais. d. Nous les appelons.
e. Nous les vendons ... f. Nous le croyons sincère.
g. Vous le préparez ... h. Ils leur envoient ...

62 a. je l'ai montrée à Juliette. b. je ne l'ai pas
supporté. c. je ne les ai pas présentés. d. je l'ai
mise. e. je l'ai rapporté à Roland. f. ils ne l'ont pas
communiquée. g. je les ai prévenus. h. ils ne les
ont pas envoyées.

63 a. Nous les avons invités. b. Ils les ont
interrogés. c. Elle lui a emprunté une voiture. d. Je
les ai rapportées de Nice. e. Leur avez-vous offert
cette gravure ? f. On l'a découverte ... g. Je l'ai
apprise ... h. Nous l'avons retrouvée.

64 a. Elle ne s'en passe plus. b. Elle n'en a pas
besoin. c. Il s'y attache trop. d. Ma femme en a envie.
e. Vous y avez pensé ? f. Je m'y intéresse. g. Tu en
apporteras pour Laurent. h. Je t'y accompagne.

65 a. Les promeneurs en ont aperçu plusieurs.
b. Il ne s'y habitue pas. c. Elle en a mangé deux
parts. d. Thierry en est content. e. Carine y est
heureuse. f. Il y est allé ... g. Il s'en est aperçu trop
tard. h. Ils en ont acheté très peu.

66 a. à lui b. À moi c. me d. lui e. à toi f. te
g. à elle h. me

67 a. Le réalisateur s'intéresse à elle. b. Nous
avons souvent affaire à lui. c. Cette année, il y a
participé. d. Adressez-vous plutôt à elles. e. Il
pense souvent à eux. f. J'y tiens beaucoup. g. Il y
croit très fort. h. Elle s'est vite attachée à eux.

68 a. ... de photographies d'elle. b. Il en connaît
tous les secrets. c. ... un autographe de lui. d. Il
ne m'a pas dit ce qu'il en pensait. e. ... des photos
d'elles ? f. Les politiciens s'en inquiètent. g. Elle
dit du mal d'eux. h. Je m'en doutais.

69 *Réponses possibles :* a. Oui, je me souviens
d'eux. b. Oui, je m'occupe d'elle. c. Non, je ne
m'intéresse pas à elle. d. Non, je n'y suis jamais
allé. e. Oui, j'en ai vu un. f. Non, je ne me confie
pas à eux. g. Non, je n'en ai pas peur. h. Oui, je
me méfie d'eux.

70 a. Elle se le demande. b. Tu ne le comprends
pas ? c. On ne le sait pas. d. L'as-tu vérifié ? e. Je
te l'ai déjà expliqué. f. Tu l'as montré à Christine ?
g. Elle ne me l'a pas dit. h. Je me le demande.

71 a. Ils en ont averti Julien. b. Veillez-y. c. Je n'en
ai pas envie. d. On y pousse Marie. e. J'y invite mes
amis. f. Ils n'en ont plus l'habitude. g. Elle en est
très heureuse. h. Nous ne nous y attendions pas.

72 a. Accompagne-la ! b. Aidons-la ! c. Vendez-
les ! d. Écrivez-leur ! e. Mange-les donc ! f. Prête-
la à cet enfant ! g. Téléphone-leur ! h. Réserve-le
tout de suite !

73 a. Ne leur prête pas de cassette. b. Ne les
poursuivez pas ! c. Ne te lave pas les dents. d. Ne
m'embrasse pas ! e. Ne t'en va pas ! f. Ne lui
passe pas ton disque. g. Ne le relâchons pas !
h. Ne lui dites pas la vérité.

74 a. Tu vas leur dire ... b. Tu devrais l'écouter ...
c. Je descends en acheter. d. On peut leur téléphoner. e. Tu devrais le retirer. f. Je vais lui prêter
ce livre. g. Il faudrait l'appeler. h. Je te suggère de
lui faire des lasagnes.

75 a. Pourrais-je lui parler ? b. Je vais leur expliquer notre problème. c. Veux-tu nous répéter ...
d. Cet architecte voulait en faire quelque chose de
beau. e. Il est urgent de leur dire ... f. Je vais les
emmener ... g. Tu ne vas pas en parler ? h. Il faut
absolument le convaincre.

76 a. En lui déclarant qu'il l'aimait, ... b. En la
couvrant d'une casquette, ... c. En s'y rendant, ...
d. ... en l'acceptant. e. ... en les frôlant. f. ... en
leur demandant combien ils gagnaient. g. En le
voyant, ... h. ... en le sauvant.

77 a. ... en l'attendant. b. En lui disant qu'elle avait tort, ... c. ... en y passant. d. ... en la descendant. e. En leur disant oui, ... f. En le signant, ... g. En les regardant venir vers lui, ... h. ... en la sciant.

78 a. 4 b. 3 c. 1 d. 2 e. 6 f. 8 g. 5 h. 7

79 a. Damien nous les vend. b. Ils nous la livrent demain. c. Il ne m'en croit pas capable. d. Paul descend t'en acheter. e. Il vous la racontera ce soir. f. Ils se les échangent. g. Il te la prête. h. Il nous le reproche.

80 a. Ta mère te l'a juré. b. Luc ne nous l'a pas dit. c. Nous leur en avons parlé. d. Elle ne me l'a jamais avoué. e. On vous l'a reproché. f. Il lui en a proposé deux. g. Je le lui rapporterai du Maroc. h. Léa leur en demande souvent.

81 a. ce docteur ne va pas me la faire. b. il ne va pas la lui avouer. c. nous n'allons pas vous les laisser. d. je ne vais pas la lui prêter. e. je ne vais pas te les rapporter. f. il ne va pas la lui expliquer. g. nous n'allons pas les leur montrer. h. ils ne vont pas leur en faire cadeau.

82 *Phrases possibles :* a. Vous avez rendu à Paul ses lunettes ? b. Tu as autorisé Dorian à nous accompagner ? c. Vous avez envoyé ma commande à ma femme ? d. Serge vous a prêté sa cassette ? e. Vous nous permettez de prendre cette chaise ? f. Vous avez vendu ces chiens à nos amis ? g. A-t-il demandé à Sabine et Romain leur voiture ? h. Est-ce qu'elle vous a déjà donné des fruits de son jardin ?

83 a. Laisse-les-lui. b. Ne lui en achetez pas. c. Prête-leur-en. d. Vendez-la-leur. e. Ne la lui propose pas. f. Envoie-lui-en. g. Offrons-les-lui. h. Prête-nous-en.

84 a. nous ne les leur confions pas b. il nous l'envoie c. elle le lui prépare d. je l'y accompagne e. je le leur dis f. il ne m'en offre g. il les lui fait h. je lui en achète

Bilans

85 1. la 2. y 3. lui 4. l' 5. elle 6. lui 7. la 8. l' 9. en 10. lui 11. le 12. eux 13. lui 14. l' 15. le 16. leur

86 1. nous 2. les 3. nous 4. eux 5. l' 6. la 7. me 8. le 9. t' 10. les 11. elles 12. vous 13. lui 14. l' 15. vous 16. leur 17. nous 18. y 19. y 20. vous 21. me/nous 22. le 23. la 24. lui 25. me 26. l' 27. me 28. la

IV. LES TEMPS DE L'INDICATIF

87 a. est b. connaissez c. voulez d. désire e. suis f. habite g. viens h. revient

88 a. sont en train de remplir b. est élu c. n'y arrive pas d. accompagne e. est en train de pleuvoir f. sommes en train de faire g. est en train de recevoir h. ont lieu

89 *Phrases possibles :* Lorsque Christiane et Alain reviennent du travail, ils s'occupent de leur bébé. Christiane change l'enfant, prépare son goûter, tandis qu'Alain joue avec lui. Après quoi Christiane le sort, tandis que son mari fait le ménage. Vers 20 h 30, ils dînent ensemble. Puis ils couchent l'enfant. En fin de soirée, ils travaillent ou bien regardent un film.

90 a. Le professeur Lentz lisait tranquillement dans sa bibliothèque. Soudain, la porte s'ouvre. Un homme entre brusquement. Il tient une arme dans sa main. Un « gaucher », se dit le professeur en observant l'inconnu. b. Nous venions de nous asseoir, j'étais sur le point de prévenir ma sœur que le déjeuner était servi quand un cri étouffé nous parvient. Les nerfs de maman étaient sans doute fragiles car elle fait un bond sur sa chaise. Quant à Cécile, mon invitée, elle pâlit brusquement. c. Céline était sur le pas de sa porte. Nous nous connaissions à peine, elle et moi. De plus, je la voyais rarement. Je la salue d'un signe de la tête et m'assois à la table du café. Je relisais une lettre de mes parents quand, tout à coup, je la vois traverser la rue et venir vers moi.

91 s'arrête – se retourne – regarde – cligne – trouves – est

92 a. passé proche b. événement qui se répète c. présent historique d. futur proche e. présent de narration f. fait actuel g. fait habituel h. vérité générale

93 a. fume b. existe c. répète d. se connaissent e. vient f. vivons g. peut h. attends

94 *Phrases possibles :* a. vas tomber. b. va pleuvoir sur la Bretagne. c. dois me lever tôt demain. d. doit partir immédiatement. e. est sur le point de mourir. f. va finir. g. est sur le point de gagner le match. h. dois finir ce travail aujourd'hui.

95 a. Elle va bientôt accoucher. b. *impossible* c. Elle va se faire opérer cette semaine. d. Ça va faire dix ans que j'attends ce moment-là. e. *impossible* f. Attends, je vais venir ! g. Michèle va m'appeler pour signer le contrat. h. Il va voir le docteur ce matin.

96 La route partira ... traversera ... Puis elle débouchera ..., passera ..., enfin rejoindra ... Cette route ne nécessitera pas ... En outre, elle préservera ... une piste cyclable permettra ... Les travaux dureront ...

97 a. habiteront b. pourrai c. épouserez d. se reverra e. aura f. irons g. t'en sortiras h. fêterons

98 a. Vous m'enverrez ... b. Nous poursuivrons ... c. Vous serez aimable ... d. ... ça vaudra mieux

pour toi ! e. Vous essaierez ... f. Vous paierez ...
g. Vous nous ferez plaisir ... h. Vous aurez la
gentillesse ...

99 a. ... vaudra ... b. ... résidera ... c. ...
deviendra ... d. ... Ce sera ... e. ... déchiffrera ...
f. ... refusera ... g. C'est lui qui construira ...
h. ... inventera ...

100 a. Tu ne tueras pas. b. Tu ne convoiteras pas
... c. Tu ne tromperas pas ... d. Tu ne désireras
pas ... e. Tu respecteras ... f. Tu ne mentiras pas.
g. Tu ne prononceras pas ... h. Tu ne travailleras
pas ...

101 a. nous irons au soleil. b. elle ne participera
pas à la Coupe du monde. c. je resterai à la maison.
d. ce sera définitif. e. vous visiterez son fameux
cimetière. f. je partirai sans toi. g. il y aura une
grève générale. h. ce sera pour peu de temps.

102 a. veux ... accompagnerai b. deviendra ...
disparaîtra c. rentres ... m'appelles d. fait ...
contribue e. poserons ... voyons f. continue ... ira
g. arrive ... dit h. conseille ... finiras

103 a. rouleront b. venons c. déteste d. verrons
e. se brosse f. auras g. achète h. sera

104 a. va b. vieillirons c. se lève d. tueras
e. sont f. pleure g. liras h. enterre

105 a. Nous aurons trop bu. b. Ils l'auront appris
... c. Vous serez arrivés ... d. Il aura bien vécu.
e. Le bateau aura appartenu ... f. Il aura été ...
g. Vous vous serez endormis ... h. Je serai venu ...

106 a. sera sortie b. aura servi c. serons passés
d. se sera ... perdu e. auras fait f. n'auront ... pas
vu g. n'aura pas vécu h. nous serons trompés

107 *Phrases possibles :* a. nous nous serons
mariés. b. tu auras tout fait. c. il aura vécu dans
la misère. d. nous aurons commencé nos devoirs.
e. nous n'aurons pas fini à temps ! f. se sera fait un
nom. g. il aura sans doute oublié le rendez-vous.
h. je serai revenu dans deux minutes !

108 a. repeindrons b. aurai fini c. aura refait
d. arriverons e. commenceront f. aurez lu ... direz
g. se reverra h. auras fait

109 a. déménagera ... sera b. reviendra ... appa-
raîtront c. passerez ... aurez fini d. croira ... dirai
e. sera arrivé ... ira f. reviendras ... auront changé
g. retiendrons ... aura vécu h. se sera marié ...
reverrai

110 *Phrases possibles :* a. Nous le condamne-
rons dès que nous aurons trouvé la preuve. b. Je
dépenserai en une semaine tout ce que j'aurai
économisé. c. Ils partiront dès qu'ils auront
terminé. d. Tu n'oublieras plus ce pays lorsque tu y
seras allé. e. Je lui raconterai tout dès qu'elle sera
rentrée. f. Il se présentera à vous lorsque vous lui
aurez écrit. g. Nous lui achèterons une voiture

quand il aura fini ses études. h. Tu le coucheras
quand il aura fini de manger.

111 a. Ils ont crié. b. J'ai reçu. c. Il est mort.
d. Nous sommes revenus. e. Vous avez pris. f. Tu
es resté. g. Ils ont peint. h. Il est né.

112 a. craint b. dû c. tu d. vécu e. résolu
f. rendu g. offert h. assis

113 a. a b. est c. a d. suis e. suis f. a
g. sont h. ai

114 a. ont dû b. avons reçu c. suis resté d. a
dissous e. a souffert f. as connu g. avez recueilli
h. est parti

115 a. remarquée b. Ø c. Ø d. construite
e. Ø f. reçue ... Ø g. trouvée ... Ø h. Ø

116 Nous avons passé ... : nous avons visité ...,
nous avons découvert ..., nous nous sommes
baignés ..., enfin nous avons rencontré ... qui nous
ont invités chez eux. Les enfants se sont beaucoup
amusés et se sont intéressés ... Ils ont souhaité ...

117 a. Ø ... embrassés b. vue ... offerte c. giflée
... jetée d. Ø e. Ø f. commise g. Ø ... sortis
h. Ø ... rencontrée

118 La soirée était ... Madame de Clerck portait
... ; un collier de perles tombait ... que rehaussait ...
que l'épilation régulière rendait ... Souvent je la
surprenais à saisir la mèche de cheveux qui lui cares-
sait ... ; puis elle l'ajustait ...

119 a. étais ... avais b. arrivait c. gagnais
d. mesurait e. partaient ... restions f. avait
g. allait h. faisions

120 ... il y avait beaucoup de monde ... : les gens
étaient mécontents ; certains disaient que cette
grève qui paralysait l'économie n'était pas normale.
... les automobilistes se plaignaient ... des milliers de
grévistes se préparaient ... Tous les syndicats
étaient là. De nombreux Parisiens soutenaient ... que
ces derniers occasionnaient dans la capitale.

121 *Phrases possibles :* a. Et si on allait au
restaurant ? b. comme s'il ne savait pas ce qu'il
faisait. c. comme s'il ne souhaitait pas qu'on
l'entende. d. Et si on l'emmenait chez le médecin ?
e. comme s'il ne mangeait pas à sa faim. f. Et si on
allait à la piscine ? g. comme s'il n'entendait rien.
h. comme s'il ne faisait pas attention aux gens.

122 a. Vous étiez venus. b. Il avait souffert. c. Ils
étaient nés. d. Nous étions arrivés. e. Tu avais
fini. f. Nous étions descendus. g. J'avais su.
h. Elles avaient compris.

123 a. avait quitté b. s'était marié c. avaient
perdu d. avais oublié e. aviez tourné f. avais obéi
g. étaient partis h. étiez descendu(s)

124 *Phrases possibles :* a. m'avait plu la première
fois. b. l'avait quitté. c. ils étaient partis. d. nous
l'avions contacté. e. je l'avais prévu. f. tu n'y étais

pas allée. g. il avait eu tort. h. nous avions acheté les jouets.

125 a. roulions ... a surgi ... b. pleuvait ... sommes allés ... c. parlait ... se taisait. d. savait ... se passait ... e. a reçu ... l'a partagé ... f. n'était pas ... a appelé ... g. J'ai pris ... était ... h. était ... n'ai pas pu ...

126 a. avait b. a eu c. n'en ai jamais mangé d. s'est rendu e. n'a pas voulu ... était f. travaillait ... a licencié g. s'est trouvé ... a pleuré h. est tombé ... n'a pas été blessé.

127 dénudait ... avait cessé ... n'était pas sorti ... se tenait ... était ... avait battu ... était parti ... attendait ... guettait

128 a. attendait b. n'avait pas vu c. attendait d. ne s'étaient pas revus e. étaient en désaccord f. flambait g. s'était endormie h. patientiez

129 a. représentait b. ont retrouvé ... avait détruit c. se trouvaient d. ont survécu e. détruisait ... avait duré f. composaient g. avait élevé h. a été établie

130 avait fait ... avais demandé ... voulait ... trouvait ... était ... n'étions pas sortis ... avons enfilé ... sommes partis ... avions-nous atteint ... s'est remise ... sommes revenus ... avons passé

Bilans

131 1. existe 2. a décidé 3. a empêché 4. a attribué 5. n'existait pas 6. a remis 7. a reçu 8. avait pris 9. a voulu 10. étaient 11. a sélectionné 12. n'avait jamais concouru 13. a remporté 14. a été doublement récompensé 15. a obtenu

132 1. n'avais jamais pénétré 2. n'avais pas osé 3. faisait 4. peut 5. comportait 6. correspondait 7. avait hérité 8. suis entré 9. suis dit 10. devait 11. me rappelle 12. semblait 13. regardait 14. étaient 15. montrait 16. avait appartenu 17. ai pensé 18. voulais 19. aimait 20. demeurait

V. L'INFINITIF

133 a. vouloir b. pouvoir c. savoir d. faire e. aller f. venir g. mettre h. dire

134 *Phrases possibles :* a. prendre la vie du bon côté. b. s'intéresser aux autres. c. faire plaisir. d. s'évader. e. vivre ailleurs. f. voir la vie en rose. g. partager. h. communiquer.

135 a. boire b. coudre c. peindre d. servir e. apercevoir f. craindre g. dissoudre h. traduire

136 a. Mieux vaut réfléchir que s'endormir. b. Mieux vaut gagner que perdre. c. Mieux vaut comprendre que rester idiot. d. ... savoir que

deviner. e. ... rire que pleurer. f. ... guérir que souffrir. g. ... écouter qu'inventer. h. ... étudier que rester ignorant.

137 a. Nous ne faisons que courir. b. Vous ne faites que m'interroger. c. Elle ne fait que peindre. d. Tu ne fais que mentir. e. Il ne fait que boire. f. On ne fait qu'étudier. g. Je ne fais que conduire. h. Vous ne faites que me surprendre.

138 a. → 4 b. → 7 c. → 1/4/8 d. → 1/4/8 e. → 3 f. → 2/5 g. → 4/6 h. → 2/5

139 a. parler ... réfléchissez b. trompé ... tourner c. discuté ... accepté ... retirer d. prenez ... trinquer e. ajouté ... retrouver f. notez ... oublier g. souhaitez ... rencontrer ... discuter h. marié ... divorcé.

140 a. Nous songeons à déménager bientôt. b. Tu crois réussir ce concours. c. Elle pense venir nous voir ... d. Plus tard, je voudrai vivre ... e. Vous souhaitez prendre ... f. Il a envie de conduire ... g. On espère revenir ... h. Vous projetez d'avoir ...

141 a. je ne peux pas répondre à ta question. b. nous devons repeindre notre salon. c. il souhaite traduire ... d. on n'est pas obligé de mettre ... e. nous refusons de revenir ... f. elle espère poursuivre ses études. g. j'accepte de faire ... h. ils n'envisagent pas d'entreprendre ...

142 a. → 4 b. → 6/8 c. → 1 d. → 2/7 e. → 5 f. → 3 g. → 8 h. → 7

143 *Phrases possibles :* a. prévenir. b. réserver vos places à l'avance. c. faire ce voyage seule ? d. son programme électoral. e. partir en Turquie ? f. déménager. g. savoir quand tu es libre. h. avoir de bonnes jambes.

144 a. Utiliser ... b. Ne pas employer ... c. Répondre ... d. Bien vérifier son numéro ... e. Ne pas reporter son numéro ... f. Ne pas oublier ... g. Ne pas envoyer ... h. Affranchir ...

145 a. Suivre b. Dépasser ... tourner c. Continuer d. prendre e. chercher f. revenir g. Faire h. Attendre

146 a. Battre ... b. Mettre ... c. Chauffer et faire dorer. d. ... couper ... e. Étendre ... disposer ... f. Verser ... saler et poivrer. g. Recouvrir ... faire cuire ... h. Servir ...

147 a. être venu(e) b. avoir su c. être sorti(e) d. avoir entendu e. avoir compris f. avoir lu g. être allé(e) h. être devenu(e)

148 a. avoir perdu b. m'être trompé(e) c. être allé(e) d. avoir compris e. avoir rencontré f. avoir visité g. avoir dit h. avoir cassé

149 a. ... sans avoir mis ... b. ... sans avoir dîné. c. ... sans avoir appris ... d. ... sans avoir entendu parler ... e. ... sans avoir emporté ... f. ... sans nous avoir téléphoné. g. ... sans vous être documentés. h. ... sans s'être entraînée.

150 a. Elle dit avoir eu peur. b. Elle assure avoir trouvé ... c. Elle affirme être rentrée ... d. Elle croit l'avoir fermée ... e. Elle reconnaît avoir pris peur. f. Elle est persuadée d'avoir égaré ... g. Elle avoue s'être précipitée ... h. Elle est convaincue d'avoir appelé ...

151 a. Il avoue avoir aimé Élise. b. Élise affirme ne pas l'avoir connu. c. Il dit lui avoir écrit des lettres. d. Elle prétend ne les avoir jamais reçues. e. Il reconnaît avoir guetté son départ. f. Élise croit ne rien avoir remarqué ce matin. g. Il pense avoir retrouvé ses lettres. h. La police estime avoir arrêté un homme dangereux.

152 a. Sonner avant d'entrer. – Entrer après avoir sonné. b. S'essuyer les pieds avant de monter l'escalier. – Monter l'escalier après s'être essuyé les pieds. c. Introduire son ticket avant de payer. – Payer après avoir introduit son ticket. d. Préparer sa monnaie avant de se présenter au guichet. – Se présenter au guichet après avoir préparé sa monnaie. e. Prendre un ticket avant de se mettre dans ... – Se mettre dans la file d'attente après avoir pris ... f. Vérifier sa monnaie avant de quitter ... – Quitter le parking après avoir vérifié ... g. Composter son billet avant d'accéder ... – Accéder au quai après avoir composté ... h. Introduire sa carte avant de composer son numéro ... – Composer son numéro d'appel après avoir introduit sa carte.

153 a. Philippe pense acheter ... b. Je ne crois pas réussir ... c. Nous espérons visiter ... d. Mme Leroux dit ne pas être très satisfaite ... e. J'avoue ne pas beaucoup aimer ... f. ... ses parents s'imaginent vivre ... g. Nicolas assure ne pas connaître Nathalie. h. Je pense ne pas aller voir ...

154 a. *impossible* b. Vous croyez devoir nous rejoindre ... c. Elle espère pouvoir aller ... d. *impossible* e. *impossible* f. Elle avoue avoir égaré ... g. Pierre dit en avoir assez ... h. *impossible*.

155 a. travailler 40 ans ... b. rembourser la dette sociale. c. faire des économies. d. être solidaires. e. bien vivre ... f. voter des lois ... g. harmoniser les réglementations ... h. accueillir bientôt d'autres pays.

156 a. ... un bébé pleurer. b. ... le sol trembler. c. ... les cigales chanter. d. ... un homme s'enfuir. e. ... un oiseau faire son nid. f. ... ton corps se détendre ? g. ... un lièvre courir dans le pré. h. ... les avions décoller ?

157 a. Je te promets de ne pas avoir emprunté ... b. M. Dupuy dit avoir pris ... c. Ils ne sont pas certains de s'être rencontrés ... d. Je suis sûre d'avoir perdu ... e. Alain affirme ne pas avoir volé ... f. Je ne suis pas fier d'avoir cassé ... g. Jean-Louis est très déçu de n'avoir obtenu ... h. Marie est très peinée d'avoir perdu ...

Bilans

158 1. avoir suivi 2. être fait 3. crier 4. ne pas réussir 5. ne pas avoir travaillé 6. le 7. avoir 8. avoir ... été 9. réviser 10. y 11. passer 12. résoudre 13. l' 14. y 15. en

159 1. avoir été 2. avoir été 3. être 4. fêter 5. être allée 6. travailler 7. perdre 8. s'occuper 9. aider 10. avoir passé 11. parler 12. avoir vécu 13. rencontrer 14. prendre 15. nous marier 16. nous fiancer 17. couper 18. imaginer 19. avoir vécu 20. connaître

VI. LES INDICATEURS TEMPORELS

160 a. Le b. Ø c. Ø d. le e. Le f. Le g. Le h. Ø

161 a. la b. Ø c. Ø d. L' e. le f. L' g. Ø h. les

162 a. L' b. Les c. L' d. L' e. la f. le g. L' h. l'

163 a. En b. au c. en ... en d. en e. au f. Au g. En h. au

164 a. à la b. en c. à l' d. À la e. à f. en g. en ... au h. au

165 a. du b. de la c. de l' d. de e. du f. d' g. du h. de

166 a. après b. dans c. après d. après e. Dans f. après g. Dans h. après

167 a. → 2/3/5 b. → 1 c. → 2/3/5 d. → 2/3 e. → 4 f. → 8 g. → 6 h. → 7

168 a. je ne sors jamais le soir en semaine. b. je parle toujours brièvement à mes voisins. c. je le vois rarement/de temps en temps/parfois. d. je n'assiste plus aux courses de chevaux. e. je vais occasionnellement/de temps en temps/parfois au théâtre. f. je me promène rarement/occasionnellement/de temps en temps/parfois au parc ... g. je dîne occasionnellement/de temps en temps au restaurant. h. je me couche tôt le dimanche soir.

169 a. déjà b. toujours c. quelquefois d. tout le temps e. toujours f. Quelquefois g. déjà h. tout le temps

170 a. Il fait son jogging régulièrement. b. Il est toujours/régulièrement en retard à son travail. c. Il n'est jamais passé à Paris. d. Il parle longuement au téléphone. e. Il va de temps en temps/quelquefois au café. f. Il part fréquemment/souvent en voyage. g. Il écoute souvent/régulièrement/fréquemment les informations. h. Il fait son marché régulièrement.

171 a. tout de suite b. à l'instant c. tout à coup d. tout à l'heure e. tout de suite f. à l'instant g. tout à coup h. tout à l'heure

172 a. vient d'   b. venez d'   c. viennent de   d. vient juste de   e. viens de   f. vient d'   g. venons de   h. viens de

173 a. est sur le point de   b. va pas tarder à   c. vas   d. vais   e. ne vais pas tarder à/vais   f. sont sur le point de/vont   g. êtes sur le point de/n'allez pas tarder à   h. va/est sur le point de

174 a. vais   b. venons de   c. viennent de   d. allez   e. viens d'   f. vais   g. venons de   h. vont

175 a. du ... au   b. entre ... et   c. de ... à   d. entre ... et   e. d' ... à   f. de ... à   g. du ... au   h. de ... à

176 a. passeront   b. affichent   c. commence   d. suis parti   e. fêtons/fêterons   f. étais ... suis   g. ouvre/ouvrira   h. pourrai/peux

177 a. quotidien   b. mensuel   c. trimestriel   d. hebdomadaire   e. semestriel   f. bimestriel   g. annuel   h. bimensuel

178 a. 2   b. 1   c. 5   d. 7   e. 6   f. 8   g. 3   h. 4

179 *Phrases possibles :*   a. Tous les dimanches. b. Pas plus de 48 heures.   c. Jamais.   d. De temps en temps.   e. Rarement.   f. Rarement.   g. Une dizaine de fois.   h. Souvent.

180 a. Ça fait tout juste cinq minutes qu'il est parti. b. Ça fait deux mois qu'elle suit un régime.   c. Il y a vingt minutes que je fais la queue.   d. Ça fait un an qu'il est à la retraite.   e. Ça fait longtemps que nous ne sommes pas allés au cinéma.   f. Il y a dix ans qu'ils vivent ensemble.   g. Ça fait peu de temps que je travaille ici.   h. Ça fait deux jours qu'il a été enterré.

181 a. Depuis   b. dès   c. dès   d. Depuis   e. Dès   f. depuis   g. depuis   h. Dès

182 a. Pour   b. pour   c. pendant   d. pendant   e. pour   f. pour   g. pendant   h. Pour

183 a. pendant/durant   b. pour   c. au cours de/durant/pendant   d. Au cours de/Durant/Pendant   e. pour   f. durant   g. Durant/Pendant/Au cours de   h. durant/pendant

184 a. dans   b. sur   c. dans   d. en   e. en   f. sur   g. en   h. dans

185 a. Tu as dix minutes pour te préparer.   b. Il faut dix ans pour reboiser une forêt.   c. Il a passé une heure à tourner en rond avec sa voiture.   d. J'ai mis cinquante minutes à faire cette tarte.   e. Nous avons passé une heure à discuter au téléphone.   f. Il faut du temps pour élever un enfant.   g. Vous avez un mois pour vous décider.   h. Il a mis trois semaines à écrire son roman.

186 a. cette semaine – la semaine dernière   b. ce soir – aujourd'hui   c. avant-hier   d. le mois prochain   e. à ce moment-là   f. dimanche   g. mardi dernier   h. ces jours-ci

187 a. En ce moment   b. Un an auparavant   c. demain soir/demain midi/lundi prochain   d. tout à coup   e. demain midi   f. Hier/Samedi dernier   g. Le soir   h. demain soir/lundi prochain

188 a. aura écrit   b. rentrait   c. est ouverte   d. sortait   e. sera parti   f. ne prenne   g. se libère   h. pourra

189 a. Il était debout lors de sa prise de parole. b. Il est parti en vacances sitôt la réception de ses notes d'examen.   c. Nous sommes sortis dès l'arrêt de la pluie.   d. Elle a mangé beaucoup de chocolat pendant sa grossesse.   e. Je lui ai préparé un café pendant sa lecture.   f. Dès son retour de vacances, il s'est mis à pleuvoir.   g. Lors de la remise de son trophée, il a été pris d'une quinte de toux.   h. Des centaines de Parisiens se sont recueillis devant le domicile de François Mitterand dès l'annonce de sa mort.

190 a. Dès qu'   b. avant que   c. En attendant qu'   d. tant qu'   e. jusqu'à ce que   f. au moment où   g. Depuis qu'   h. à mesure que

191 a. immédiatement/tout de suite   b. à ce moment-là   c. tout à coup/brusquement   d. aussitôt/immédiatement/sur-le-champ/tout de suite   e. brusquement   f. aussitôt/immédiatement/tout de suite   g. aussitôt/immédiatement/sur-le-champ/tout de suite   h. à l'instant même

192 a. Avant de   b. avant   c. avant qu'   d. avant qu'   e. avant   f. Avant de   g. avant   h. Avant

193 a. Après qu'   b. après   c. après que   d. une fois que   e. Après   f. après que   g. Après   h. Après

Bilans

194 1. dès   2. depuis   3. en ce moment   4. sur   5. pendant   6. en   7. à partir du   8. jusqu'au   9. pour   10. avant

195 1. Ça fait   2. Depuis   3. lorsque   4. à présent   5. Depuis   6. D'abord   7. puis/ensuite   8. pendant   9. puis/ensuite   10. en ce moment   11. au bout de   12. À présent/En ce moment/Depuis/Pour le moment   13. d'ici   14. dans/d'ici   15. jusqu'au   16. à la fin du

VII. LE SUBJONCTIF

196 a. Il faut que je dorme.   b. ... que nous écrivions.   c. ... que tu plaises.   d. ... qu'ils sachent.   e. ... que tu peignes.   f. ... qu'elle boive.   g. ... qu'elles partent.   h. ... que vous arrêtiez.

197 a. que tu t'enrhumes   b. que je lise   c. que nous plaisantions   d. qu'elle cuise   e. qu'il fuie   f. que vous remuiez   g. que je promette   h. qu'il pleuve

198 a. soit   b. aies   c. sois   d. soyez   e. ait   f. aient   g. soyons   h. ayez

199 a. ... que je jette ...   b. ... qu'il nous voie. c. ... que tu fasses ...   d. ... que je vienne ...   e. ... qu'il croie ...   f. ... que tu aies ...   g. ... que le Kenyan coure ...   h. ... que je gagne ...

200 a. Patrick a dit que nous venions.   b. Le douanier a dit que vous passiez.   c. Mon père a dit qu'il lise ...   d. Il a dit qu'ils s'arrêtent ...   e. Elle a demandé que nous le fassions.   f. Il a demandé que vous patientiez.   g. Ma sœur a demandé que je l'aide.   h. Le malade a demandé qu'ils sortent.

201 a. étudiions   b. balayiez   c. ayez d. oubliiez   e. travaillions   f. nous asseyions g. vous mariiez   h. essayions

202 a. ... que le salaire augmente.   b. ... que leur enfant réussisse à l'examen.   c. ... que leur P.-D.G. démissionne.   d. ... que des centres d'accueil ouvrent dès maintenant.   e. ... qu'on le remercie/ que nous le remerciions.   f. ... qu'on l'aide/que nous l'aidions.   g. ... que ces chiffres soient exacts. h. ... que le magasin ouvre.

203 a. pleuve   b. conduisiez   c. écrive ... envoie d. vous occupiez   e. changiez   f. ait   g. vaille h. ailles

204 a. sache   b. étouffe   c. Puisses   d. vienne e. m'en aille   f. secoure   g. se souvienne   h. attende

205 a. qu'il paye aussi cher.   b. que Jocelyne ait raison.   c. que nous ne puissions pas venir.   d. que le docteur Memmi parte plus tôt.   e. que je perde autant de temps.   f. qu'ils vendent leur appartement.   g. que Julien ne puisse pas le suivre.   h. qu'il reçoive cette lettre.

206 a. ... qu'on ne la laisse de côté.   b. ... qu'on les prenne dans la troupe.   c. ... qu'on l'accuse de meurtre.   d. ... qu'on ne les entende pas.   e. ... que des passants ne la bousculent.   f. ... que cette entreprise vous embauche.   g. ... qu'on la prenne pour une idiote.   h. ... que le directeur nous reçoive.

207 a. Vienne ... sonne   b. pleuve   c. réconforte d. éclate ... aille   e. sente   f. apparaisse   g. fasse h. saisisse

208 a. Il redoute que la tempête détruise les vignes.   b. Je souhaite qu'il vienne ce soir.   c. Tu regrettes qu'on réduise la TVA ...   d. Nous nous indignons que des millions d'enfants n'aient pas de quoi manger.   e. Elle déteste que le docteur la fasse attendre.   f. Il se réjouit que sa mère soit en bonne santé.   g. Elle se moque que son patron ne lui dise pas bonjour.   h. Ils apprécient que nous les invitions pour son anniversaire.

209 Il faut   a. que je m'assoie ...   b. que vous construisiez ...   c. que tu conclues.   d. qu'il s'attende à ...   e. que nous les convainquions. f. qu'ils naissent ...   g. qu'il acquière ...   h. que vous leur écriviez ...

210 a. Qu'elle le goûte !   b. Qu'elle le vende ! c. Qu'ils viennent !   d. Qu'il la fasse !   e. Qu'il le

conduise !   f. Qu'elle les prenne !   g. Qu'il parte ! h. Qu'il y aille !

211 a. ayez   b. se pressent   c. n'oublie pas d. ne vienne pas   e. me repose   f. aille   g. gagne h. vouliez

212 a. Il est étrange qu'il ne se souvienne pas de moi.   b. Il est indispensable que nous leur apportions un plan.   c. Il est anormal qu'ils soient toujours absents l'après-midi.   d. Il est impossible que vous nous quittiez déjà.   e. Il est important que tu me suives.   f. Il est étonnant que vous connaissiez ces gens.   g. Il vaut mieux que tu appelles ton amie. h. Il arrive qu'il neige au mois de mai.

213 a. refus   b. consentement   c. refus   d. consentement   e. recommandation   f. permission   g. refus h. permission

214 a. fasse beau.   b. emmenions au cinéma. c. te sentes moins seul.   d. arrive.   e. voie.   f. ne sache rien.   g. s'inquiète.   h. sois en retard.

215 *Phrases possibles :*   a. il nous donne l'autorisation.   b. nous distribuions des tracts.   c. le témoin soit présent.   d. l'on refasse les escaliers. e. nous allions à la piscine.   f. vous rentriez tard. g. tu m'invites au restaurant.   h. ils disent la vérité.

216 a. les personnes fument.   b. les négociations se déroulent à Paris.   c. l'on prenne son enfant. d. leur fils n'écrive pas.   e. la réunion ait lieu le plus tôt possible.   f. les gens jettent leurs papiers. g. les manifestations dégénèrent.   h. le gouvernement revienne sur ses décisions.

217 a. Cela nous amuse qu'il fasse le clown. b. Cela leur déplaît que leurs amis viennent à l'improviste.   c. Cela l'inquiète qu'il y ait grève toute la journée.   d. Cela te rassure qu'elle ne soit pas malade.   e. Cela me surprend que vous achetiez une maison à la campagne.   f. Cela les gêne que les Dufour ne puissent pas venir.   g. Cela t'étonne que je sois en retard.   h. Cela nous dérange que vous jouiez de la musique le soir.

218 a. C'est bizarre/Il est surprenant/Ce serait bête qu'il ne prenne pas sa voiture aujourd'hui. b. C'est dommage/Il est surprenant/Ce serait bête que tu ne puisses pas venir plus tôt.   c. Il est naturel/Il est juste que nous t'aidions dans les moments difficiles.   d. Je trouve agréable/Il est naturel que la compagnie Air France nous offre le champagne.   e. Il est honteux/Il est surprenant que ces ouvriers n'aient aucun droit.   f. C'est bizarre/Il est surprenant/Il est honteux que ce produit de mauvaise qualité se vende bien.   g. Il est juste/Il est naturel que nous défendions la cause des baleines. h. Ce serait bête que vous ratiez une nouvelle fois l'avion.

219 a. Il est grand temps que vous mettiez de l'ordre dans vos affaires.   b. Il est rare que tu sortes en semaine.   c. Il veut que je prévienne les pompiers.   d. Il arrive que nous ayons envie de rester seuls. e. Il suffit que le candidat écologiste s'abstienne. f. Il est probable que les agents de la RATP fassent grève. g. Il faut que vous portiez plainte contre X. h. Il est inacceptable que votre chien morde.

220 a. parte b. garde c. aimiez d. acceptent e. soit f. aient g. fassent h. prenne

221 a. Pierre n'a pas l'impression que son enfant dorme. b. Elle ne pense pas que son chien veuille sortir. c. Je ne suis pas certain qu'il sache ce qu'il faut faire. d. Il ne me semble pas qu'elle soit en train de gagner. e. Il n'admet pas que ce soit de sa faute. f. Je ne suis pas sûr qu'il aille voir ses amis. g. Il n'est pas certain que nous vivions mieux aujourd'hui. h. Les Français ne pensent pas que le président ait tort.

222 a. soutient b. défende c. avez d. ayez e. est f. dînez g. acceptiez h. dit

223 a. 4/7 b. 5/1 c. 1 d. 7/4 e. 3 f. 6 g. 8 h. 2

224 a. nous trompons b. parte c. soit d. ont e. dises f. était g. nous connaissions h. exagérez

225 a. a b. connaisses c. aimez d. veuille e. savent f. fera g. boive h. passons/passerons

226 a. naissiez b. nous aimons c. meure d. aura e. commence f. soit g. chante h. s'agitent

Bilans

227 1. ont 2. séduit 3. soient 4. corresponde 5. est 6. nous soucions 7. fasse 8. devient 9. tenons 10. vive 11. nous nourrissions 12. fassions

228 1. nous réunissions 2. devient 3. se dégrade 4. fassiez 5. exagèrent 6. sont 7. croyons/croyions 8. se plaignent 9. faille 10. suis 11. fasse 12. sont 13. ont 14. a 15. s'agisse 16. a 17. travaille 18. finira 19. dites 20. nous retrouvions

VIII. LES CONSTRUCTIONS COMPLÉTIVES

229 a. ... promet de venir ... b. ... croient vivre ... c. ... sont persuadés de pouvoir ... d. ... affirment tenir ... e. ... est certain de parvenir ... f. ... pensent pouvoir aider ... g. ... sont sûrs de constituer ... h. ... espèrent communiquer ...

230 a. ... pensent qu'elles concurrenceront ... b. ... espère qu'il ouvrira ... c. ... croit qu'elle améliorera ... d. ... dit qu'il pourra ... e. ... espèrent qu'elles étendront ... f. ... est convaincue qu'elle multipliera ... g. ... affirme qu'elle modernisera ... h. ... reconnaît qu'elle est ...

231 a. Vous pensez connaître ... b. *impossible* c. *impossible* d. Nous affirmons prendre part ...

e. M. Dubois croit être augmenté ... f. *impossible* g. Elle prétend avoir ... h. Vous espérez arriver ...

232 a. je crois ne pas prendre de ... b. ils sont certains de ne pas avoir ... c. elle reconnaît ne pas travailler assez. d. j'affirme ne pas être ... e. il est sûr de ne pas prendre ... f. je suis persuadée de n'avoir aucune difficulté pour venir chez vous. g. elle dit ne pas être d'accord ... h. ils assurent ne pas s'intéresser ...

233 a. Marc est convaincu qu'il entrera ... b. Sa sœur affirme qu'elle ne travaille pas ... c. Tu crois que tu as perdu ... d. Ils affirment qu'ils m'ont communiqué ... e. Vous êtes sûr que vous ne perdrez pas ... f. Les voisins pensent qu'ils n'auront pas ... g. Je pense que je ne réussirai pas ... h. Son père espère qu'il retournera ...

234 *Phrases possibles :* a. On constate que les Grecs sont ... b. Je trouve que la température de la mer reste ... c. Vous avez l'impression que les sites touristiques attirent ... d. Il me semble que le coût de la vie augmente ... e. Vous croyez que le tourisme se développe ... f. Je me rends compte que les transports locaux s'améliorent. g. Nous reconnaissons que la population locale fait ... h. On soutient que les vacances en Grèce sont ...

235 a. tu oublies que nous avons ... b. tu assures qu'ils se marient ... c. tu avoues que tu as eu ... d. tu reconnais qu'ils ont ... e. tu admets que ma sœur est ... f. tu prétends qu'il n'y a ... g. tu assures que ton collègue a gagné ... h. tu sais qu'on l'a nommé ...

236 *Phrases possibles :* a. Je trouve que c'est important. b. Je trouve que c'est inhumain. c. J'ai le sentiment que c'est juste. d. J'ai l'impression que c'est injuste. e. Je trouve que c'est très bien. f. Il me semble que c'est insuffisant. g. J'ai le sentiment que c'est grave. h. Je crois que c'est fantastique.

237 a. venait b. irons c. devait d. refusait e. déménagerons f. a changé g. pourront h. arrivais/étais arrivé

238 a. fumait b. avait plu c. avait fait d. réussira e. aura tout préparé f. avait obtenu g. se stabilisera h. sortirons

239 a. puisses b. parte c. alliez d. fasses e. soit f. prennes g. aient h. réponde

240 Il faut a. qu'elle se mette ... b. que vous me conseilliez ! c. que tu comprennes ... d. que nous tenions compte ... e. qu'ils aient ... f. que tu saches ... g. que nous fassions ... h. que je réduise ...

241 a. Il est impératif que nous nous mettions ... b. Il est indispensable que tu prennes ... c. Il est urgent que tu écrives ... d. Il est obligatoire que vous suiviez ... e. Il est inévitable que tu ailles ... f. Il est essentiel que nous prenions ... g. Il est important que tu vives ...   h. Il est vital que vous disiez ...

242 a. Je souhaite que la mer ne soit pas mauvaise. b. Ils souhaitent qu'il fasse beau. c. Nous souhaitons qu'il ne conduise pas trop vite. d. Vous souhaitez qu'elle aille ...   e. Elles souhaitent que j'obtienne ...   f. Je souhaite qu'ils viennent ...   g. On souhaite qu'il apprenne ...   h. Ils souhaitent qu'elle trouve ...

243 a. Je trouve dommage qu'on prenne ...   b. Je suis surpris qu'il veuille ...   c. Je suis heureux qu'il se répande ...   d. Je trouve formidable qu'elle agisse ...   e. Je regrette qu'elles soient peu présentes ...   f. Je suis enchanté que nous luttions ...   g. Je déplore qu'ils ne fassent pas ...   h. Je suis content qu'elle ait tendance...

244 a. Je ne suis pas convaincu que les températures cet hiver descendent ...   b. Je doute qu'ils puissent ...   c. Il est peu probable que nous prenions ...   d. Je ne suis pas certaine que tu mettes tes chaussures ...   e. Il est peu vraisemblable qu'il comprenne ...   f. Je ne crois pas qu'elle réussisse ...   g. Je ne pense pas que vous alliez ...   h. Il semble impossible que tu finisses ...

245 a. J'aimerais mieux que vous passiez nous voir demain soir. b. Il est préférable que tu ailles à Lille. c. Ce serait mieux que tu m'attendes au métro Odéon. d. Il est préférable qu'ils obtiennent une réduction de 15 %. e. Je préfère que vous écriviez. f. Ce serait plus utile qu'elle apprenne à jouer au tennis. g. Il serait préférable que tu préviennes mon mari. h. Ce serait mieux que vous fassiez une promenade ...

246 a. Nous sommes tristes qu'il perde ...   b. Elle est déçue que je parte ...   c. Je suis ravie qu'on puisse ...   d. Il est désolé qu'elle ait ...   e. Elle se réjouit que son père aille mieux.   f. Tu es fâché que je conduise ...   g. On s'étonne qu'il boive ...   h. Vous êtes soulagés que nous réfléchissions ...

247 a. je ne crois pas qu'elles soient prêtes.   b. je ne trouve pas que Catherine aille bien.   c. elle n'a pas l'impression que tu comprennes mieux.   d. mon père ne juge pas que nous ayons raison.   e. je ne pense pas qu'il dise ...   f. nous ne prétendons pas qu'ils fassent ...   g. nos amis n'ont pas l'impression qu'Alice grandisse.   h. ma fille n'admet pas que son ami se trompe.

248 a. Je regrette qu'elle parle ...   b. Nous souhaitons que tu t'installes ...   c. Ses parents craignent qu'il ne réussisse pas ...   d. Ma mère accepte que j'aille ...   e. Nous refusons que tu paies ...   f. J'ai envie qu'elle change ...   g. La coiffeuse n'accepte pas que je vienne ...   h. Le directeur doute que tu obtiennes ...

249 a. Mathieu est peiné que son ancienne école disparaisse.   b. Les jeunes parents se réjouissent qu'on construise ...   c. On regrette que Simon veuille partir ...   d. Je préfère que Claire aille ...

e. Tes professeurs sont contents que tu suives ...   f. C'est dommage que les ordinateurs portables vaillent ...   g. Isabelle est bouleversée que son chien soit mort.   h. Je souhaite que l'avenir soit rose.

250 a. sortes ...   b. prennes froid.   c. me préviennes quand tu es ...   d. naisse ...   e. te couches plus tôt et que tu dormes davantage.   f. veniez nous voir.   g. fumiez ...   h. perdes ...

251 a. Il est nécessaire que tu te reposes ...   b. Il est inutile que tu travailles ...   c. Il est urgent que vous preniez ...   d. Il est inévitable que nous fassions ...   e. Il suffit que vous buviez ...   f. Il est utile que tu manges ...   g. Il est normal que nous nous détendions ...   h. Il est impératif que vous ralentissiez ...

252 a. annoncions   b. vienne   c. pouvoir   d. accompagniez   e. aller   f. fasse   g. vous taisiez   h. conduise

253 a. Il lui interdit de poursuivre ...   b. Je propose que tu viennes ...   c. Elle suggère qu'il écrive ...   d. Je leur ordonne de ranger ...   e. Nous souhaitons qu'ils réussissent ...   f. Ils nous demandent de rendre ...   g. Ton père permet que tu prennes ...   h. Vos professeurs vous conseillent de vous inscrire ...

254 *Conviennent :*   a. pleut   b. conduit   c. rende   d. est   e. allez ... reviendrez   f. sortiez   g. prennes   h. soient

255 a. → 3   b. → 6/7   c. → 5/7/8   d. → 1/3/4/7/8   e. → 3/4/8   f. → 1/8   g. → 2   h. → 2/8

256 a. ... vous mangez ...   b. ... vous ne tombiez ...   c. ... vous vous arrêtiez ...   d. ... vous buvez ...   e. ... vous marchiez ...   f. ... vous rentrez ...   g. ... vous ne vous amusiez ...   h. ... vous grossissez ...

Bilans

257 1. était   2. allait/irait   3. commence   4. sois   5. retirer   6. prennes   7. arriver   8. avais   9. sorte   10. prenne   11. aies   12. prend   13. recevoir   14. aille   15. passer   16. comprennes   17. tienne   18. ira   19. voudras

258 1. rendent   2. s'intéressait   3. se mette   4. ne pas avoir connu   5. ait   6. attendait   7. apparaisse   8. soient   9. soit devenu   10. offrions   11. aurais pu   12. vive   13. fasse   14. saches   15. voir   16. obtiendrais   17. ait

IX. LE CONDITIONNEL

259 a. voudrais   c. parlerait   d. voudrions   g. Pourriez

260 a. auriez   b. iraient   c. ferait   d. voudrions   e. n'aurais pas   f. faudrait   g. devrais   h. pourrions

261 a. Tu m'accompagnerais ...   b. Elles iraient ... c. Il voudrait ...   d. Vous resteriez ...   e. On serait ...   f. Je ferais ...   g. Tu ferais ...   h. Nous inviterions ...

262 a. Tu jouerais ...   b. Il boirait ...   c. Vous viendriez ...   d. On irait ...   e. Je devrais ...   f. Tu pourrais ...   g. Nous verrions ...   h. Elles seraient ...

263 a. Nous courrions ...   b. Vous connaîtriez ... c. On aurait ...   d. Tu voudrais ...   e. Je tiendrais ... f. Nous comprendrions ...   g. Elles croiraient ... h. Je saurais ...

264 a. Il faudrait consommer ...   b. ... nous pourrions vivre sans travailler.   c. ... ils seraient plus libres.   d. Nous aimerions aller ...   e. Nous irions plus vite ...   f. Les vacances seraient magnifiques ... g. Elle verrait mieux ...   h. L'été, vous dormiriez bien ...

265 a. ferais   b. devrait   c. pourriez   d. aurions e. faudrait   f. devrais   g. serait   h. voudraient

266 a. lirais   b. irait   c. enverrais   d. aurions e. pourrait   f. feriez   g. courrait   h. sauraient

267 a. nous déplacerions   b. serait   c. profiterais d. vous amuseriez   e. devrais   f. ne prendrais pas g. vaudrait   h. souhaiteraient

268 aurais ... sortirions ... habiterais ... donnerait ... irions ... arrêterais ... me marierais ... aurais ... voyagerions ... serions

269 a. Pourrais-tu ...   b. Connaîtrais-tu ...   c. Sauriez-vous ...   d. Vous resterait-il ...   e. Accepterais-tu ...   f. Seriez-vous ...   g. Je voudrais ...   h. Vendriez-vous ...

270 a. 4   b. 6   c. 7   d. 8   e. 1   f. 2   g. 3   h. 5

271 *Phrases possibles :*   a. Auriez-vous l'heure ?/ Pourriez-vous me dire l'heure ?   b. Auriez-vous/ Vous resterait-il des tomates ?   c. On pourrait se voir ?/Voudriez-vous déjeuner avec moi ?   d. Pourriez-vous me passer Mme Dufour ?/Mme Dufour serait-elle là ?   e. Le Dr Lévy pourrait-il me recevoir ?/Pourrais-je avoir un rendez-vous avec le Dr Lévy ?   f. Sauriez-vous où est le métro ?/Pourriez-vous m'indiquer le métro ?   g. Pourrais-tu/Te serait-il possible de m'accompagner à l'aéroport ? h. Voudrais-tu/Aimerais-tu aller au théâtre ?

272 *Phrases possibles :*   a. Vous aimeriez venir ... ?   b. Ton frère pourrait-il jouer ... ?   c. Manuel aimerait assister ... ?   d. Vos parents pourraient-ils partir ... ?   e. Voudrais-tu voir ... ?   f. Ton amie pourrait-elle aller ... ?   g. Vous aimeriez monter ... ? h. Voudrais-tu organiser ... ?

273 a. Je me préparerais pour sortir, ...   b. Nous achèterions ...   c. Tu mettrais ...   d. Je t'emmènerais ...   e. On partirait ...   f. Nous nous marierions ...   g. Tu prendrais ...   h. Ils partiraient ...

274 *Phrases possibles :*   a. « Tu devrais pratiquer un sport. »/Il pourrait faire du sport.   b. Il faudrait qu'elle fasse attention à ce qu'elle mange./« Tu pourrais faire attention à ce que tu manges. »   c. « Il faudrait partir. »/« Nous devrions partir. »   d. « Tu pourrais répondre. »/Il faudrait qu'il réponde.   e. Il devrait se coucher .../« Elle pourrait le coucher plus tôt. »   f. Il faudrait qu'ils dépensent moins .../« Vous devriez dépenser moins d'argent. »   g. « Tu pourrais conduire moins vite. »/Il devrait conduire moins vite. h. « Tu pourrais rentrer plus tôt ! »/Il faudrait qu'il rentre plus tôt.

275 a.   d.   e.   h.

276 a. 3   b. 7   c. 6   d. 5   e. 1   f. 8   g. 2   h. 4

277 a. enverrais   b. disposeriez   c. serait   d. appellerait   e. conserverais   f. traverseraient   g. regarderais   h. ne serviraient

278 *Phrases possibles :*   a. partirions souvent à l'étranger.   b. irais te baigner chaque jour.   c. ferais du parachute.   d. aideriez les plus pauvres. e. feraient davantage de sport.   f. serait plus heureuse.   g. achèterions un chien.   h. sortirais chaque week-end en discothèque.

279 a. irait   b. serais ... suivrais   c. choisiriez d. étudieraient   e. deviendrions   f. nous installerions   g. apprendrais ... pourrions   h. aurait

280 *Phrases possibles :*   a. feraient leurs courses ce jour-là.   b. viendraient nous voir pendant les vacances.   c. serais heureuse d'avoir de tes nouvelles.   d. voyagerait souvent à l'étranger e. rentrerions plus tôt   f. téléphonerais à un autre plombier.   g. iraient plus souvent aux États-Unis. h. m'occuperais de mes enfants

281 a. devrait   b. pourrait   c. seraient   d. diminuerait ... risqueraient   e. augmenterait   f. rendrait g. partirait   h. enverrait ... prendrait

282 a. qu'elle le taperait demain matin en arrivant. b. qu'elle déjeunerait/irait déjeuner au petit café en face.   c. qu'elle la présenterait cet après-midi. d. qu'elle téléphonerait vers 10 heures.   e. qu'elle l'organiserait demain.   f. qu'elle en réserverait demain après-midi.   g. que je l'aiderais tous les après-midi.   h. qu'elle finirait à temps pour lundi.

283 a. présenterait sa femme.   b. serait très content de venir avec elle.   c. pourraient venir un week-end.   d. passeraient probablement ... e. téléphonerait à l'avance.   f. préviendrait.   g. préférerait   h. enverrait un petit mot

Bilans

284 1. serais   2. devrait   3. préfèrerais   4. disposerais d'   5. aurais   6. pourrions   7. souhaiterais 8. nous déplacerions   9. ne voudrais   10. profiterais   11. aimerais   12. aurait   13. faudrait 14. échangerait   15. m'installerais   16. occuperais 17. viendrais   18. attendrais

285 1. pourrait   2. aimerais   3. faudrait   4. aurais 5. voudrais   6. serait   7. prendrions   8. accompa-

gnerais 9. devrais 10. emmènerais 11. pourrions
12. voudrais 13. dirais 14. serait 15. passerais
16. irait 17. proposerais

X. LE DISCOURS RAPPORTÉ

286 a. c. e. f.

287 a. qu'ils apprécient leurs professeurs.
b. qu'ils n'ont pas de ... c. que leur emploi du
temps est trop chargé. d. qu'ils n'ont pas le temps
... e. qu'ils ne sont pas satisfaits de leurs salles ...
f. que l'enseignement à l'université ne coûte pas
cher. g. qu'il y a un espace ... h. qu'ils voudraient
améliorer leurs conditions ...

288 a. DI b. DI c. DD d. DI e. DI f. DD g. DI
h. DD

289 a. qu'il a eu l'occasion d'admirer ... b. qu'il
ne connaît pas les chutes ... c. qu'il n'est pas allé
... d. qu'il a fait une croisière ... e. qu'il aime le
ski. f. qu'il connaît des stations ... g. qu'il n'a pas
visité ... h. qu'il ne connaît pas ...

290 a. demande de ne pas manger ... b. demande
de ne pas oublier d'enregistrer ... c. demande de
ne pas se lâcher ... d. demande de ne pas prendre
trop ... e. demande de ne pas jeter de papiers ...
f. demande de ne pas rouler ... g. demande de ne
pas toucher ... h. demande de ne pas fumer ...

291 a. Je te demande ce que tu prends comme
boisson. b. Je te demande ce que tu lis ... c. Je
vous demande ce que vous aimez comme B.D.
d. Je vous demande ce que vous décidez ... e. Je
te demande ce que tu bois. f. Je vous demande ce
que vous dites. g. Je vous demande ce que vous
préférez ... h. Je te demande ce que tu veux ...

292 a. ce qui l'amuse ...   b. ce qu'il regarde ...
c. ce qu'il n'aime pas ...   d. ce qui lui déplaît ...
e. ce qui le choque ...   f. ce qu'on pourrait faire ...
g. ce qu'il pense ...   h. ce qui serait à ...

293 a. « Aimez-vous le sport ? »   b. « Reste-t-il
des places ... ? »   c. « L'équipe de Monaco a-t-elle
gagné ? »   d. « Quelle discipline des Jeux olympiques préférez-vous ? »   e. « Avez-vous vu la finale
... ? »   f. « Veux-tu enregistrer le match ... ? »
g. « Qu'aimerais-tu/Qu'aimeriez-vous faire comme
sport ? »   h. « Avez-vous suivi ... ? »

294 a. si elle va au cinéma, au théâtre ... b. si elle
préfère être seule. c. si elle dîne parfois ... d. s'il
lui arrive de prendre ... e. si elle a un quartier de
préférence pour ses sorties. f. si elle aime marcher
... g. si elle invite parfois ses amis ... h. si elle
réserve ses places ...

295 a. « Que faites-vous ici ? »   b. « Comment
vous appelez-vous ? »   c. « D'où venez-vous ? »
d. « Pourquoi êtes-vous ici ? »   e. « Quand êtes-
vous arrivé ? » f. « Comment êtes-vous rentré chez

vous ? »   g. « Qui vous a donné mon adresse ? »
h. « Que comptez-vous faire ? »

296 a. en quelle année vous êtes née. b. où vous
habitiez quand vous étiez jeune. c. comment était
votre village. d. ce que vous faisiez de vos
journées. e. quand vous vous êtes mariée.
f. pourquoi vous vous êtes installée dans cette
ferme. g. combien d'enfants vous avez eus. h. si
vous avez été heureuse dans votre vie.

297 a. qu'elle déteste la publicité. b. s'il aime les
films policiers. c. qu'il a regardé un documentaire
sur Canal 5. d. d'éteindre la télévision. e. quelle
chaîne tu regardes ce soir. f. si tu aimes les
sitcoms. g. à quelle heure passe l'émission de
variétés. h. quel genre de films tu regardes le plus
souvent.

298 a. combien b. pourquoi c. comment d. si/
quand e. ce qui f. ce que g. ce qui h. s'

299 a. 4 b. 3/8 c. 1 d. 7 e. 2 f. 5 g. 3/5
h. 6

300 a. me demande si j'ai du feu. b. me demande
si je sais où se trouve ... c. me demande à quelle
heure est ... d. me demande ce que j'ai à ... e. me
demande quand je pars ... f. me demande pourquoi
je prends ma voiture ... g. me demande ce que je
veux comme ... h. me demande ce qui m'est arrivé.

301 a. La serveuse à eux : « Que préférez-vous
comme dessert ? » b. Pauline à nous : « Je ne vous
ai pas vus. »   c. La caissière à nous : « Fermez la
porte du magasin. » d. Le garçon à toi : « Prenez-
vous un café ? » e. La cliente à lui : « Rendez-moi
ma monnaie. » f. Un enfant à moi : « Pouvez-vous
m'aider à traverser la rue ? » g. Les techniciens à
lui : « Qu'est-ce qui ne marche pas bien ? » h. La
réceptionniste à nous : « Fermez la porte de votre
chambre à clé. »

302 a. Le professeur demande à ses élèves ce
qu'ils lisent ... b. Georges me demande si je peux
lui prêter mon sac ... c. Je demande à Jeanne ce
qu'elle m'a rapporté ... d. Les parents disent à leur
fille de ne pas oublier de leur donner de ses
nouvelles. e. Une vieille dame demande à sa voisine
quand elle reviendra la voir. f. Fabienne demande à
son petit ami s'ils pourront se voir samedi soir.
g. Élise me demande si je l'emmènerai au zoo. h. Je
demande à une copine en larmes ce qui lui arrive.

303 a. que nous louons ...   b. si vous passez
toujours ... c. que nous y allons ... d. ce qui vous
attire ... e. si vous avez de la ... f. de faire très
attention, la mer ... g. si votre mari aime ... h. qu'il
a horreur de ça.

304 a. La femme demande à son mari de lui laisser
une clé si elle rentre tard. b. « Venez arroser mes
plantes ... et fermez les fenêtres s'il pleut. »
c. Charlotte demande à une copine ce qu'elles pourraient faire dimanche après-midi. Elle lui demande
aussi ce qui lui ferait plaisir. d. « M'apportez-vous

l'argent de ma pension ? » e. Sylvie demande à son voisin s'il n'aurait pas vu son chat. f. « Quand pourrez-vous venir changer mes robinets ... et combien ça me coûtera ? » g. Le propriétaire demande aux locataires de régler/s'ils pourraient régler leur loyer ... h. « Je ne pourrai pas payer mon loyer car je n'ai pas reçu d'argent de ma famille. »

305 a. c. d. f.

306 a. ce qu'ils descendent ... b. s'il y a ... c. de prendre ... d. qu'elle les retrouve ... e. s'ils sont tombés. f. où ils veulent aller. g. qu'ils aillent/ d'aller ... h. qu'il arrête ...

307 a. Il a demandé si le ciel était couvert. b. Elle a dit que nous partions skier. c. Ils ont répondu qu'ils ne voulaient pas y aller. d. Il a dit que tu jouais bien au tennis. e. Elle a demandé si tu pratiquais ... f. Tu as répondu que tu en faisais ... g. Il a demandé si vous aimiez ... h. Vous avez répondu que la plage ne vous plaisait pas beaucoup.

308 a. à quel moment elle faisait le ménage dans l'escalier. b. si elle surveillait les allées et venues des locataires. c. si sa porte était fermée aux heures des repas. d. si elle connaissait tous les locataires de son immeuble. e. si elle demandait aux inconnus à quelle personne ils venaient rendre visite. f. s'il y avait déjà eu des vols dans cet immeuble. g. si elle possédait le double des clés de tous les appartements. h. si elle n'avait rien remarqué de suspect ces derniers jours.

309 On nous a demandé a. pourquoi nous quittions ... b. ce que nous ferions de notre logement ... c. où nous irions habiter. d. si nous prendrions ... e. comment nous trouverions ... f. On m'a demandé si ma femme continuerait ... g. où nos enfants iraient ... h. si nous reviendrions ...

310 a. qu'il lui faudrait faire ... b. qu'il le savait, qu'il travaillerait ... c. où il irait vivre. d. qu'il irait à Toulouse ... e. s'il se marierait. f. qu'il ne savait pas mais qu'il aurait ... g. pourquoi il voudrait ... h. qu'ils fabriqueraient des maquettes d'avion ensemble.

311 a. Il m'a demandé où j'avais mal. b. Je lui ai répondu que je m'étais tordu ... c. Il a dit que je ne pourrais pas ... d. Ils savaient qu'ils seraient ... e. Ils ont dit qu'il y avait eu ... f. Ils ont assuré qu'il y avait ... g. Caroline a affirmé qu'elle était ... h. Elle pensait qu'elle obtiendrait ...

312 a. Le Premier ministre a déclaré que le chômage avait baissé ... b. Les pays européens espéraient qu'ils réussiraient ... c. Les médias ont fait savoir que le pouvoir d'achat des Français diminuait. d. L'INSEE a estimé que la population de la France vieillissait ... e. Le ministre de la Santé a trouvé que l'on avait consommé ... f. Le président de CTI a affirmé qu'il n'y aurait ... g. Les syndicats pensaient que la grève avait touché ... h. La Bourse a annoncé que le dollar avait chuté ...

313 a. a dépensé b. se marieraient c. trouvera d. voulais e. avais dit f. ferait g. achèteraient h. avait pris

Bilans

314 Anne dit qu'elles vont se poser des questions mais qu'elles ne doivent répondre ni par oui, ni par non. Elle demande si elle a compris. Sophie dit que oui, que c'est facile. Elle demande si elle commence. Anne accepte. Elle lui demande si elle fait du sport. Sophie répond qu'elle en fait de temps en temps. Anne lui demande si elle sort souvent avec ses amis. Sophie répond que bien sûr et qu'elle adore aller au cinéma avec eux. Anne lui demande si le dimanche, elle va voir ses parents. Sophie répond que ça lui arrive. Anne lui demande si elle s'entend bien avec eux. Sophie dit que oui. Anne lui dit qu'elle a perdu, qu'elle vient de dire « oui ». Que c'est à elle de poser des questions.

315 1. partait 2. ne savait pas 3. avait besoin 4. attendrait pas 5. voulais 6. ne souhaitait pas 7. réfléchirait 8. se sentait 9. était 10. pouvais 11. désirais 12. acceptais 13. se marierait 14. devrais 15. ne changera pas 16. perdra

XI. LA CONCORDANCE DES TEMPS

316 a. diminue ... atteignait b. consomment c. augmentera d. mangeaient e. apprécient f. réduisent g. commanderont h. accordaient

317 a. ont augmenté b. dépensent c. personnalisait d. se sont souciés e. seront f. portaient g. pratiqueront h. s'est développée

318 a. est né b. a reçu c. était d. connaissaient e. ont étudié f. a marqué g. a écrit h. fréquentait

319 a. ont préféré b. a fait c. s'apprêtait d. pourriez e. avait arrêté f. venait g. Ce serait h. avait plu

320 a. → 1/3/4 b. → 2/5/6/7/8

321 a. Marie était très fâchée ; elle est partie ... b. Il neigeait, alors il a mis ... c. Marc avait très mal ... il a pris ... d. ... je n'y croyais pas et j'ai eu raison. e. Il était midi, ... la sirène a sonné. f. ... était un bon film, tu n'as pas trouvé ? g. Comme tu le souhaitais, tu as pu emprunter ... h. Puisque vous ne travailliez pas lundi, nous avons déjeuné ...

322 a. Je suis certain qu'ils participeront au second tour. b. Les journalistes eux-mêmes ne savent pas que ce joueur est malade. c. Un ami m'appelle au moment où je regarde le match. d. On voit bien qu'il a un problème parce qu'il ne court pas vite. e. Laurent parie qu'ils perdront 2-0. f. Tu ne sais pas que Laurent n'y connaît rien. g. Moi, je ne pense pas qu'ils gagneront si facilement. h. Mon père dit que ce sera leur jour de chance.

323 a. Dis-tu que tu connais ...   b. Nous croyons que tu as eu ...   c. Je ne pense pas que vous arriverez ...   d. On pense que vous devez quitter ...   e. Je suis sûre que tu vas ...   f. Ta secrétaire affirme que tu es parti ...   g. Pierre assure qu'il ne faut pas s'inquiéter.   h. Louis dit qu'on fera ...

324 a. sera   b. connaîtriez   c. prendrais   d. avait volé   e. partirait   f. accepteront   g. s'était cassé   h. ferait

325 a. Il me semblait que tu maigrissais ...   b. Léa était certaine que son projet serait accepté.   c. J'avais l'impression que Mme Boyer prendrait ...   d. Elle croyait que nous partagerions ...   e. Étiez-vous sûrs que vos amis nous rejoindraient ...   f. Je trouvais que notre situation s'améliorait.   g. Marc était convaincu que sa sœur rentrerait ...   h. Ses parents ne pensaient pas qu'il terminerait ...

326 a. partiront   b. est   c. voulait   d. déménageront   e. soient   f. obtiendra   g. a   h. ne sont pas

327 a. Je regrette que Sophie ne finisse pas ...   b. Je préfère que vous m'appeliez ...   c. J'espère qu'elles prendront ...   d. Je sais qu'il répondra ...   e. Je suis persuadé qu'elle fait ...   f. Je souhaite qu'on aille ...   g. Je veux que tu mettes ...   h. J'exige que vous soyez ...

328 a. C'est préoccupant que les catastrophes naturelles soient de plus en plus nombreuses.   b. Il est essentiel que la population planétaire prenne conscience ...   c. Il est souhaitable que les pays industrialisés dépensent ...   d. C'est bon signe que les grandes villes aient ...   e. C'est dramatique que les réserves d'eau ... soient en baisse.   f. C'est regrettable qu'il y ait encore ...   g. Il est inadmissible que les côtes françaises soient parfois ...   h. Il est normal que l'État défende ...

329 a. comprenne   b. vend   c. refasse   d. refuseront/refusent   e. sera   f. avaient   g. parviennes   h. fournira/a fourni

330 a. reviennent   b. ont   c. finissent   d. feras   e. couchait   f. s'endorme   g. sortait   h. ai annoncé

331 *Phrases possibles :*   a. il serait encore en vie.   b. nous n'en serions pas là.   c. je lui augmente son salaire.   d. cela arrangerait nos affaires.   e. il ne nous proposera plus rien/il nous licencie.   f. tu pourrais emmener le petit avec toi.   g. je serais le plus heureux des hommes.   h. nous nous serions certainement mariés.

332 a. êtes/étiez   b. peut   c. veut/voulait   d. obtiendra   e. portait   f. faisais   g. vas   h. partirons

333 a. → 2/4/8   b. → 5/6/7   c. → 8   d. → 3   e. → 5/7   f. → 3/4/5/6/7   g. → 8   h. → 1/2/4

334 a. lui avait volé ...   b. qu'il avait vu ...   c. Le gardien a dit qu'il ne le reconnaissait pas ...   d. La victime a assuré qu'on était entré ...   e. Le suspect a déclaré qu'il ne connaissait pas ...   f. Le juge a demandé au suspect s'il avait déjà rencontré ...

335 a. Je te dis que j'ai réservé ...   b. L'hôtelier me demande si nous resterons ...   c. Je réponds que nous déciderons ...   d. Je veux savoir si notre chambre donnera ...   e. Il m'explique qu'à cette saison, c'est difficile car l'hôtel est déjà ...   f. Il ajoute qu'il fera son possible ...   g. J'en profite pour lui demander quel temps il fait.   h. Il m'annonce que les températures sont très douces et qu'on aura sûrement ...

336 a. → 4/7   b. → 1/2/4/5/7   c. → 2/8   d. → 3   e. → 6   f. → 4   g. → 5   h. → 8/4

Bilans

337 1. arriverait   2. serait   3. puisse l'appeler   4. venait   5. savais   6. devait   7. était   8. laissait   9. voyais   10. connaissais   11. prenne   12. fournisse   13. avait appelé   14. avait téléphoné   15. était   16. enverrait

338 *Conviennent :*   1. était   2. accordait   3. intéresserait   4. est   5. tendra   6. peux   7. prend   8. regarderait   9. vienne   10. soient   11. iraient   12. décroisse   13. soit   14. répande   15. grandit   16. fait   17. devienne

XII. LE PASSIF

339 a. b. f. g.

340 c. sont recherchés   e. sont hébergés   f. sont avertis

341 a. La fée transforme la citrouille.   b. Le Petit Poucet guide les six frères.   c. La reine chasse Blanche-Neige.   d. Les trois ours effraient Boucle d'or.   e. La Bête épouse la Belle.   f. Le Chat botté avale la souris.   g. Le Prince charmant réveille la princesse.   h. Le petit tailleur tue le géant.

342 a. Le pain est fait par le boulanger.   b. Le gâteau est préparé par le pâtissier.   c. Le mur est réparé par le maçon.   d. Le malade est soigné par le médecin.   e. Un prêt est accordé par le banquier.   f. Le poisson est attrapé par le pêcheur.   g. Le champ est cultivé par l'agriculteur.   h. Un dossier est vérifié par le comptable.

343 a. En 4000 avant J.-C., le premier instrument à percussion est découvert en Égypte.   b. Le calculateur mécanique est conçu par Blaise Pascal en 1642.   c. Le baromètre est inventé en 1644 par l'Italien Toricelli.   d. Le premier essuie-glace, qui date de 1911 en Prusse, est actionné par le conducteur ou le passager.   e. Le premier aéroglisseur est fabriqué en 1953 par l'Anglais Christopher Cockerell.   f. La même année, la Manche est traversée entre Douvre et Calais.   g. Le premier brevet pour une carte à mémoire est déposé en 1970 par le Japonais Kunitaka Arimura. h. Une carte à mémoire plus perfectionnée est créée quatre ans plus tard par le journaliste français Roland Moreno.

344 a. L'équipe d'Italie est battue par l'équipe de France en finale … b. 28 sports sont présentés aux Jeux olympiques … c. Les athlètes américains sont considérés par les spectateurs comme les grandes stars … d. L'Américain André Agassi est désigné par le comité de tennis meilleur joueur … e. Le tournoi de Roland-Garros 2000 est gagné par la championne … f. … la France est largement dominée par l'Australie. g. La dernière course de Formule 1 du xxᵉ siècle est remportée par l'Allemand … h. La performance des basketteurs de Limoges est saluée par les journaux …

345 a. Certaines plages bretonnes sont fermées à cause … b. La taxe d'habitation est réduite. c. La paix est signée entre … d. Un temps printanier est prévu sur … e. Le prix de la communication téléphonique est abaissé. f. Une augmentation du prix du carburant est annoncée. g. L'aéroport parisien … est agrandi. h. Huit salles de cinéma multiplex sont ouvertes à Nice …

346 a. Les principaux problèmes sont évoqués. b. La question des boîtes aux lettres est abordée. c. Une priorité dans les travaux est définie. d. Un rendez-vous avec l'architecte est pris. e. Un calendrier des charges est établi. f. Les absents sont prévenus par … g. Une date est fixée pour … h. L'installation d'un ascenseur est votée.

347 a. On envoie la lettre au Père Noël. b. On installe le sapin … c. On range les chaussures … d. On prépare la dinde aux marrons. e. On décore la bûche de Noël. f. On attend les invités. g. On allume les bougies. h. On sert le champagne.

348 a. Les jeunes des banlieues préoccupent les associations. b. On prend en charge les personnes … c. On réforme la Sécurité sociale. d. On soigne gratuitement les personnes … e. Des puéricultrices surveillent les jeunes enfants. f. Les enseignants sensibilisent les lycéens aux questions … g. L'assurance maladie rembourse les frais médicaux. h. Des responsabilités professionnelles retiennent les femmes …

349 a. le contrôleur autorise l'accès aux wagons. b. des plateaux-repas sont servis par le service de restauration. c. les billets sont compostés par la machine. d. une couchette supérieure est réservée par ce passager. e. les voyageurs sont priés de surveiller … f. on calcule les tarifs de la SNCF en fonction … g. on accorde des réductions aux retraités. h. des tarifs spéciaux sont proposés aux militaires par la SNCF.

350 a. Le prix du carburant n'est pas augmenté. b. Les grandes surfaces ne sont pas ouvertes le dimanche. c. Les cigarettes ne sont pas vendues dans les supermarchés. d. Les journées de congé ne sont pas réduites. e. Les ressources ne sont pas imposées pour les salariés … f. Les avantages sociaux ne sont pas remis en question. g. L'identité des étrangers n'est pas vérifiée. h. La circulation automobile n'est pas autorisée dans le centre-ville.

351 a. On accueillera les étudiants … b. On ouvrira le secrétariat au public … c. Les étudiants présenteront toutes les pièces demandées. d. Les secrétaires refuseront tout dossier incomplet. e. Une commission de l'université étudiera les demandes d'inscription. f. Un courrier avertira les étudiants des décisions prises. g. On organisera les inscriptions définitives dès … h. Des conseillers orienteront certains étudiants vers d'autres …

352 a. Un badge sera distribué à chaque enfant. b. Les bagages seront rassemblés par les moniteurs. c. Les parents ne seront pas autorisés à … d. L'adresse du centre … sera communiquée aux familles. e. Les parents seront invités par le directeur du centre à … f. Aucune visite des proches ne sera acceptée pendant … g. Des activités diverses seront organisées par les moniteurs. h. Les familles seront régulièrement averties du déroulement …

353 b. était dirigée   d. était ravagée   f. étaient organisées

354 a. La galette des Rois était mangée le jour de l'Épiphanie. b. Les plus jeunes étaient déguisés pour … c. Des chocolats étaient donnés par les familles aux enfants à … d. Des poissons étaient dessinés par les petits le … e. Un brin de muguet était offert pour … f. Un feu d'artifice et un bal étaient organisés par la ville le jour … g. Les cimetières étaient fleuris le jour … h. Un bon repas était préparé par la mère pour …

355 a. ont été détruites   b. ont été retrouvées   c. ont été arrachés   d. ont été privées   e. a pas été épargné   f. ont été traumatisés   g. ont été soutenues   h. ont été touchées

356 a. Dans les Alpes, des billets de banque d'une valeur totale de 3 000 euros ont été découverts sur la piste par un couple de skieurs. b. Un Centre pour lutter contre la fraude sur Internet a été créé aux U.S.A. c. Des pigments de couleur vieux de 400 000 ans ont été découverts par une équipe scientifique. d. L'autostoppeur a été pris par un automobiliste. e. Un enfant de 6 ans soupçonné de meurtre a été arrêté par des policiers américains. f. Une cuiller à café a été retrouvée dans l'estomac d'une patiente par un chirurgien. g. La mort par l'arsenic de Napoléon 1ᵉʳ a été confirmée par des chercheurs. h. Un numéro vert a été mis en place par la mairie de Strasbourg pour lutter …

357 a. En 1995, le Japon a été bouleversé par un terrible … b. Hier matin, une manifestation des infirmières a été organisée. c. Le mois prochain, le prix des cigarettes sera augmenté. d. Avant 1945, les Françaises n'étaient pas autorisées à voter. e. En 1992, le permis de conduire à points a été instauré. f. Il y a une quinzaine d'années, le *Portrait du docteur Gachet* … a été vendu 82,5 millions de dollars.

g. Actuellement, le président de la France est élu pour cinq ans.   h. Aujourd'hui, la plupart des entreprises sont abonnées au réseau ...

358 a. La durée de vie des hommes a été réduite par la consommation ...   b. ... on constate une inégalité devant la mort parmi les catégories sociales.   c. En 1976, le travail nocturne des femmes a été autorisé par une loi européenne.   d. ... la création de nouveaux transports en commun améliorera nettement la circulation en région parisienne.   e. Près de 300 000 mariages en France ont été comptabilisés par le recensement ...   f. L'arrivée massive des femmes dans le monde ... a provoqué le recul de l'âge moyen de la maternité.   g. Le nombre de personnes travaillant « au noir » est estimé à 1,5 million.   h. Environ 4 millions d'étrangers sont actuellement recensés en France.

359 a. On recevra le Premier ministre ...   b. Bientôt, on proposera de nouveaux services ...   c. Dans les années à venir, on couvrira la distance Paris-Nice par le train ...   d. On découvrira bientôt le vaccin contre le sida.   e. Dans le futur, on organisera probablement des voyages dans l'espace.   f. D'ici demain, on connaîtra les résultats des examens.   g. Dans cinquante ans, on automatisera entièrement les voitures.   h. Dans peu de temps, on pourra faire les courses quotidiennes ...

360 a. Le directeur du personnel avait examiné son dossier.   b. L'université a présenté cette personne.   c. On signera son contrat pour une durée ...   d. On lui confie actuellement des tâches administratives.   e. On pourrait lui attribuer des responsabilités plus importantes ...   f. L'entreprise lui versera une prime de fin de stage.   g. Elle aura achevé son rapport de stage ...   h. On pourrait engager définitivement cette stagiaire à la fin ...

361 a. La porte ... aurait été fracturée par le cambrioleur.   b. Le cambrioleur aurait été aperçu par le passant.   c. Ce passant aurait été bousculé par le cambrioleur sortant de la bijouterie.   d. Il aurait été attendu par son complice au coin ...   e. Cette photo aurait été prise par le passant, un touriste japonais.   f. Le numéro ... de la voiture aurait également été noté par lui.   g. Le coupable serait identifié facilement.   h. Commissaire, ce témoignage sera-t-il retenu par vous ?

362 a. Les impôts sont calculés sur la base des revenus annuels.   b. Les revenus sont déclarés par tout le monde ...   c. Les personnes économiquement faibles sont dispensées de payer des impôts par le service du fisc.   d. Le fisc est géré par le ministère des Finances ...   e. Les dépenses de l'État sont payées par les recettes fiscales.   f. Le budget est réparti en plusieurs enveloppes ...   g. Tous les fonctionnaires sont employés par l'État.   h. Les impôts sur le revenu seront bientôt réduits de 5 %.

363 a. des   b. par   c. de   d. de   e. par   f. par   g. du   h. par

364 a. 3   b. 6   c. 7   d. 8   e. 4   f. 2   g. 5   h. 1

Bilans

365 Cinq personnes soupçonnées de cambriolage ont été arrêtées dans la soirée de mercredi par les policiers. Dans le même temps, la maison qui leur servait de lieu de rencontre a été fouillée. Une quantité impressionnante d'objets hétéroclites y a été trouvée. D'après le commissaire Jourdain, chargé de l'enquête, le voisinage a été interrogé par ses hommes et des indices supplémentaires ont été relevés. D'autres cambriolages avaient été prévus dans la région par le petit groupe de malfaiteurs, composé de trois hommes et deux femmes. Des villas de grand standing, généralement construites à l'écart des routes fréquentées, et dépourvues de systèmes d'alarme performants, étaient concernées. Les cambrioleurs ont été entendus par le commissaire. Plusieurs victimes de cambriolages ont déjà été prévenues qu'une exposition publique des objets retrouvés dans l'appartement des malfaiteurs allait être organisée. Dans le village, la plupart des personnes arrêtées étaient connues. Ces derniers étaient considérés par les commerçants interrogés par les journalistes comme des clients aimables et sans histoire. ... Le commissaire Jourdain a reconnu que le commissariat avait été prévenu par un appel anonyme de la présence d'un camion aux abords de la petite propriété, là où l'étonnant butin devait, plus tard, être découvert par la police. Selon l'inconnu, le camion était régulièrement déchargé par des hommes en pleine nuit. Cette imprudence aura permis aux policiers de mettre un terme à une série de vols qui avaient été évalués par les assurances à environ 6 millions d'euros.

366 Si des Français vous invitent, vous devez ... On préparera la table ... On destine le grand verre à l'eau, on réserve le petit verre au vin. En général, pour l'apéritif, une boisson alcoolisée ou non vous est proposée, ... On engage la conversation. Ensuite, vous êtes invité par les hôtes à passer à table ; on vous attribuera une place. ... Le repas ne sera pas commencé ... vous la boirez ... Le couteau spécial sera uniquement utilisé ... On vous présentera plusieurs plats ... votre refus sera accompagné d'un « non merci » poli. ... Le couteau ne doit pas toucher la salade ... un petit morceau de pain sera utilisé. On sert les fromages ... Du vin rouge les accompagne généralement. Les couverts sont utilisés pour le fromage. On apporte le dessert ... la maîtresse de maison est félicitée ... on n'allumera pas de cigarette ... On vous offrira peut-être un café. ... on poursuivra la discussion ... On les remerciera ...

XIII. L'HYPOTHÈSE ET LA CONDITION

367 a. À supposer qu'   b. À moins qu'   c. Si   d. Au cas où   e. Selon   f. Il se peut que   g. Dans ce cas   h. En admettant qu'

368 a. 4   b. 2/7   c. 1   d. 3   e. 8   f. 2   g. 6   h. 5

369 *Phrases possibles :* a. Si jamais j'épousais un milliardaire, je passerais mon temps à découvrir le monde. b. Au cas où nous gagnerions au Loto, nous ouvririons une cinémathèque. c. En admettant que je découvre un puits de pétrole dans mon jardin, je deviendrais très riche. d. À supposer que j'obtienne un grand prix littéraire pour mon premier roman, les journalistes parleraient de moi. e. En imaginant que nous créions la pilule anti-vieillissement, je la distribuerais à tous mes proches. f. Dans l'hypothèse où nous aurions des quintuplés, la vie serait infernale pour nous. g. Si on inventait la machine à remonter le temps, il se pourrait que je fasse un voyage dans le Moyen Âge. h. Au cas où je vivrais 120 ans, je connaîtrais beaucoup de changements dans la société.

370 a. 4 b. 1 c. 7 d. 2 e. 3 f. 5 g. 6 h. 8

371 a. puisse b. irions c. serait d. avait e. soit f. prenne g. reviennent h. dirigerait

372 *Conviennent :* a. En supposant que b. à ce compte-là c. Il faudrait d. À supposer que e. Il se peut que f. il est possible que g. En cas de h. il est possible que

373 a. H b. C c. C d. H e. H f. C g. C h. C

374 a. à condition qu' b. moyennant c. si d. Du moment qu' e. si tant est qu' f. Pour peu qu' g. pourvu qu' h. à condition qu'

375 a. Si tu réussis ton bac, tu entreras à la faculté de droit. b. Si Céline se marie, elle ne changera pas de nom. c. Si les Dubois ont des enfants, ils déménageront. d. Si Alain obtient ce poste d'ingénieur, il quittera Bourges. e. Si nous partons travailler au Canada, nous passerons nos vacances au Québec. f. Si nos parents prennent leur retraite à 60 ans, ils se retireront à Vence. g. Si Claude réussit ses études, il aura une vie agréable. h. Si je m'installe à Paris, j'achèterai une résidence secondaire.

376 a. S'il ne pouvait plus travailler, il s'ennuierait. b. Si vous vouliez le faire, vous pourriez le faire. c. Si tu me téléphonais, je viendrais tout de suite. d. Si vous comptiez venir à Nice, nous vous inviterions chez nous. e. Si nous partions à Bali, nous vous rapporterions un souvenir. f. Si les amis de Julien venaient ce soir, je leur ferais un plat de lasagnes. g. Si elle obtenait son permis de conduire, on ouvrirait une bonne bouteille. h. Si tu venais à moto, tu devrais faire très attention.

377 a. comprendrais ... écoutais b. était ... arrêterait c. voyagerait ... avait d. obéissait ... irait e. t'installerais ... devais f. plairait ... écrivait g. disaient ... garderais h. viendrais ... proposais

378 a. 3 b. 6 c. 1 d. 8 e. 7 f. 4 g. 5 h. 2

379 a. à condition que – pourvu que b. Sans le chien c. selon que d. Pour peu qu' e. sauf si f. à moins de g. Quand bien même h. Avec

380 a. ne préfèrent b. sera c. veut d. aient e. réserver f. pleuve pas g. veulent h. soient

Bilans

381 1. Selon 2. Il se peut qu' 3. suppose qu' 4. à condition de 5. Il se peut qu'/Il est probable qu' 6. Dans l'hypothèse où 7. à supposer que/en supposant que 8. si 9. À supposer que/En supposant que 10. dans l'hypothèse où 11. selon 12. sans

382 *Conviennent :* 1. c'était 2. aurait 3. vive 4. serait 5. connaîtrais 6. saurais 7. ait 8. pourrais 9. Si 10. tomberais 11. à moins qu' 12. a 13. mette 14. voies 15. seras 16. ajoute

XIV. LA CAUSE

383 a. C b. B c. C d. C e. B f. C g. C h. C

384 a. → 4 b. → 7 c. → 8 d. → 1 e. → 2 f. → 3 g. → 5 h. → 6

385 *Phrases possibles :* a. Pourquoi dis-tu cela ? b. Pourquoi faut-il se coucher tôt ? c. À cause de qui tu t'es fait prendre ? d. Pourquoi allez-vous voir l'exposition Renoir ? e. Pourquoi ne voulez-vous pas sortir ? f. Pour quel motif a-t-il été récompensé ? g. Pourquoi n'a-t-il pas fait ce travail ? h. Pourquoi tu aimes tant ce joueur ?

386 *Phrases possibles :* a. Parce que l'avenir est incertain b. Pour en savoir plus c. Parce que vous aimez le travail bien fait d. Pour payer moins cher e. Pour faire le plein de vitamines f. Parce que vous aimez les monuments grandioses g. Pour prendre du temps au temps h. Parce que la vie vous intéresse

387 a. Compte tenu b. Comme c. Puisque d. Vu que e. Sous prétexte qu' f. parce qu' g. En raison des h. Puisqu'

388 a. Il gardait ses enfants, c'est pourquoi il n'est pas sorti. b. Aurore attendait Philippe, c'est pourquoi elle est restée à la maison. c. Nous nous sommes disputés, c'est pourquoi ils ne m'ont pas dit au revoir. d. J'étais trop fatigué, c'est pourquoi je me suis endormi. e. Nous ne connaissions pas Rome, c'est pourquoi nous y sommes allés. f. Il n'avait pas le temps, c'est pourquoi il n'a pas lu le journal. g. Elle vient d'avoir un petit garçon, c'est pourquoi elle est heureuse. h. Ils se sont couchés tard, c'est pourquoi ils ont fait la grasse matinée.

389 a. Il a réussi parce que nous l'avons soutenu. b. Elle a préféré laisser sa voiture au garage parce qu'il y avait du verglas. c. Il s'est trompé parce qu'il a fait une faute d'inattention. d. Ce jeune homme a été arrêté parce qu'il avait volé dans un magasin de luxe. e. Il a battu le record du monde parce qu'il avait un vélo révolutionnaire. f. Je te conseille de ne pas sortir parce que tu es malade. g. Nous n'emmènerons pas notre enfant au cinéma parce qu'il est trop petit. h. Le musée est fermé parce qu'il est en travaux.

390 *Phrases possibles :* a. ne suis pas d'accord, mais parce que c'est matériellement impossible. b. insistes. c. était en retard. d. n'en ai pas envie. e. était froide. f. ne vis pas ici. g. vient, le reste m'est égal. h. irai au cinéma.

391 a. Partez sans moi puisque vous êtes pressé. b. Je n'ai pas pu arriver à l'heure parce qu'il y avait des embouteillages./Comme il y avait des embouteillages, je n'ai pas pu ... c. J'ai réussi mon examen parce que ton aide m'a été profitable. d. Je préfère prendre mon parapluie parce que le ciel est menaçant./Comme le ciel est menaçant, je préfère ... e. J'ai dû garder mon enfant à la maison parce qu'il avait de la fièvre./Comme mon enfant avait de la fièvre, j'ai dû le garder ... f. Les gens vivent plus longtemps parce qu'ils sont mieux soignés qu'auparavant./Comme les gens sont mieux soignés qu'auparavant, ils vivent ... g. Puisque/Comme tu n'as rien à faire, tu vas me rendre un petit service. h. Boris ne peut pas aller voir ce film parce qu'il n'a pas 16 ans./Comme Boris n'a pas 16 ans, il ne peut pas ...

392 a. 4 b. 5 c. 1 d. 2 e. 3 f. 8 g. 6 h. 7

393 a. que b. de ce qu' c. qu' d. qu' e. que f. qu'/de ce qu' g. que h. non que

394 *Phrases possibles :* a. il faisait froid. b. ils se sont disputés la dernière fois. c. nous ne payions pas à temps. d. Julie nous accompagne, je suis rassurée. e. le café soit cher à Paris. f. il ne voulait pas mais parce qu'il n'avait pas les moyens financiers. g. il ne revienne pas. h. il était absent ce jour-là.

395 a. ... à cause d'un rendez-vous à la même heure. b. À force d'être souvent absent, ... c. ... grâce à l'efficacité de la police. d. Faute de sandwich, ... e. ... en raison du 1er Mai. f. À force de prendre des risques, ... g. Vu la chaleur, ... h. Faute de moyens, nous ne pourrons pas ...

396 a. pour b. Ø c. à d. du e. par f. de g. Ø h. de

397 a. de b. À c. d' d. À e. pour f. Avec g. par h. pour

398 a. Juliette Binoche est connue pour avoir reçu un Oscar à Hollywood. b. J.M.G Le Clézio est connu pour avoir écrit de beaux romans de voyage. c. Pierre Boulez est connu pour avoir dirigé de grands orchestres. d. Yves Saint-Laurent est connu pour avoir été l'un des plus grands couturiers français. e. Charles Trenet est connu pour avoir composé de superbes chansons durant cinquante ans. f. Luc Besson est connu pour avoir mis en scène le film *Jeanne d'Arc*. g. Gérard Loiseau est connu pour avoir fait de la cuisine française un art. h. Gérard Depardieu est connu pour avoir interprété le rôle de Christophe Colomb.

399 a. ... pour avoir sauvé une vie humaine. b. ... pour avoir commis un vol/pour vol. c. ... pour avoir été courageux/pour son courage. d. ... pour être arrivés en retard à trois reprises. e. ... pour avoir revendu de la drogue/pour revente de drogue. f. ... pour avoir tenu des propos injurieux/pour ses propos injurieux. g. ... pour avoir franchi la ligne/pour franchissement de la ligne blanche. h. ... pour son talent.

400 *Phrases possibles :* a. À cause de sa situation géographique. b. À cause des fêtes de fin d'année. c. À cause d'une panne d'électricité. d. À cause des travaux. e. À cause du docteur qui lui a fait mal. f. À cause de son créateur, qui s'appelait Gustave Eiffel. g. À cause de la présence des pompiers. h. À cause d'une grève de la distribution.

401 a. sous l'effet b. sous le poids c. sous le choc d. Sous l'empire e. sous l'influence f. sous l'emprise g. sous l'action h. Sous le coup

402 a. 3 b. 1 c. 5 d. 2 e. 4 f. 7 g. 8 h. 6

403 a. motif b. sources c. raison d. facteur e. pourquoi f. origine g. explication h. mobile

404 a. Je n'ai pas osé sonner parce que je pensais que tu dormais. b. Comme vous faites de la gymnastique, vous gardez la forme./Vous gardez la forme parce que vous faites ... c. Comme les loyers parisiens sont trop chers, Frédéric a décidé de vivre en banlieue. d. Comme elle lisait ce livre, elle a eu envie de visiter l'Auvergne. e. Je n'ai pas mis de pull pour sortir parce que je pensais qu'il allait faire beau./Comme je pensais qu'il allait faire beau, je n'ai pas mis ... f. Comme ils savaient qu'il y avait un bon film à la télévision, ils ont préféré rester chez eux./Ils ont préféré rester chez eux parce qu'ils savaient ... g. Comme Jérémy connaissait très bien Paris, il a répondu à toutes nos questions./Jérémy a répondu à toutes nos questions parce qu'il connaissait ... h. Rémy s'est rendu malade parce qu'il avait mangé des huîtres.

405 a. Étant âgée et vivant seule, ... b. ... en travaillant jour et nuit. c. Les invités commençant à s'endormir, ... d. Les magasins étant ouverts les dimanches ... e. ... en utilisant un outil tranchant. f. La pluie se mettant à tomber, ... g. Les congés approchant, ... h. ... en supprimant le fromage et les desserts.

Bilans

406 1. En raison 2. Étant donné/En raison de 3. Grâce à 4. comme 5. Comme 6. parce qu' 7. Pour 8. puisque

407 *Conviennent :* 1. car 2. Comme 3. parce que 4. Étant donné que 5. grâce à 6. car 7. comme 8. Étant donné que 9. Comme 10. Sous prétexte que 11. À cause de 12. parce que

XV. LE BUT

408 b. e. h.

409 a. Afin que b. Pour c. pour qu' d. de crainte d' e. de manière qu' f. pour g. de peur qu' h. de sorte qu'

410 a. Mets ton costume pour être plus chic. b. Prends ton manteau pour te protéger du froid. c. Enfile des gants pour éviter de te faire mal. d. Ouvre ton portefeuille pour vérifier que tu as de l'argent. e. Prends tes lunettes pour voir plus clair. f. Passe d'abord au bureau de tabac pour acheter des cigarettes. g. Choisis chez le fleuriste un joli bouquet pour l'offrir à la maîtresse de maison. h. Prends ton carton d'invitation pour le présenter à l'entrée.

411 a. Nous avons choisi un grand jardin pour qu'ils puissent s'amuser. b. Je reviens tôt pour qu'ils aillent au stade. c. Nous avions prévu une piscine pour qu'ils se baignent. d. Je l'accompagne à moto pour qu'il soit à l'heure. e. Je lui laisse l'ordinateur pour qu'il finisse un jeu avec son ami. f. Je lui montre cet exercice de solfège pour qu'il comprenne mieux. g. Il écoute la musique avec un casque pour que je dorme tranquillement. h. On a acheté une table de ping-pong pour que nous jouions ensemble.

412 a. → 1/3/4/8 b. → 2/5/6/7

413 a. Nous allons chez elle pour déjeuner. b. Tu me préviens pour que je t'attende. c. On déménage à Toulon pour profiter de la mer. d. Elle travaille pour réussir son examen de médecine. e. J'ai rendez-vous avec le notaire pour signer … f. Elles se retrouvent pour qu'Alice ne soit pas seule … g. Ils se marient pour faire plaisir … h. Vous ne ferez pas de bruit pour que les enfants puissent dormir tard.

414 a. afin qu' b. afin de c. afin que d. afin que e. afin qu' f. afin de g. afin d' h. afin de

415 *Phrases possibles :* a. je ne m'inquiète pas. b. nous dînions ensemble ce soir. c. vous me reconnaissiez. d. ne pas nous perdre. e. vous faire soigner. f. poster cette lettre. g. vous sachiez ce que vous aurez à faire. h. mieux comprendre cette découverte scientifique.

416 *Conviennent :* a. qu' b. à c. à d. que e. que f. à g. que h. à

417 a. → 1/5/6/7 b. → 2/3/4/8

418 a. de peur qu' b. de peur d' c. de peur de d. de peur de e. de peur qu' f. de peur de g. de peur qu' h. de peur qu'

419 a. de crainte qu' b. de crainte que c. de crainte que d. de crainte de e. de crainte que f. de crainte qu' g. de crainte qu' h. de crainte de

420 a. Réfléchissez bien de sorte que votre décision soit définitive. b. … de sorte que tu réussisses dans la vie. c. … de sorte que tu deviennes adulte. d. … de sorte que tu fasses ce que tu aimes. e. … de sorte qu'on vous respecte. f. … de sorte que vous analysiez mieux les situations. g. … de sorte que tu sois plus heureuse. h. … de sorte que tout s'arrange.

421 a. Approche-toi que je te voie. b. … que je vous expose mon projet. c. … que je fasse votre connaissance. d. … que je te prenne dans mes bras. e. … que je finisse ce travail. f. … que j'y réponde. g. … que je prenne une décision rapide. h. … que j'écrive ce numéro de téléphone.

422 *Conviennent :* a. afin que b. de façon à c. de sorte que d. de sorte que e. de crainte que f. en vue de g. en vue de h. pour

423 a. 2 b. 5 c. 1 d. 1 e. 2/3 f. 4 g. 2 h. 2

424 a. de crainte de b. de crainte que c. afin de/pour/de façon à d. afin d'/pour e. de sorte que/pour que/afin que/de façon que f. en vue de g. de sorte que/pour que/afin que/de façon que h. Pour/Afin de/De façon à

425 a. comprendre b. guérir c. fasse d. garder e. envoyer f. ne pas m'endormir g. réussir h. allions

426 *Phrases possibles :* a. tu viennes me rejoindre. b. s'occuper davantage de ses enfants c. chacun vive comme il l'entend. d. je ne commette pas d'erreurs. e. prendre froid f. aller moins souvent faire les courses. g. vous perfectionner en grammaire. h. Suzanne prenne des bains de soleil.

Bilans

427 1. Pour 2. de sorte qu' 3. en vue de 4. de crainte qu' 5. pour/afin de/de manière à 6. pour/afin d'/de manière à 7. de peur d'/de crainte d' 8. de peur de/crainte de 9. de manière à/pour/afin d'

428 *Conviennent :* 1. de façon que 2. à 3. De sorte que 4. pour que 5. pour que 6. De sorte que 7. que 8. à 9. en vue de 10. de manière que

XVI. LE PARTICIPE PRÉSENT ET LE GÉRONDIF

429 a. ayant b. souhaitant c. comprenant d. jetant e. étant f. choisissant g. recevant h. mangeant

430 a. venant b. faisant c. craignant d. sachant e. voyant f. rangeant g. disant h. mettant

431 b. Venant c. Marchant f. Étudiant h. Passant

432 a. Prenant le train de 18 h 53, nous devons partir … b. Venant d'arriver, il se repose. c. Ayant mal aux pieds, je change … d. Connaissant le dossier, vous pouvez prendre … e. Partant en vacances, nous mettons … f. Sachant où est la boulangerie, tu peux … g. Faisant du sport, j'entretiens … h. Travaillant dans la communication, elle connaît …

433 a. Un client souhaitant vendre son appartement ... b. La maison dominant Vence ... c. Un passant lisant une annonce dans le journal ... d. Le couple divorçant ... e. Le propriétaire n'étant pas d'accord ... f. M. Bianco travaillant dans l'immobilier ... g. Ma femme ne voulant pas habiter loin de la ville ... h. Le locataire habitant à cette adresse ...

434 a. Les employés s'étant réunis ... b. Stéphane s'étant inscrit ... c. Notre voisin s'étant acheté ... d. Sa fille s'étant absentée ... e. Le joueur s'étant foulé ... f. Ma grand-mère s'étant endormie ... g. Nos amis s'étant trompés ... h. Les personnes s'étant présentées ...

435 a. Comme Lise est actuellement en province, ... b. Comme vous travaillez dans un centre de documentation, ... c. Comme l'économie reprend, ... d. Comme les enfants sont retournés à l'école, ils ont retrouvé ... e. Comme Anne est absente, ... f. Comme je n'ai pas réussi mon bac, ... g. Comme il ne suit pas le Paris-Dakar, comment ... h. Comme nous aimons la voile tous les deux, ...

436 a. Mme Lothe n'arrivant pas, commençons ... b. Le plombier venant demain, nous vidons ... c. La nuit tombant, il est temps ... d. L'ayant promis, tu dois ... e. Ta mère y tenant, nous partirons ... f. L'autoroute étant saturée, vous prendrez ... g. Son généraliste étant en congé, elle appelle ... h. La chasse étant ouverte, il est dangereux ...

437 a. En étudiant c. en venant d. en rentrant h. en suivant

438 *Phrases possibles :* a. en regardant la télévision. b. en coupant la viande. c. en écoutant de la musique. d. en écoutant la radio. e. en lisant le journal. f. en chantant ? g. en préparant la cuisine. h. en bâillant ?

439 a. Co b. M c. Co d. S e. S f. M g. S h. Ca

440 a. Émile travaille en suçant son crayon. – Émile suce son crayon en travaillant. b. Je prends mon petit déjeuner en consultant mon agenda. – Je consulte mon agenda en prenant mon petit déjeuner. c. Certains automobilistes conduisent en téléphonant. – ... téléphonent en conduisant. d. Elle répond au téléphone en feuilletant ... – Elle feuillette un magazine en répondant ... e. Les étudiants écoutent en prenant des notes. – ... prennent des notes en écoutant. f. Tu chantonnes en dessinant ? – Tu dessines en chantonnant ? g. Elle parle vite en bafouillant. – Elle bafouille en parlant vite. h. On rit en pensant à cette mésaventure. – On pense à cette mésaventure en riant.

441 a. Nous avons déjeuné en discutant. b. Ils ont conduit en regardant la carte. c. Elle est arrivée en éclatant de rire. d. J'ai marché en admirant le paysage. e. Il a quitté sa femme en claquant la porte. f. J'ai retrouvé mes amis en pleurant de joie. g. Elle a préparé le repas en écoutant du Mozart. h. J'ai visité Lyon en faisant des achats.

442 a. 6 b. 4 c. 8 d. 2 e. 3 f. 7 g. 5 h. 1

443 a. Elle a gagné un voyage en participant à ... b. J'ai eu un accident en m'endormant au ... c. En regardant la télévision, tu as amélioré ... d. Tu feras les courses en passant devant ... e. En consultant Internet, tu as retrouvé ... f. Il voyage beaucoup en travaillant dans ... g. Patricia a changé en vivant au ... h. Vous vous rencontrez souvent en habitant dans ...

444 a. On a signé le contrat en le modifiant. b. ... en pleurant. c. ... en criant. d. ... en hésitant. e. ... en écoutant la radio. f. ... en faisant des commentaires. g. ... en bégayant. h. ... en s'essoufflant.

445 a. Les Français acceptent cette réforme en ne protestant pas. b. ... en ne prévenant pas ses clients. c. ... en ne comparant pas les prix. d. ... en ne lisant pas les critiques. e. ... en ne faisant pas de bruit. f. ... en ne me dépassant pas. g. ... en ne se forçant pas. h. ... en ne disant pas un mot.

446 a. En ayant plus de temps libre, la vie ... b. Elle apprendrait facilement ses leçons en écoutant ... c. Je conduirais en habitant à la campagne. d. En prenant le train de 18 heures, j'arriverai ... e. Il serait en meilleure forme en faisant ... f. Il y aurait moins d'accidents de la route en respectant ... g. En refusant ce poste, tu feras ... h. En nous entraînant régulièrement, nous pourrions ...

447 a. Tu obtiendras facilement ce renseignement en consultant le Minitel. b. *impossible* c. En n'ayant pas de problèmes, vous êtes heureux. d. *impossible* e. *impossible* f. En ayant une solide organisation, elle s'en sortirait mieux. g. Vous auriez de meilleures relations avec la clientèle en étant plus souple. h. En gagnant au Loto, tu pourrais t'offrir un beau voilier.

448 a. *imposssible* b. *impossssible* c. Tu peux connaître les horaires en téléphonant à la gare. d. Ils se sont rencontrés en jouant au tennis. e. Je comprends mieux son attitude en lisant sa lettre. f. Ils avancent en bousculant les passants. g. *impossssible* h. Elle serait plus jolie en se maquillant moins.

Bilans

449 *Conviennent :* 1. Étant confronté 2. S'interrogeant 3. étant souffrante 4. ayant été 5. en tenant 6. traversant 7. étant 8. en demandant 9. En organisant 10. Rendant 11. soulignant 12. en disant 13. En proposant

450 *Conviennent :* 1. Traversant 2. En procédant 3. s'effondrant 4. Paraissant 5. portant 6. réformant 7. devant 8. en proposant 9. en attirant 10. en enrichissant 11. concernant 12. touchant 13. en changeant

LE NOUVEL ENTRAÎNEZ-VOUS

grammaire
niveau intermédiaire
450
nouveaux
exercices

Évelyne SIRÉJOLS
Dominique RENAUD

CLE
INTERNATIONAL

Responsable de projet
Édition multi-supports
Raphaëlle Mourey

Assistante d'édition
Corinne Schulbaum

Informatique éditoriale
Véronique Béguigné
Dalila Abdelkader

Structuration informatique
Corinne Schulbaum

Conception graphique/Mise en page
DESK

à Véronique

© CLE International/VUEF 2002 – ISBN 9782090337419

© CLE International/SEJER 2004

AVANT-PROPOS

Cette nouvelle édition des *450 exercices de grammaire*, disponible également sur CD-ROM pour permettre un travail plus ciblé et plus approfondi d'un point grammatical, propose de nombreuses modifications. Tout d'abord, un **deuxième bilan** a été ajouté afin de mieux évaluer les acquisitions à la fin de chaque chapitre. Par ailleurs, **le lexique** a été simplifié de façon à privilégier davantage l'approche grammaticale de l'apprenant. Enfin, de nombreux exercices ont été remaniés, notamment sur le plan **civilisationnel...**

Cet ouvrage s'adresse à **un public de niveau intermédiaire** en français ; il a pour objectif **le réemploi et l'ancrage de structures grammaticales** préalablement étudiées : les exercices proposés doivent permettre à l'apprenant de fixer ses acquisitions par le maniement des formes syntaxiques. Complément des méthodes, il offre un véritable entraînement grammatical.

Les seize chapitres de cet ouvrage, introduits par un proverbe ou un dicton, couvrent les faits de langue les plus fréquemment étudiés à ce niveau d'apprentissage, avec une organisation semblable à celle des méthodes actuelles qui mettent en relation besoins langagiers de la communication quotidienne et progression grammaticale.

Conçus pour des étudiants de 2e et 3e année, les exercices sont **faciles d'accès** ; les énoncés sont brefs, sans pour autant être éloignés des réalisations langagières authentiques : les auteurs se sont inspirés de situations de communication réelles et ont pris soin d'introduire des éléments de civilisation française contemporaine.

Les exercices sont présentés de **façon claire**, accompagnés d'exemples, évitant ainsi l'introduction d'un métalangage avec lequel l'apprenant est peu familiarisé. Les exercices, composés de huit phrases chacun, sont classés dans un même chapitre du plus simple au plus élaboré.

Chaque aspect grammatical est présenté à travers une **variété d'exercices** à difficulté progressive ; **leur typologie est connue des apprenants** : exercices à trous, exercices à choix multiple, exercices de transformation et de mise en relation.

Deux bilans terminent chaque chapitre, mettant en scène les différents aspects grammaticaux étudiés. Ils permettent d'évaluer le degré d'acquisition de la difficulté grammaticale abordée et, si nécessaire, de retravailler les points encore mal acquis.

La conception pédagogique de chaque activité veut amener l'apprenant **à réfléchir sur chaque énoncé**, tant du point de vue syntaxique que du point de vue sémantique. Les exercices dont les réponses sont nécessairement dirigées n'impliquent pas pour autant un travail automatique sans réflexion sur les faits de langue étudiés.

Quant aux temps des verbes, dont la maîtrise est souvent difficile, ce n'est pas seulement leur formation qui importe mais aussi leur **emploi** et leur **valeur**.

Afin de faciliter l'**entraînement des apprenants autonomes**, chaque exercice trouve sa correction, ou les différentes formes acceptables, dans le livret *Corrigés*, placé à l'intérieur de l'ouvrage ; le professeur ou l'élève peut ainsi décider de le retirer ou de le conserver dès le début de l'apprentissage.

L'index devrait également faciliter l'utilisation de ce cahier ; grâce aux multiples renvois à l'intérieur des chapitres, il permet d'avoir accès à une difficulté grammaticale particulière ne figurant pas dans le sommaire.

Ce cahier devrait ainsi apporter à l'étudiant une plus grande maîtrise de la langue en lui donnant l'occasion d'affiner sa compétence linguistique... et par là même sa compétence de communication en français.

SOMMAIRE

À chacun le sien.

A. LES PRONOMS DÉMONSTRATIFS

1 Soulignez les pronoms démonstratifs (attention à ne pas les confondre avec les adjectifs démonstratifs).

Exemple : Tu as vu ce bateau ? – Moi, je préfère <u>celui-là</u>.

a. <u>Ce</u> qu'il fait le passionne.

b. Écoute bien <u>ce que</u> je vais te dire.

c. J'hésite entre ces deux jupes.

d. Choisis <u>celle que</u> tu veux, moi ça m'est égal.

e. Cette exposition est un réel succès.

f. <u>Ce</u> qu'elle dit est très intéressant.

g. <u>Cela</u> me semble particulièrement injuste.

h. Je n'aime pas <u>ce</u> genre d'acteur.

2 Complétez les phrases par *c'est* ou *ce sont*.

Exemples : C'est la femme du Premier ministre.

Ce sont de beaux vêtements.

a. *Ce sont* .... d'admirables peintures.

b. ...... *C'est* .... une bonne idée.

c. ...... *C'est* .... vous ? On ne vous attendait plus !

d. Ces gâteaux, ..*ce sont*..... les meilleurs !

e. .... bien ce que je pensais !

f. *Ce sont* ...... des animaux très affectueux.

g. Coucou, ..*c'est*......... moi !

h. Je n'y peux rien, ... ainsi !

3 Complétez les phrases suivantes par *celui, celle, ceux* ou *celles*.

Exemple : J'achète *celui* qui est le moins cher.

a. .... avec les longs poils, tu le vois ? C'est mon chien.

b. Tu aimes cette chemise ? Moi, je préfère .... de ton frère.

c. .... qui veulent rester, levez le doigt !

d. Les voitures américaines sont souvent très grandes, ... d'Europe sont plus petites.

e. De ces deux cadres, je préfère .... du salon.

f. Je m'adresse à .... d'entre vous qui n'ont pas eu leur ticket.

g. Parmi toutes ces propositions, ... de Patrick me semble la plus raisonnable.

h. Il y a de nombreuses pistes de ski en France. .... des Alpes sont les plus fréquentées.

4 Trouvez la réponse en utilisant *celle, celles, celui* **ou** *ceux*.

Exemple : C'est ton bonnet ? – Non, c'est *celui* de Vincent.

a. C'est ton chien ? – Non, c'est .... de la concierge.

b. Tu vas à la soirée de mercredi ou de samedi ? – À .... de samedi.

c. Que préfères-tu ? Les fauteuils de droite ou les fauteuils de gauche ? – .... de droite.

d. Entre le film d'hier et le film d'aujourd'hui, lequel as-tu le plus aimé ? – .... d'hier.

e. Ce sont tes petits chats ? – Non, ce sont .... de mon voisin.

f. Ce sont les danses de l'Inde ou de l'Indonésie ? – Ce sont .... de l'Inde.

g. Tu suis plutôt la mode d'aujourd'hui ou la mode de l'an dernier ? – .... de l'an dernier.

h. Tu t'es promené dans les rues du 4e ou du 3e arrondissement ? – Dans .... du 4e.

5 *Ce* **ou** *cela* **? Complétez ces phrases.**

Exemples : **Ce** n'est pas mon magnétophone.

Il est en retard, **cela** ne m'étonne pas !

a. Qu'est-ce que .... veut dire ?

b. Regardez bien .... ; c'est un papillon très rare.

c. Tennis, équitation, voile, notre hôtel vous propose tout .... sans supplément.

d. Que pensez-vous de .... ?

e. Est-ce que vous voyez .... que je vois ?

f. Il m'a dit que c'était dangereux mais .... ne me fait pas peur.

g. Aujourd'hui, il a reçu une contravention, ... l'a mis en colère !

h. Tu n'écoutes pas .... que je suis en train de t'expliquer.

6 **Choisissez entre** *c', ce* **ou** *ceci*.

Exemple : **C'**était une soirée magnifique !

a. Retenez bien .... : priorité à droite sur le périphérique !

b. Pouvez-vous vérifier .... ? Vous serez gentille.

c. .... est tout, vous pouvez rentrer chez vous !

d. .... m'intéresse beaucoup ; donnez-moi des détails.

e. .... était plus qu'un ami : un frère.

f. Depuis deux mois, il est à la retraite. Il fait enfin .... qui lui plaît.

g. .... ne me concerne pas.

h. Écoute bien .... : je vais enfin me marier !

7 **Trouvez, parmi les mots et groupes de mots ci-dessous (appartenant au registre du français parlé), celui qui complète les phrases suivantes :** *ça, à ça, avec ça, sans ça, ça suffit, ça ne fait rien, comment ça.*

Exemple : Peux-tu mettre le volume de la radio un peu plus fort ? **Ça** m'intéresse.

a. Ne recommence pas, ... je te punis !

b. Il ne paye pas d'impôts ? Mais, ... ? Il travaille toute l'année !

c. Les jeunes, ... critique tout le temps !

d. Maintenant, ... ! Je vous demande de vous taire.

e. Prends ce médicament ; .... tu n'auras plus mal à la tête.

f. Voilà vos haricots verts, madame. Et .... ? – Ce sera tout, merci.

g. Partir ? Ils ne pensent qu'........................... !

h. Désolée, mon mari est absent. – ...., je rappellerai demain.

---

8 **Complétez par** *ce* **ou** *ceux*.

Exemples : Il ne fait jamais **ce** qu'on lui demande.

Ces chocolats sont **ceux** que je préfère.

a. .... qu'il a dit me semble juste.

b. Elle adore les vieux films d'aventure, particulièrement .... avec Stewart Granger.

c. J'ignore .... dont il peut avoir besoin.

d. .... que j'ai vus ne m'ont pas fait bonne impression.

e. Il fait .... qu'il veut.

f. Tu cherches des livres ? Dis-moi .... qui te manquent.

g. Tous .... qui ont soutenu cette équipe de basket ont été déçus.

h. .... que j'ai vu me suffit.

---

9 **Remplacez les mots soulignés par un pronom démonstratif.**

Exemple : La maison d'Aline ressemble à la maison de ses parents.

→ La maison d'Aline ressemble à **celle** de ses parents.

a. Choisis les disques que tu préfères.

→ ....

b. C'est sans doute le briquet de Fabien.

→ ....

c. J'ai retrouvé la bague que tu avais perdue.

→ ....

d. Le style de l'écrivain Claude Simon est à l'opposé du style d'André Malraux.

→ ....

e. Il pense à ses problèmes mais jamais aux problèmes des autres.

→ ....

f. Les premières peintures de Picasso font penser aux peintures de Cézanne.

→ ....

g. Je n'avais pas de dictionnaire. Alors j'ai emprunté le dictionnaire de mon voisin.

→ ....

h. Je connais bien les rues de Paris, mais la rue que tu mentionnes, je ne vois pas où elle est.

→ ....

---

10 **Remplacez les mots soulignés par** *celle, celles, celui, ceux, ça* **ou** *ce*.

Exemple : Ce sont les chaussures de Jonathan. → Ce sont **celles** de Jonathan.

a. Je suis désolé. Le train de 8 heures vient de partir. → ....

b. C'est la veste d'Édith. → ....

c. Le <u>téléphone</u> de Cloé est occupé. → ....

d. <u>Les poupées</u> que vous voyez sont fabriquées en Sicile. → ....

e. <u>Les vases</u> de cette pièce sont très anciens. → ....

f. <u>La chose</u> que vous me dites ne m'étonne guère. → ....

g. Je préfère <u>les peintres français</u> du XIXᵉ siècle. → ....

h. <u>D'avoir perdu ses papiers</u> l'a empêché de dormir. → ....

11 **Remplacez les groupes de mots soulignés par** *celui-ci, celui-là, celle(s)-ci, celle(s)-là, ceux-ci, ceux-là, cela* **ou** *ça* **(parfois deux possibilités).**

    Exemple : Ces photos-ci ne me plaisent pas beaucoup. En revanche, <u>ces photos-là</u>, je les trouve superbes !

        → Ces photos-ci ne me plaisent pas beaucoup. En revanche, **celles-là**, je les trouve superbes !

a. Tu prends ce côté-ci, moi <u>ce côté-là</u>. → ....

b. <u>Ce train-ci</u> part à 10 h 01. → ....

c. Je crois que <u>ces voix-là</u> sont des sopranos. → ....

d. Je voudrais voir des tableaux originaux ; <u>ces tableaux-là</u> sont des copies. → ....

      ....

e. Tu peux venir ce soir ou demain soir. <u>Que tu viennes aujourd'hui ou demain</u> m'est égal.

    → ....

f. Elle connaît <u>ces auteurs-ci</u>, mais pas <u>ces auteurs-là</u>. → ....

g. Montrez-moi <u>cette montre-ci</u>. Ou plutôt <u>cette montre-là</u>. → ....

h. Ne crie pas ! <u>Crier</u> ne sert à rien. → ....

12 **Dans les phrases suivantes, remplacez les mots soulignés par un pronom démonstratif.**

    Exemple : Que penses-tu de <u>cette nouvelle revue</u> ?

        → Que penses-tu de **celle-là** ?

a. Lesquels préfères-tu ? <u>Ces jouets-ci</u> ou <u>ces jouets-là</u> ?

→ ....

b. <u>La Kawasaki</u> que tu vois à gauche de la photographie, c'était mon ancienne moto.

→ ....

c. Je ne prendrai pas <u>ce pantalon-là</u>, il est trop juste.

→ ....

d. Je voudrais un kilo de <u>ces tomates-là</u>, s'il vous plaît.

→ ....

e. Comment trouvez-vous <u>ce bouquet</u> ?

→ ....

f. Tu crois que <u>cette voiture-là</u> est plus chère que la nôtre ?

→ ....

g. Tu préfères assister à <u>ce spectacle-ci</u> plutôt qu'à cet autre ?

→ ....

h. <u>Ces exercices-là</u> me paraissent difficiles.

→ ....

13 Choisissez entre *celle(s)-ci, celle(s)-là, celui-ci, celui-là, ceux-ci* ou *ceux-là* **(parfois deux possibilités).**

> *Exemple :* Ne lis pas ce livre, il ne te plaira pas. Lis plutôt **celui-ci**.

a. Achetez ces gâteaux-ci, moi j'achète ....

b. Il a choisi ces dessins-là, et moi ....

c. De toutes les nouvelles qu'elle a lues, ce sont .... qu'elle préfère.

d. Garde ces timbres-ci et vends plutôt ...., qui ont peu de valeur.

e. Prends cette rue à gauche. Non, pas ...., celle-là !

f. Je prends ce pantalon. En revanche, ..., je vous les laisse, ils sont trop chers !

g. J'aime bien ce tableau. ...., un peu moins.

h. Si on entrait dans une crêperie ? .... me paraît bien, qu'en pensez-vous ?

14 Complétez les phrases suivantes par *celui-ci, celui-là, celle(s)-ci, celle(s)-là, ceux-ci* ou *ceux-là* **(parfois deux possibilités).**

> *Exemple :* Je garde **celui-ci** et je vous rends **celui-là**.

a. Je prends cet appareil. .... me semble peu maniable.

b. Ces gens-ci sont d'accord, mais .... ne le sont pas.

c. Je peux choisir les grappes de raisin ? Alors je prendrai .... et ....

d. N'attends pas le train de 13 h 30, ... part dans 10 minutes !

e. Mes fils m'étonnent. .... ont en effet décidé de faire le tour de France à pied.

f. Ne prends pas ce champagne-ci ; prends plutôt ....

g. Elle hésite entre ces deux bagues, mais .... dans la vitrine me semble plus belle.

h. Les musées sont généralement fermés le mardi mais je suis sûre que .... est ouvert. Allons-y !

B. LES PRONOMS POSSESSIFS

15 **Soulignez les pronoms possessifs dans les phrases suivantes.**

> *Exemple :* Ses affaires sont prêtes, et <u>les tiennes</u> ?

a. Il n'a pris ni son bonnet ni ses gants.

b. Montrez-moi votre livre, j'ai oublié le mien à la maison.

c. Cette clé n'est pas la mienne.

d. Leur maison est sale. La leur est bien tenue.

e. Ils ont déchiré tes vêtements mais ils n'ont pas touché aux miens.

f. Je n'ai pas voulu leur dire ce que je pensais, mais je préfère les nôtres.

g. Dommage que nous n'ayons pas vu ce modèle plus tôt ; le vôtre est réellement plus beau que le nôtre.

h. Leur chien couche dehors ; le nôtre à la maison.

16 **Remplacez les mots suivants par un pronom possessif.**

> *Exemple :* nos propositions → **les nôtres**

a. son histoire → ....

b. mes amies → ....

c. leurs enfants → ....

d. votre carnet → ....

e. leur maison → ....

f. ses frères et sœurs → ....

g. tes idées → ....

h. nos manteaux → ....

17 **Distinguez le pronom possessif de l'adjectif possessif et du pronom personnel.**

Exemples : Votre jardin est bien entretenu ; <u>le leur</u> ne l'est pas autant. *(pronom possessif)*

<u>Leur</u> appartement est très petit. *(adjectif possessif)*

Je <u>leur</u> ai donné nos deux chatons. *(pronom personnel)*

a. Ils m'ont fait du mal, mais je ne <u>leur</u> en veux pas. (...)

b. Nous apporterons nos skis et eux <u>les leurs</u>. (...)

c. <u>Leur</u> adresse a changé. (...)

d. Puis-je vous emprunter votre tondeuse ? <u>La leur</u> est en panne. (...)

e. Nous n'avons pas encore reçu <u>leurs</u> cartes de vœux. (...)

f. Vous leur rendrez les clés demain matin, d'accord ? (...)

g. Notre enfant est à la montagne, <u>le leur</u> à la mer. (...)

h. Leurs parents sont âgés, mais ils se portent bien. (...)

18 **Remplacez les mots soulignés par un pronom possessif.**

Exemple : Ton signe astrologique est le même que <u>mon signe</u>.

→ Ton signe astrologique est le même que *le mien*.

a. Tu as vu ma montre ? – Non, et toi, tu as vu <u>ma montre</u> ?

→ ....

b. L'opticien a réparé ses lunettes mais il n'a pas encore fait <u>mes lunettes</u>.

→ ....

c. Hélène s'occupe de sa fille mais aussi de <u>la fille de Chantal</u>.

→ ....

d. À <u>ta santé</u> !

→ ....

e. Il a vu mon appartement mais je ne crois pas qu'il ait vu <u>l'appartement de Jean-Jacques</u>.

→ ....

f. J'ai apporté mon disque. J'espère que tu as apporté <u>ton disque</u>.

→ ....

g. Elle a retrouvé ses clés. Et toi, tu as retrouvé <u>tes clés</u> ?

→ ....

h. Tu as pu reprendre tes valises rapidement mais elle, elle attend encore <u>ses valises</u>.

→ ....

19 Trouvez la bonne réponse en utilisant *la tienne, le sien, la sienne, les miens, les nôtres, la vôtre, la leur, les leurs* (parfois deux possibilités).

Exemple : C'est sa valise ? → Oui, c'est *la sienne*.

a. C'est son sac ? → Non, ...

b. Ce sont vos papiers ? → Oui, ...

c. Il me semble que c'est ma voiture, là ? → Oui, ...

d. Je crois que ce sont leurs disques ? → Non, ...

e. Tiens, on dirait tes enfants ? → Non, ...

f. C'est son écriture ? → Oui, ...

g. C'est bien leur maison, là-bas ? → Oui, ...

h. N'est-ce pas ma montre ? → Non, ...

20 Complétez par le pronom possessif approprié.

Exemple : Mon appartement se trouve dans le 11ᵉ arrondissement, *le sien* (lui) dans le 5ᵉ.

a. Ta voiture est une 7 CV, ... (eux) une 6 CV.

b. Ma femme est brune, ... (lui) est rousse.

c. Votre mari est artisan, ... (moi) est architecte.

d. Votre fille est calme, ... (nous) est agitée.

e. Leur chien est un berger, ... (vous) un labrador.

f. Mon fils est encore étudiant, ... (elle) travaille déjà.

g. Ses yeux sont verts, ... (toi) sont bleus.

h. Nos meubles sont en pin, ... (eux) en chêne.

21 Répondez par la négative.

Exemple : Cette sacoche t'appartient ? → Non, ce n'est pas *la mienne*.

a. Ces lunettes sont à Delphine ? → Non, ...

b. C'est leur voiture ? → Non, ...

c. Ce sont vos enfants ? → Non, ...

d. Ces disques sont à vous ? → Non, ...

e. Ce sont les chapeaux de Camille et d'Aurore ? → Non, ...

f. C'est le vélo de David ? → Non, ...

g. C'est ta cravate ? → Non, ...

h. Ce sont nos outils ? → Non, ...

22 Complétez les phrases suivantes par le pronom possessif qui convient.

Exemple : Ma carte téléphonique est épuisée, prête-moi *la tienne*.

a. J'ai trouvé des clés de voiture. Quelqu'un aurait-il perdu .... ?

b. Édith et Mathieu étaient absents ; nous avons dû nous occuper de nos enfants et ....

c. Ses idées s'opposent (à) ...., ce qui ne facilite pas notre entente.

d. Mon stylo ne fonctionne plus, passez-moi ...., je vous prie.

e. Heureusement, les gens n'ont pas les mêmes goûts, chacun a ....

f. On ne leur parle jamais de nos soucis, mais eux, ils nous parlent toujours (de) ....

g. Nous manquons de chaises. Pouvez-vous nous prêter .... ?

h. Sébastien s'est laissé pousser la barbe. Tu pourrais laisser pousser ....

23 **Reliez les phrases aux expressions ou proverbes qui leur correspondent (attention, des noms ont été associés à des pronoms possessifs).**

a. Il n'a jamais revu ses parents.

b. Ne vous inquiétez pas, il est avec nous.

c. Il a fait encore des bêtises.

d. Le travail a été fait mais j'y ai contribué.

e. Il avertit sa famille.

f. À ta santé !

g. À chacun ce qui lui appartient.

h. Il fait partie de leur groupe.

1. Il a fait des siennes.

2. À la tienne !

3. Il est des nôtres.

4. Il prévient les siens.

5. Il n'a jamais revu les siens.

6. J'y ai mis du mien.

7. C'est un des leurs.

8. À chacun le sien.

24 **Choisissez entre ces différents pronoms possessifs.**

Exemple : Tu aimes tes parents ?

☐ *Les leurs* ☐ *Les tiennes* ☒ *Les miens* me sont très chers.

a. J'ai rempli ma feuille d'impôts. Et toi, tu as rempli ☐ *la nôtre* ☐ *les tiennes* ☐ *la tienne* ?

b. Son cheval est beau, mais ☐ *leur* ☐ *le leur* ☐ *la leur* l'est davantage.

c. Tu as fait tes devoirs ? Moi, j'ai terminé ☐ *les miens* ☐ *les nôtres* ☐ *les miennes*.

d. Son cartable est neuf mais ☐ *le tien* ☐ *les tiens* ☐ *la leur* est tout abîmé.

e. Tu peux me prêter ta montre ? J'ai perdu ☐ *les miennes* ☐ *la nôtre* ☐ *la mienne*.

f. Mes poissons viennent d'Indonésie. Et ☐ *les nôtres* ☐ *les vôtres* ☐ *le leur*, d'où viennent-ils ?

g. Nos enfants sont malades. ☐ *Le leur* ☐ *La leur* ☐ *Les leurs* sont en pleine forme.

h. Mes parents ont fêté leurs 60 ans. ☐ *Les siens* ☐ *Les nôtres* ☐ *Les siennes* sont plus âgés.

25 **Du singulier au pluriel. Transformez les phrases selon le modèle.**

Exemple : Passe-moi ta clé, je ne retrouve pas la mienne.

→ Passe-moi **tes** clés, je ne retrouve pas **les miennes**.

a. Ma manche est toute tachée. La sienne est impeccable.

→ ....

b. Votre fille n'a rien dit. La nôtre n'a fait que pleurer.

→ ....

c. Notre voiture a plus de dix ans. La leur est toute neuve.

→ ....

d. Ma bague est fausse mais la tienne est sertie de vrais diamants.

→ ....

e. Si ta raquette est cassée, je peux te prêter la mienne.

→ ....

f. Notre enfant a le même âge que le leur.

→ ....

g. Vous vous souvenez de mon ami ? Moi, je me souviens très bien du vôtre.

→ ....

h. J'ai retrouvé ta lettre mais je ne sais plus où j'ai pu mettre la sienne.

→ ....

Bilans

26 Complétez ce dialogue par des pronoms possessifs et démonstratifs.

À l'aéroport : dialogue entre un passager et une hôtesse.

– *Excusez-moi mais je ne retrouve pas ma valise.*

– *Et .... (1) que vous avez à la main, ce n'est pas .... (2) ?*

– *Non, ... (3) est noire, comme .... (4), mais beaucoup plus petite. Je voyage avec très peu d'affaires.*

– *Attendez, restons calmes ! Tout d'abord, d'où venez-vous ? Ce tapis livre les bagages venant de Madrid.*

– *Mais j'arrive de Londres.*

– *Alors ce n'est pas .... (5) ; allez au tapis n° 3, ... (6) qui vient de se mettre en marche.*

– *Je vous remercie, mademoiselle !*

– *Monsieur, attendez, vous oubliez votre parapluie !*

– *Ah, non, ... (7) n'est pas à moi. .... (8) est justement dans ma valise, ... (9) que je voudrais bien retrouver !*

– *Et ces gants, là, sur le comptoir, ils sont à vous ?*

– *Non, je pense que ce sont .... (10) de votre collègue, ... (11) qui vous a dit de garder votre calme avec les passagers ! Au revoir, mademoiselle et bon courage !*

27 Complétez par le pronom démonstratif ou possessif qui convient.

L'inspecteur : *Vous reconnaissez cette paire de gants ? .... (1) est bien .... (2) de M. Claude Lesage, votre mari ?*

Mme Lesage : *Oui, ... (3) est bien .... (4).*

L'inspecteur : *Et ce chapeau ? Est-ce .... (5) ?*

Mme Lesage : *Non. .... (6) de mon mari est un feutre gris. .... (7) est noir.*

L'inspecteur : *Êtes-vous sûre de .... (8) que vous dites ?*

Mme Lesage : *Certaine. .... (9) est moi qui le lui ai offert. Pourquoi me demandez-vous .... (10) ?*

L'inspecteur : *Parce que nous avons retrouvé ces objets chez une personne qui, tout comme votre mari, a disparu depuis une semaine.*

Mme Lesage : *Mon Dieu ! Comment s'appelle-t-elle ?*

L'inspecteur : *Jacques Beaufort. C'est votre ami, je crois ?*

Mme Lesage : *............... (11) de Claude, pas .... (12).*

L'inspecteur : *Puis-je savoir pourquoi ?*

Mme Lesage : *............... (13) serait trop long à vous expliquer.*

L'inspecteur : *Autre chose. Ces cigares, ce sont bien .... (14) que fume votre mari ?*

Mme Lesage : *Ce sont .... (15) en effet. Où les avez-vous trouvés ?*

L'inspecteur : *Dans une poche de pardessus ; .... (16) de M. Beaufort.*

Mme Lesage : *............... (17) est étrange, Jacques ne fume que des cigarettes. Et encore : seulement .... (18) vendues avec la mention « ultra-légères » !*

L'inspecteur : *Croyez-vous que votre mari ait pu disparaître en compagnie de M. Beaufort sans prévenir ses proches ?*

Mme Lesage : *............... (19) n'est pas son style. En revanche, c'est tout à fait .... (20) de Jacques.*

Imaginez la suite en utilisant successivement des pronoms démonstratifs et possessifs.

II. LES PRONOMS RELATIFS

C'est le ton qui fait la chanson.

A. QUI, QUE, OÙ, DONT

28 Complétez les phrases avec *qui* ou *que*.

Exemples : Les gens redoutent le temps **qui** passe.

Le chien **que** j'avais récupéré a retrouvé ses maîtres.

a. Le Centre Pompidou, ... l'on appelle aussi Beaubourg, a été inauguré en 1977.

b. Cécile a une poupée .... pleure et fait pipi.

c. Le rhinocéros, ... l'homme continue de tuer, est étroitement protégé.

d. Le député, ... la colère gagnait, a quitté brusquement l'Assemblée.

e. Le château de Chambord, ... se trouve en Sologne, a sans doute été dessiné par Léonard de Vinci.

f. La Loire, ... est le plus long fleuve de France, a été pendant des siècles une voie navigable.

g. Cet homme, ... certains croient coupable, jure qu'il est innocent.

h. Rimbaud, ... est mort à 37 ans, a écrit ses premiers poèmes à l'âge de 14 ans.

29 Transformez les phrases d'après le modèle.

Exemple : C'est un auteur dont je n'ai jamais entendu parler.

→ ***Je n'ai jamais entendu parler de cet auteur.***

a. C'est une statue dont il manque la tête. → ....

b. C'est un événement dont tu ne te souviens pas. → ....

c. C'est un coffre dont j'ai gardé la clé. → ....

d. C'est un document dont il a fait une photocopie. → ....

e. C'est le pays dont elle rêve. → ....

f. C'est la chanson dont nous cherchions le titre. → ....

g. C'est la musique dont je t'ai parlé. → ....

h. C'est la voiture dont j'ai brisé la vitre. → ....

30 Reliez les phrases par le pronom relatif *qui, que, où* ou *dont*.

Exemple : Je voudrais voir ce film ; ce film passe à 22 h 30.

→ Je voudrais voir ce film **qui** passe à 22 h 30.

a. On m'a offert un chat ; j'ai surnommé ce chat Be-bop.

→ ....

b. Allons nous promener au Futuroscope ; au Futuroscope, les enfants sont rois.

→ ....

c. Ils ont rencontré le présentateur ; ils ont suivi l'émission de ce présentateur hier.

→ ....

d. Vous achetez cette maison, les parents de mon amie l'ont mise en vente.

→ ....

e. Suivez le conseil de Claude ; son conseil est sûr.

→ ....

f. J'aimerais voir cette exposition ; on m'en a dit beaucoup de bien.

→ ....

g. Prenez cette route ; cette route est très tranquille.

→ ....

h. Ils habitent à Saint-Tropez ; à Saint-Tropez, il y a trop de monde l'été.

→ ....

31 *Qui, que, où, dont* ? **Complétez cette conversation téléphonique (parfois plusieurs possibilités).**

Exemple : C'est le restaurant *qu'*un ami m'a conseillé.

– Allô, bonjour. Le restaurant du Vieux-Moulin.

– Oui, bonjour. Je suis l'ami de Louise .... (a) vous a téléphoné hier.

– Ah oui ! je me souviens. Que puis-je pour votre service ?

– Eh bien voilà : je suis responsable d'un groupe .... (b) souhaiterait dîner chez vous ce soir. Est-ce possible ?

– Combien êtes-vous ?

– Sept, ... (c) deux enfants.

– Aucun problème.

– Parfait. Ce sont des personnes .... (d) connaissent mal la cuisine française.

– Ça tombe bien. La Bourgogne est une région .... (e) la cuisine est réputée.

– C'est la raison pour laquelle je leur ai proposé votre restaurant .... (f) Louise m'a tant parlé.

– Je la remercie de sa confiance. À propos, sait-elle que vous serez là ce soir ?

– Je l'espère. Son fils, ... (g) j'ai eu au téléphone, m'a promis de lui transmettre mon message.

– Parfait. Vous êtes parisien, je suppose ?

– C'est exact.

– Alors, vous verrez : Beaune est une ville .... (h) il fait bon vivre et se promener.

32 **Complétez avec** *qui, que, où* **ou** *dont*.

Exemple : Il y a un mot *que* je n'ai pas compris.

a. Il y a une question .... je voudrais poser.

b. Il y a eu un moment .... tous les gens se sont mis à rire.

c. Il y a quelque chose .... ne va pas ?

d. Il y a eu un incident sérieux .... il faut parler.

e. Il y a eu une époque .... la Seine gelait l'hiver.

f. Il y a une chose .... je voulais dire.

g. Il y a une photo .... tous les magazines ont fait leur couverture.

h. Il y a encore une question .... se pose.

33 | **Complétez ces définitions.**

> *Exemple :* Un casse-pierre est une plante **qui** pousse sur les murs.

a. Un casse-tête est un jeu .... il existe de multiples combinaisons.

b. Un casse-cou est une personne .... n'a pas peur du danger.

c. Un casse-croûte est un sandwich .... l'on mange rapidement.

d. Un casse-pieds est un individu .... la présence nous gêne.

e. Un casse-noix est l'instrument .... l'on utilise pour casser les noix.

f. Le casse-pipe est un terme familier .... désigne la guerre.

g. *Casse-noisette* est le titre d'un ballet .... le compositeur est Tchaïkovski.

h. L'endroit sur la route .... l'automobiliste doit ralentir s'appelle un casse-vitesse ou ralentisseur.

B. À QUI, POUR QUI, CE QUI, CE QUE, CE DONT, CE À QUOI...

34 | **Complétez ces questions avec** *à qui, pour qui, de qui*, **etc.**

> *Exemple :* L'homme **à qui** j'avais prêté mon blouson a disparu.

a. La concierge, ... nous avons offert un bouquet de fleurs, nous a rendu service.

b. C'est une voisine .... nous avons totalement confiance.

c. Les amis .... vous êtes allés dîner sont des collègues de bureau.

d. Le directeur .... Thomas travaillait l'a licencié hier.

e. Notre cousine .... Bernard s'est marié attend un enfant.

f. Le candidat .... tu as voté sera probablement élu.

g. La personne .... je tiens ces renseignements connaît bien le problème.

h. La championne Christine Aron, ... les espoirs français reposent, paraît en pleine forme.

35 | **Complétez les phrases suivantes avec** *ce qui, ce que* **ou** *ce qu'*.

> *Exemple :* Il n'a pas approuvé le projet, **ce qui** est, à mon avis, un tort.

a. Vous parlez de scandale et moi d'injustice, ... revient au même.

b. Il souhaiterait que vous reveniez sur .... Paul a évoqué.

c. Laurence n'est pas venue parce qu'elle est enceinte, ... vous ignoriez.

d. Vous avez dit que son syndicat avait tort, ... il ne conteste pas.

e. La TVA* a légèrement baissé cette année, ... ne change pas beaucoup les prix.

f. Je ne voudrais pas vous contredire ; mais .... il a fait est honteux.

g. En France, l'avortement est légal ; .... certaines associations contestent.

h. Fabien voudrait bien voir .... Lionel nous a montré.

---

* TVA : Taxe sur la Valeur Ajoutée.

36 *Ce qui, ce que, ce dont.* **Complétez.**

    Exemple :   Trente-cinq mille personnes sont venues le voir, *ce qui* est un succès.

a. La bêtise, c'est bien .... je déteste le plus chez l'être humain.

b. Elle a préparé .... son fils avait besoin pour son week-end à la mer.

c. Elle n'est pas d'accord avec .... tu lui proposes.

d. Sait-il au moins .... il a envie ?

e. Il a un travail très contraignant ; il ne fait pas .... il veut.

f. Avant de signer, lisez bien .... est écrit sur le contrat.

g. Petit, il a eu tout .... un enfant pouvait rêver.

h. Elle n'a pas accepté ma proposition, ... ne m'étonne pas.

37 **Complétez les phrases suivantes par** *ce qui, ce que* **ou** *ce dont.*

    Exemple :   Je reviendrai avec *ce que* je t'ai promis.

a. Je n'ai pas eu le temps de lire .... était écrit sur le panneau.

b. Marianne ne pourra pas partir en vacances cet été, ... est dommage.

c. Il critique .... vous avez fait.

d. Tu m'affirmes être rentré avant minuit, ... je doute.

e. Aline ne travaille pas aujourd'hui, ... lui permet de garder son enfant.

f. Je n'ai pas relu l'article. J'ai oublié .... il s'agissait.

g. Il a beaucoup neigé, ... ne facilite pas la circulation.

h. Il n'est pas d'accord avec .... tu lui as dit.

38 **Réunissez les phrases à l'aide de** *ce dont, ce à quoi* **ou** *ce sur/pour/contre/avec... quoi.*

    Exemple :   L'accusé a été relâché ; l'avocat de la défense n'a rien pu faire contre cela.

       → L'accusé a été relâché, *ce contre quoi* l'avocat de la défense n'a rien pu faire.

a. Gilles m'a parlé de l'architecture des ponts de Paris. Il se passionne pour l'architecture.

  → ....

b. La Sécurité sociale est trop endettée ; tous les Français semblent d'accord sur ce point.

  → ....

c. À 70 ans, il a couru vingt kilomètres sans s'arrêter. Il est très fier de cela.

  → ....

d. On m'a demandé de travailler le dimanche. Je suis opposé à cela.

  → ....

e. Perdre leurs avantages, retarder l'âge de la retraite : les syndicats appellent à manifester contre cette politique.

  → ....

f. Il transporte toujours dans sa mallette des outils. Il travaille avec ces outils-là.

  → ....

g. Ils se sont acheté une maison en Provence. Ils rêvaient depuis longtemps de cette maison.

  → ....

h. Les 35 heures sont en train de se généraliser ; personne ne s'attendait à cela.

→ ....

39 **Transformez les phrases suivantes à l'aide des formes d'insistance** *c'est... qui, c'est... que* **ou** *c'est... qu'* **selon le modèle.**

   Exemples : Elle préfère <u>le jazz</u>. → *C'est* le jazz *qu'*elle préfère.

   <u>Un camion</u> a percuté sa moto. → *C'est* un camion *qui* a percuté sa moto.

a. Elle voudrait acheter <u>un ensemble en cuir</u>.

→ ....

b. Ils ont choisi <u>ce canapé</u> pour leur salon.

→ ....

c. <u>Sabine</u> s'occupe de tout.

→ ....

d. Ses parents lui ont offert <u>un chat persan</u>.

→ ....

e. Claire souhaite avoir <u>ce jouet</u> pour son anniversaire.

→ ....

f. <u>Luc</u> va être content.

→ ....

g. Nous lisons <u>ce magazine</u> chaque semaine.

→ ....

h. <u>Mon mari</u> ne sera pas d'accord pour vendre ce meuble.

→ ....

40 **Complétez les phrases avec :** *qui, à qui, avec qui, pour qui, sur qui* **ou** *de qui.*

   Exemple : Les enfants, *à qui* sont destinés ces cadeaux, vont bientôt arriver.

a. Josiane, ... il est allé au cinéma hier, m'a téléphoné.

b. Le directeur, ... cette caisse de vin est réservée, s'est absenté.

c. Le pilote de course .... il a parié a terminé deuxième.

d. Jean-Jacques, ... a raccompagné son frère, n'est pas encore revenu.

e. Ma tante, ... appartiennent ces livres, vient de déménager.

f. Ils critiquent Jacques Chirac, ... ils avaient voté aux élections présidentielles.

g. Madeleine, ... j'ai emprunté le vélo, est venue me voir en taxi.

h. Le conseiller, ... il tient ces renseignements, a été convoqué par son directeur.

41 **Transformez les phrases suivantes avec le pronom** *qui, à qui, pour qui, sur qui, sans qui, en qui, avec qui.*

   Exemple : C'est un chanteur : il a fait fureur cette année.

   → *qui* a fait fureur cette année.

a. il a donné des concerts dans toute la France. → ....

b. personne ne croyait en lui il y a cinq ans. → ....

c. seule la musique compte pour lui. → ....

d. les journaux ont fait de bonnes critiques sur lui. → ....

e. les musiciens aiment jouer avec lui. → ....

f. des milliers d'adolescentes lui écrivent. → ....

g. je rêve de jouer un jour avec lui. → ....

h. le rock français serait différent sans lui. → ....

42 **Complétez avec :** *qui, à qui, pour qui, ce que, ce qui, de qui,* **etc.**

    Exemple : La personne *à qui* il a confié son scénario a travaillé avec de grands metteurs en scène.

a. Je viens d'apprendre que l'acteur Daniel Ivernel, ... nous parlions hier, est mort.

b. La fréquentation du cinéma diminue chaque année, ... les cinéphiles déplorent.

c. Le réalisateur .... il a écrit ce scénario lui donnera sa réponse demain.

d. L'acteur Fabrice Luchini, ... a joué dans de nombreux films, récite des morceaux de poésie au théâtre.

e. L'actrice .... il jouera dans son prochain film est un mannequin célèbre.

f. *Taxi 2* a fait plus de dix millions d'entrées, ... est un record pour le cinéma français.

g. Au Festival de Cannes, il n'a pas pu voir Gérard Depardieu, ... il avait fait le déplacement.

h. L'actrice .... il a demandé un autographe a joué dans *Marius et Jeannette*.

C. *LEQUEL, LAQUELLE, LESQUELS...* AVEC OU SANS PRÉPOSITION

43 **Complétez avec** *auquel, à laquelle, auxquels* **ou** *auxquelles*.

    Exemple : Ce sont des bijoux *auxquels* nous sommes très attachés.

a. Il faudra vendre le service à thé du XVIIIe siècle .... tu tiens tant.

b. Nous ne sommes pas sûrs du projet de réforme .... vous êtes attaché.

c. Les événements .... le ministre de l'Intérieur fait référence ont eu lieu cette nuit.

d. Ce n'est pas une histoire .... il croit.

e. Le roman .... je pense est un best-seller.

f. L'UE désigne l'Union européenne .... jusqu'à présent, quinze pays adhèrent.

g. Ce sont des réductions .... les entreprises ont droit.

h. La solution .... tu songeais n'est pas possible.

44 **Reliez les phrases suivantes par** *lequel, laquelle, lesquels* **ou** *lesquelles*, **précédé d'une préposition.**

    Exemple : Sa grand-mère possède un chien ; elle se promène souvent avec lui.

        → Sa grand-mère possède un chien *avec lequel* elle se promène souvent.

a. Amnesty International est une organisation humanitaire ; son mari a adhéré à cette organisation l'année dernière.

→ ....

b. Le président américain a pris une décision grave ; il a précisé qu'il ne reviendrait pas sur cette décision.

→ ....

c. Claude Simon est un romancier français ; j'éprouve une profonde admiration pour lui.

→ ....

d. Les Bourgeat sont des amis ; nous aimons beaucoup faire la fête avec eux.

→ ....

e. Les départementales sont des routes calmes ; je préfère passer par ces routes durant les vacances.

→ ....

f. Sandrine et Luc ont signé un contrat. Ils sont liés l'un à l'autre par ce contrat.

→ ....

g. *Les Feux de la rampe* est un film réalisé par Charlie Chaplin ; dans ce film, Charlot et Buster Keaton jouent pour la première fois ensemble.

→ ....

h. Durant ma visite à Paris, j'ai pu admirer les ponts de la capitale ; sous ces ponts, quelques sans-abri viennent dormir, la nuit venue.

→ ....

45 **Complétez par** *auquel, à laquelle, auxquels* **ou** *auxquelles*.

Exemple : C'est une décision *à laquelle* personne ne s'attendait.

a. Les événements .... les journalistes font référence, je les ai vécus.

b. Ce sont autant de rumeurs .... nous voudrions mettre fin.

c. Le nucléaire est un problème .... les gens restent sensibles.

d. La banque, ... notre entreprise était rattachée, a fait faillite.

e. Cette ambiance .... nous étions habitués ici n'existe plus désormais.

f. Le cheval .... il tenait tant a été abattu parce qu'il s'était brisé la patte.

g. Dans cette maison que je vends, il y a peu de choses .... je tiens.

h. Ces animaux .... vous avez consacré votre vie sont aujourd'hui menacés.

46 **Complétez avec** *duquel, de laquelle, desquels* **ou** *desquelles*.

Exemple : C'est un vaste parc autour *duquel* il court.

a. Les spéléologues ont suivi une piste au bout .... ils ont trouvé une galerie.

b. Le sujet a donné lieu à de longues discussions à l'issue .... tous les partenaires se sont mis d'accord.

c. C'est un film à la fin .... le héros se fait tuer.

d. Dans le Verdon dominent des massifs montagneux au-dessus ...., l'été, des dizaines de parapentes* évoluent.

e. Ce chemin mène à un champ au bout .... il n'y a plus rien.

f. J'ai écouté les sonates de Schubert à propos .... nous avions longuement discuté.

---

* *Parapente : parachute qui permet de voler au-dessus de terrains en pente.*

g. Le Var est un département du Sud à la limite .... Laurence habite.

h. Ce sont des arbres au pied .... poussent des champignons très rares.

47 **Complétez avec** *duquel, de laquelle, desquels* **ou** *desquelles*.

Exemple : C'était une place au milieu *de laquelle* trônait une fontaine.

a. Lionel a acheté deux chevaux à côté .... les miens ne valent pas grand-chose.

b. L'attentat au cours .... sept personnes ont été tuées n'a pas été revendiqué.

c. Voici la tour du haut .... un cascadeur s'est jeté pour les besoins d'un film.

d. Ils ont visité les villes d'Égypte à proximité .... les pharaons ont fait construire leurs plus beaux temples.

e. Le responsable à l'attention .... j'ai écrit cette lettre est parti en vacances.

f. En Alsace, on peut voir des maisons sur les cheminées .... nichent les cigognes.

g. C'est une forêt à l'intérieur .... vivent trois couples d'ours.

h. L'immigration et la sécurité sont deux problèmes d'actualité au sujet .... les Français restent divisés.

48 **Répondez en suivant le modèle.**

Exemples : Il est passé par cette fenêtre ? → Oui, c'est la fenêtre *par laquelle* il est passé.

Tu vis avec ces animaux ? → Oui, ce sont les animaux *avec lesquels* je vis.

a. Vous habitez près de ces immeubles ?

→ Oui, ...

b. Il a gagné la course grâce à ce bateau ?

→ Oui, ...

c. Tu as joué dans ces bois quand tu étais enfant ?

→ Oui, ...

d. Un cycliste est mort à cause de ce camion ?

→ Oui, ...

e. Tu partages ton studio avec cet étudiant ?

→ Oui, ...

f. Ils apportent leur aide à ces associations ?

→ Oui, ...

g. Elle dépense tout son argent pour ces poupées de collection ?

→ Oui, ...

h. Vous vous entraînez dans cette salle ?

→ Oui, ...

49 *Dont, duquel.* **Reliez les éléments suivants.**

a. Ils ont acheté une voiture
b. Prenons ce chemin au bout
c. Il m'a présenté cette femme
d. C'est l'ami
e. Les savants ont découvert un squelette
f. Je vous présente mon frère Patrick
g. Voici l'arbre du haut
h. Ils observaient les bouteilles

dont
duquel

1. une statue a été dressée.
2. les oisillons sont tombés.
3. la cave était remplie.
4. la vitesse atteint 200 km/h.
5. Laurent est le neveu.
6. le père est cardiologue.
7. il m'avait tant parlé.
8. il ne reste que les membres.

50 **Complétez les phrases suivantes par** *dont* **ou** *duquel.*

Exemples : L'Himalaya est une chaîne de montagnes gigantesque, ***dont*** une centaine de sommets dépasse 7 000 mètres.

Il parle souvent de son pays, loin ***duquel*** il s'ennuie.

a. Hochelaga est le nom du village indien près .... a été fondée la ville de Montréal.

b. L'archipel des Açores possède des volcans .... certains sont actifs.

c. L'Afghanistan est un pays montagneux .... la chaîne centrale est coupée de profondes vallées.

d. Les élèves ont passé un séjour à la montagne au cours .... ils ont travaillé et fait du sport.

e. Les ruines d'Akragas, à Agrigente, offrent un remarquable ensemble d'édifices grecs et de nombreux monuments médiévaux, ... l'abbaye de San Spirito, du XIIIᵉ siècle.

f. L'Alma est un petit fleuve de Crimée à l'embouchure .... les troupes britanniques, françaises et russes ont livré il y a un siècle une rude bataille.

g. La famille .... elle est issue est autrichienne.

h. L'île d'Oahu groupe la majorité des Hawaiiens, ... le nombre a décuplé en un siècle.

51 **Complétez les phrases suivantes par** *laquelle* **ou** *lequel* **précédé de la préposition** *de, sur, sous, dans, en, par* **ou** *pour.*

Exemple : Le tabouret ***sur lequel*** il est monté est instable.

a. La fenêtre .... le cambrioleur est entré est intacte.

b. Le groupe .... elle a voté a été élu.

c. Le cheval .... j'ai misé a perdu.

d. Le projet .... je crois sera accepté, j'en suis persuadé.

e. Le bateau .... nous allons faire cette croisière s'appelle *Le Bretagne*.

f. C'est une colline du haut .... j'aime observer le panorama.

g. Le porche .... ils se sont abrités date du XVIIᵉ siècle.

h. La situation .... il se trouve est particulièrement délicate.

52 **Faites une seule phrase en utilisant** *lequel, laquelle, duquel, desquels...* **précédé d'une préposition si nécessaire.**

> *Exemple :* C'est une rue. Du haut de cette rue, on domine tout Paris.
> → C'est une rue du haut *de laquelle* on domine tout Paris.

a. Les policiers ont installé des panneaux. Au-delà de ces panneaux, l'entrée est interdite.

→ ....

b. C'est un sommet enneigé. Du haut de ce sommet, on découvre la vallée.

→ ....

c. Jacques nous a présenté son projet. Sans ce projet, il n'obtenait pas le contrat.

→ ....

d. En Asie pousse un arbre rare. On fabrique le caoutchouc à partir de cet arbre.

→ ....

e. Je vous propose trois possibilités. En dehors de ces possibilités, il n'y a pas de salut.

→ ....

f. Paul a quitté sa femme. Il a eu trois enfants avec elle.

→ ....

g. La Samaritaine est un vieux magasin de Paris. De la terrasse de ce magasin, il y a un très beau panorama de la capitale.

→ ....

h. Le Premier ministre a évoqué plusieurs réformes. Parmi ces réformes : la baisse des impôts sur le revenu.

→ ....

D. EMPLOI DES PRONOMS RELATIFS AVEC LES PRONOMS *CELUI, CELLE, CEUX*, ETC.

53 **Complétez par un pronom relatif.**

> *Exemple :* Tu te souviens d'Hervé, celui *qui* riait tout le temps ?

a. Tu as vu son nouveau jouet ? C'est celui .... ses grands-parents lui ont offert.

b. François est allé voir le pont Mirabeau, celui .... parle Apollinaire dans son poème.

c. Pour Noël, j'ai commandé ces gâteaux-là, ceux .... étaient les plus chers.

d. Ne jette pas ces photos-là. Ce sont justement celles .... je veux garder.

e. Il a essayé plusieurs montres mais n'a pas encore trouvé celle .... il aimerait porter.

f. Pour faire un peu de place, elle a sorti les caisses et jeté celles .... elle n'avait plus besoin.

g. Des romanciers que j'ai lus, Flaubert est sans doute celui .... m'a apporté le plus.

h. Des cerises que nous avons rapportées de la campagne, nous lui avons offert celles .... étaient les plus mûres.

54 Complétez par un pronom relatif précédé d'une préposition si nécessaire.

Exemple : Tu vois ce cheval ? C'est celui **sur lequel** j'ai parié.

a. Parmi les peintres du XIXᵉ siècle, Cézanne est celui .... la peinture moderne doit le plus.

b. Ses articles, enfin ceux .... il comptait, ne lui ont rien rapporté.

c. De tous les bibelots qu'elle possédait, elle n'a gardé que ceux .... elle tenait.

d. Les Parisiens sont en général des personnes serviables. Tout dépend de celles .... on s'adresse.

e. Guylaine, ma cousine, celle .... je te parle souvent, vient d'avoir un enfant.

f. J'ai voté pour ces propositions. Ce sont celles .... la majorité a voté.

g. Parmi toutes ces lois, celles .... j'adhère seront acceptées, j'en suis convaincu.

h. Je possède plusieurs logiciels, mais le traitement de texte est celui .... je travaille le plus souvent.

Bilans

55 Complétez cette lettre.

Monsieur,

J'ai lu avec un grand intérêt la lettre .... (1) vous m'avez adressée. Le projet .... (2) vous me parlez et .... (3) j'ai souvent réfléchi moi-même me tient à cœur. Malheureusement, les nombreuses activités autour .... (4) est organisée mon entreprise ne me permettent pas de le réaliser. Par ailleurs, mes collaborateurs sur .... (5) je compte beaucoup et en .... (6) repose toute ma confiance se trouvent actuellement surchargés de travail. Aussi, je serais très heureux de vous rencontrer afin de voir avec vous les modalités selon .... (7) nous pourrions envisager une collaboration. Vous serait-il possible de prendre rendez-vous avec mon secrétariat à .... (8) je confie la gestion de mon agenda. Cette rencontre à .... (9) je tiens beaucoup pourrait se faire dans le courant du mois prochain au cours .... (10) j'ai peu de déplacements à l'étranger.

Dans l'attente de vous rencontrer, je vous prie d'agréer, Monsieur, l'expression de ma considération.

Louis Vatel

56 Complétez ce dialogue.

Le commissaire s'est approché de l'homme .... (1) le visage correspondait à la description .... (2) le concierge lui avait faite. Il portait une vieille chemise .... (3) deux boutons manquaient et un pantalon gris au bas .... (4) on pouvait distinguer de nombreuses taches de graisse.

– Vos papiers, a demandé le policier à l'homme .... **(5)** le regardait.

– Ils sont dans ma veste, à l'intérieur .... **(6)** vous trouverez également ma carte de séjour.

– Espagnol, hein ?

– C'est .... **(7)** tout le monde croit, ici. En fait, je suis colombien.

Le commissaire a examiné le passeport de l'individu .... **(8)** avaient été apposés des tampons de plusieurs pays.

– Profession ?

– Je suis en vacances. Des amis m'ont prêté cet appartement, en échange ....
(9) je leur ai passé le mien, en Colombie.

– Connaissez-vous la raison .... **(10)** je me trouve ici, chez vous ?

– À cause de ce meurtre .... **(11)** tous les journaux parlent.

– Un témoin vous a vu sortir de l'immeuble au pied .... **(12)** la victime a été poignardée.

– C'est le concierge .... **(13)** vous a dit cela ?

– Peu importe. À qui avez-vous rendu visite ?

– À un ami.

– Son nom ?

– Bouvier.

– L'homme .... **(14)** l'on a retrouvé assassiné ?

– Lui-même. Ce soir-là, je l'attendais au Procope, un restaurant .... **(15)** nous devions dîner ensemble. Ne le voyant pas venir, j'ai téléphoné au numéro ....
(16) il m'avait dit d'appeler si par hasard il n'était pas à l'heure. Personne n'a répondu. Alors je me suis rendu à son domicile .... **(17)** la police se trouvait déjà.

– Et vous vous êtes enfui. Pourquoi ?

– C'est une question .... **(18)** il m'est difficile de répondre.

Le commissaire l'a observé, soupçonneux.

– Vous ne m'avez toujours pas dit .... **(19)** vous faisiez dans la vie.

– Je travaille pour les renseignements. Agent secret, si vous préférez !

III. PRONOMS PERSONNELS COMPLÉMENTS

Qui m'aime me suive !

A. ME, TE, LE, LES... LUI, LEUR, À LUI, À ELLE, À EUX, À ELLES, EN ET Y

57 Répondez aux questions en utilisant *le, la, l'* ou *les*.

   Exemple :   Tu regardes cette émission ? → Oui, je *la* regarde.

a. Tu vois souvent Olivier ? → Oui, je ....

b. Est-ce que vous suivez cette moto ? → Oui, je ....

c. Elle accompagne sa mère à l'hôpital ? → Oui, elle ....

d. Est-ce que vous lisez les préfaces des livres ? → Oui, je ....

e. Ils condamnent cet homme ? → Oui, ils ....

 f. La police convoque les témoins ? → Oui, elle ....

g. Elle connaît les Durrieux ? → Oui, elle ....

h. Ils prennent le bus ? → Oui, ils ....

58 Remplacez les mots soulignés par *le, la, l', les, nous* ou *vous*.

   Exemple :   Nous confions <u>notre fils</u> à une nourrice. → Nous *le* confions à une nourrice.

a. Nous avons croisé <u>le facteur</u> dans l'escalier. → ....

b. Il accompagne <u>ses parents</u> à l'aéroport. → ....

c. Les Saunier invitent <u>Sandrine et moi</u> à leur anniversaire de mariage. → ....
   ....

d. Ils vendent <u>leur voiture</u> pour en acheter une autre plus spacieuse. → ....
   ....

e. Patrick reprend <u>son vélo</u> vendredi soir. → ....

 f. Aujourd'hui, c'est M. Dupin qui conduit <u>ton frère et toi</u> à l'école. → ....
   ....

g. Ils réveillent <u>leurs enfants</u> tôt le matin. → ....

h. Elle voit <u>sa grand-mère</u> chaque semaine. → ....

59 Remplacez les mots soulignés par *les* ou *leur*.

   Exemples : Elle vend <u>ses bijoux</u>. → Elle *les* vend.
   Ils proposent du chocolat <u>à leurs enfants</u>. → Ils *leur* proposent du chocolat.

a. Je conseille des livres <u>à mes élèves</u>. → ....

b. Le juge écoute attentivement <u>les témoins</u>. → ....

c. Il ne dit pas bonsoir <u>aux invités</u>. → ....

d. Nous faisons confiance <u>à ces personnes</u>. → ....

e. Le docteur rassure <u>ses amis</u>. → ....

f. L'école offre un goûter <u>aux enfants</u>. → ....

g. Il adore <u>les romans de Balzac</u>. → ....

h. Le proviseur convoque <u>les parents</u> dans son bureau. → ....

60 **Complétez les phrases suivantes par les pronoms** *me, te, nous, vous, se, lui* **ou** *leur*.

> *Exemple :* Elle a vu Jacques ; elle *lui* envoie les papiers qu'il voulait.

a. J'ai rencontré mon frère et je .... ai dit que je serais absent à Noël.

b. Carole et moi avons eu Jeanne au téléphone ; elle .... adresse ses meilleurs vœux.

c. Charles va passer à la maison ; j'espère qu'il .... rapportera mes affaires.

d. Dorian a laissé un message pour toi ; il .... verra lundi.

e. L'homme observe son visage dans la glace ; il .... dit qu'il a vieilli.

f. Vous avez vu le dernier Chabrol ; le film .... a plu ?

g. Il a appelé les pompiers et .... a demandé de venir d'urgence.

h. Il a tendu sa main vers elle et .... a dit au revoir.

61 **Remplacez les mots soulignés par les pronoms** *le, la, les, lui* **ou** *leur*.

> *Exemple :* Ce film ne plaît pas <u>à mes amis</u>. → Ce film ne *leur* plaît pas.

a. Il ne voit pas souvent <u>sa sœur</u>. → ....

b. Ils font mal <u>à William</u>. → ....

c. Elle ne contredit jamais <u>sa mère</u>. → ....

d. Nous appelons <u>les infirmiers</u>. → ....

e. Nous vendons <u>ces articles</u> à très bas prix. → ....

f. Nous croyons <u>Jacques</u> sincère. → ....

g. Vous préparez <u>ce plat</u> vous-même. → ....

h. Ils envoient des cartons d'invitation <u>à leurs collègues</u>. → ....

62 **Répondez aux questions suivantes en remplaçant les mots soulignés par des pronoms et en faisant les accords des participes passés si nécessaire.**

> *Exemples :* Est-ce que tu as réservé <u>ta place</u> ? → Non, je ne *l'*ai pas réservé**e**.
> As-tu pris <u>ton parapluie</u> ? → Non, je ne *l'*ai pas pris.

a. Tu as montré à Juliette <u>ta nouvelle bicyclette</u> ? → Oui, ...

b. Tu as supporté <u>ce rythme de travail</u> ? → Non, ...

c. Avez-vous présenté <u>les responsables de l'association</u> ? → Non, ...

....

d. Tu as mis <u>ton écharpe</u> ? → Oui, ...

e. Tu as rapporté <u>le disque</u> à Roland ? → Oui, ...

f. Ils ont communiqué <u>leur adresse</u> ? → Non, ...

g. Vous avez prévenu <u>vos voisins</u> ? → Oui, ...

h. Est-ce qu'ils ont envoyé <u>leurs commandes</u> ? → Non, ...

63 Remplacez les mots soulignés par les pronoms *le, la, l', les, lui* ou *leur*, et accordez les participes passés si nécessaire.

Exemples : J'ai répondu à la secrétaire. → Je **lui** ai répondu.

Il a reçu les candidats. → Il **les** a reçu**s**.

a. Nous avons invité nos amis. → ....

b. Ils ont interrogé les témoins. → ....

c. Elle a emprunté une voiture au garagiste. → ....

d. J'ai rapporté ces fleurs de Nice. → ....

e. Avez-vous offert cette gravure à M. et Mme Bailly ? → ....

f. On a découvert la vérité en feuilletant un album de photographies. → ....

....

g. J'ai appris sa réussite avec un immense plaisir. → ....

h. Nous avons retrouvé l'erreur de calcul. → ....

64 Remplacez les mots soulignés par *en* ou *y*.

Exemples : Je te dépose à la station du RER. → Je t'**y** dépose.

Tu t'occupes de ce problème. → Tu t'**en** occupes.

a. Elle ne se passe plus de son chien. → ....

b. Elle n'a pas besoin des ciseaux. → ....

c. Il s'attache trop à son passé. → ....

d. Ma femme a envie de vacances. → ....

e. Vous avez pensé à votre rendez-vous ? → ....

f. Je m'intéresse aux événements sociaux. → ....

g. Tu apporteras des bonbons pour Laurent. → ....

h. Je t'accompagne à la mairie. → ....

65 Réécrivez les phrases suivantes en utilisant les pronoms *en* ou *y*.

Exemples : Nous sommes retournés trois fois au Louvre. → Nous **y** sommes retournés trois fois.

Ils mangent du poisson chaque vendredi. → Ils **en** mangent chaque vendredi.

a. Les promeneurs ont aperçu plusieurs aigles. → ....

b. Il ne s'habitue pas aux séries télévisées. → ....

c. Elle a mangé deux parts de tarte. → ....

d. Thierry est content de son nouvel ordinateur. → ....

e. Carine est heureuse dans son grand appartement. → ....

f. Il est allé dans ce magasin à trois reprises. → ....

g. Il s'est aperçu trop tard de sa disparition. → ....

h. Ils ont acheté très peu de chocolat. → ....

66 Complétez les phrases suivantes avec *me, te, lui* ou *à moi, à toi, à lui, à elle.*

    Exemples : Tu ne *lui* as rien offert pour ses 20 ans ?

                 Yolaine, je la connais bien ; c'est *à elle* que je demanderai conseil.

a. Votre directeur, je l'ai vu hier. C'est .... que j'ai donné mon C.V.*

b. Il t'a tout raconté. ...., il n'a rien dit, il ne me fait pas confiance.

c. Décidément, je suis maladroit ! J'ai pris les ciseaux et je .... suis coupé le doigt avec.

d. Voilà six mois que je n'ai pas écrit à Simon, je vais .... donner de mes nouvelles aujourd'hui.

e. J'ai préparé la cuisine pendant que tu travaillais. La semaine prochaine, ce sera .... de t'occuper des tâches ménagères.

f. Tu ne devrais pas faire ce travail seul, je vais .... donner un coup de main.

g. Il aimait beaucoup sa nièce ; c'est .... qu'il a fait don de sa fortune.

h. Je ne peux pas prendre de fromage, le docteur .... l'a déconseillé.

67 Remplacez les mots soulignés par *y, à lui, à elle, à eux* ou *à elles.*

    Exemple : Elle préfère se confier <u>à son frère</u>. → Elle préfère se confier *à lui.*

a. Le réalisateur s'intéresse <u>à cette jeune actrice</u>. → ....

b. Nous avons souvent affaire <u>à notre avocat</u>. → ....

c. Cette année, il a participé <u>à notre fête</u>. → ....

d. Adressez-vous plutôt <u>à ces personnes</u>. → ....

e. Il pense souvent <u>à ses enfants</u>. → ....

f. Je tiens beaucoup <u>à cette maison</u>. → ....

g. Il croit très fort <u>à ce qu'il fait</u>. → ....

h. Elle s'est vite attachée <u>à ses parents adoptifs</u>. → ....

68 Remplacez les mots soulignés par *de lui, d'elle, d'elles, d'eux* ou *en.*

    Exemple : Jacques n'a vraiment rien hérité <u>de son père</u>. → Jacques n'a vraiment rien hérité *de lui.*

a. Nous n'avons pas pris de photographies <u>de Laure</u>. → ....

b. Il connaît tous les secrets <u>de ce pays</u>. → ....

c. Elle a obtenu un autographe <u>de Patrick Bruel</u>. → ....

d. Il ne m'a pas dit ce qu'il pensait <u>de son voyage</u>. → ....

e. Est-ce que tu as pris des photos <u>de mes sœurs</u> ? → ....

f. Les politiciens s'inquiètent <u>de la montée de la violence</u>. → ....

g. Elle dit du mal <u>de ses voisins</u>. → ....

h. Je me doutais <u>du résultat</u>. → ....

---

* C.V. : abréviation de curriculum vitæ ; indications sur l'état civil, les diplômes et l'expérience professionnelle d'une personne.

69 Répondez librement aux questions suivantes en utilisant *y, en, de/à lui, à elle...*

> *Exemple :* Pensez-vous aux vacances ? → Oui, j'**y** pense de temps en temps.

a. Vous souvenez-vous de vos amis d'enfance ? → ....

b. Est-ce que vous vous occupez de votre petite sœur ? → ....

c. Vous intéressez-vous à Madonna ? → ....

d. Êtes-vous déjà allé en Suède ? → ....

e. Avez-vous vu un film du réalisateur Jean-Jacques Beineix ? → ....

f. Vous confiez-vous à vos parents ? → ....

g. Avez-vous peur des rats ? → ....

h. À Paris, vous méfiez-vous des pickpockets ? → ....

70 Répondez aux phrases suivantes en remplaçant les mots soulignés par le pronom neutre *le*.

> *Exemple :* Je voudrais qu'il se débrouille seul. → Je **le** voudrais.

a. Elle se demande qui sera présent. → ....

b. Tu ne comprends pas ce qui te retient ici ? → ....

c. On ne sait pas s'il a tort ou raison. → ....

d. As-tu vérifié que la porte était bien fermée ? → ....

e. Je t'ai déjà expliqué pourquoi on était tellement en retard. → ....
....

f. Tu as montré à Christine comment fonctionne le magnétoscope ? → ....
....

g. Elle ne m'a pas dit à quelle heure elle arrivait. → ....

h. Je me demande s'il a noté la bonne adresse. → ....

71 Pronoms neutres *en* et *y*. Remplacez les mots soulignés.

> *Exemples :* Paul a l'intention de partir dès aujourd'hui. → Paul **en** a l'intention.
>
> Il ne tient pas à payer sa note de frais. → Il n'**y** tient pas.

a. Ils ont averti Julien de leur départ. → ....

b. Veillez à rendre les clés aux propriétaires. → ....

c. Je n'ai pas envie d'aller au restaurant ce soir. → ....

d. On pousse Marie à passer cet examen. → ....

e. J'invite mes amis à passer dans le salon. → ....

f. Ils n'ont plus l'habitude de se coucher tard. → ....

g. Elle est très heureuse de dîner avec son frère. → ....

h. Nous ne nous attendions pas à vous voir aujourd'hui. → ....

B. PLACE DES PRONOMS PERSONNELS (AVEC L'IMPÉRATIF, L'INFINITIF ET LE GÉRONDIF)

72 **Remplacez le complément souligné par un pronom.**

Exemples : Arrêtez <u>cet homme</u> ! → Arrêtez-**le** !

Donnez un pourboire <u>au garçon</u>. → Donnez-**lui** un pourboire.

a. Accompagne <u>ta mère</u> ! → ....

b. Aidons <u>cette femme enceinte</u> ! → ....

c. Vendez <u>vos actions</u> ! → ....

d. Écrivez <u>à vos parents</u> ! → ....

e. Mange donc <u>ces fruits</u> ! → ....

f. Prête <u>ta balle</u> à cet enfant ! → ....

g. Téléphone <u>à tes grands-parents</u> ! → ....

h. Réserve <u>ce studio</u> tout de suite ! → ....

73 **Mettez les phrases suivantes à la forme négative.**

Exemples : Faites-lui peur ! → ***Ne lui faites pas peur !***

Déshabille-toi ! → ***Ne te déshabille pas !***

a. Prête-leur une cassette. → ....

b. Poursuivez-les ! → ....

c. Lave-toi les dents. → ....

d. Embrasse-moi ! → ....

e. Va-t'en ! → ....

f. Passe-lui ton disque. → ....

g. Relâchons-le ! → ....

h. Dites-lui la vérité. → ....

74 **Remplacez les mots soulignés par un pronom complément.**

Exemple : Beaucoup de gens aiment regarder <u>les émissions comiques</u>.

→ Beaucoup de gens aiment **les** regarder.

a. Tu vas dire <u>à Pierre et à Laure</u> que je serai en retard. → ....

b. Tu devrais écouter <u>ce groupe</u> ; il est super. → ....

c. Je descends acheter <u>des tartelettes</u>. → ....

d. On peut téléphoner <u>aux enfants</u>. → ....

e. Tu devrais retirer <u>ce chemisier</u>. → ....

f. Je vais prêter ce livre <u>à ta sœur</u>. → ....

g. Il faudrait appeler <u>ta mère</u>. → ....

h. Je te suggère de faire des lasagnes <u>à ton frère</u>. → ....

75 **Remplacez les mots soulignés par un pronom complément.**

Exemple : Vous devriez essayer <u>ce pantalon</u>. → Vous devriez **l'**essayer.

a. Pourrais-je parler <u>à Mme Pujol</u> ? → ....

b. Je vais expliquer notre problème <u>aux voisins</u>. → ....

c. Veux-tu répéter <u>à M. Sédro et à moi-même</u> ce que tu as dit à ton professeur ? → ....
....

d. Cet architecte voulait faire quelque chose de beau <u>de cette place</u>. → ....
....

e. Il est urgent de dire <u>à Marc et à Lise</u> ce que nous allons faire. → ....
....

f. Je vais emmener <u>les enfants</u> au zoo ? → ....

g. Tu ne vas pas parler <u>de ta situation</u> ? → ....

h. Il faut absolument convaincre <u>Laurent</u>. → ....

76 **Remplacez les mots soulignés par un pronom complément.**
Exemple : Chaque matin, Jérôme fume en prenant <u>son café</u>.
→ Chaque matin, Jérôme fume en *le* prenant.

a. En déclarant <u>à Caroline</u> qu'il l'aimait, il a rougi.
→ ....

b. En couvrant <u>sa tête</u> d'une casquette, on se protège contre l'insolation.
→ ....

c. En se rendant <u>à son travail</u>, il s'est aperçu qu'il avait oublié son agenda.
→ ....

d. Le responsable a couru un risque en acceptant <u>cet homme</u>.
→ ....

e. Il doublait en frôlant <u>les voitures</u>.
→ ....

f. J'ai cru commettre une faute en demandant <u>à tes amis</u> combien ils gagnaient.
→ ....

g. En voyant <u>le couteau plein de sang</u>, elle s'est évanouie.
→ ....

h. Un pompier est mort en sauvant <u>son collègue</u>.
→ ....

77 **Remplacez les mots soulignés par** *l', lui, la, le, les, leur* **ou** *y***.**
Exemple : En apercevant <u>Geneviève</u>, toute mon enfance m'est revenue.
→ En *l'*apercevant, toute mon enfance m'est revenue.

a. J'ai lu un magazine en attendant <u>le docteur</u>.
→ ....

b. En disant <u>à Barbara</u> qu'elle avait tort, il a commis une grosse erreur.
→ ....

c. Je lui transmettrai ton message en passant <u>à la banque</u>.
→ ....

d. Vous ferez attention aux murs en descendant <u>l'armoire</u>.
→ ....

e. En disant oui <u>aux responsables</u>, il a pris un risque.
→ ....

f. En signant <u>ce contrat</u>, il devient le principal actionnaire.

→ ....

g. En regardant <u>les policiers</u> venir vers lui, il s'est mis à rire.

→ ....

h. Maurice s'est blessé hier en sciant <u>cette bûche</u>.

→ ....

C. DOUBLE PRONOMINALISATION

78 **Reliez les phrases synonymes.**

a. Il demande à Delphine son adresse.   1. Il le lui demande.

b. Il demande son chemin aux commerçants.   2. Il les lui demande.

c. Il demande à son frère d'ouvrir la porte.   3. Il le leur demande.

d. Il demande les clés à son père.   4. Il la lui demande.

e. Il propose ses services à son voisin.   5. Il le leur propose.

f. Il propose sa voiture à sa sœur.   6. Il les lui propose.

g. Il propose aux élèves de faire une pause.   7. Il le lui propose.

h. Il propose le nouveau modèle à son client.   8. Il la lui propose.

79 **Remplacez les mots soulignés par** *le, la, les* **ou** *en*.

Exemple :   Je t'apporte <u>ton sac</u>. → Je te *l'*apporte.

a. Damien nous vend <u>ses perroquets</u>. → ....

b. Ils nous livrent <u>la marchandise</u> demain. → ....

c. Il ne me croit pas capable <u>d'escalader ce mur</u>. → ....

d. Paul descend t'acheter <u>des médicaments</u>. → ....

e. Il vous racontera <u>son histoire</u> ce soir. → ....

f. Ils s'échangent <u>leurs vêtements</u>. → ....

g. Il te prête <u>sa calculatrice</u>. → ....

h. Il nous reproche <u>notre retard</u>. → ....

80 **Remettez les phrases dans l'ordre.**

Exemples : as/le/vendu/tu/lui → ***Tu le lui as vendu.***

pas/il/ne/a/leur/en/offert → ***Il ne leur en a pas offert.***

a. ta/te/a/mère/l'/juré → ....

b. nous/Luc/ne/l'/pas/a/dit → ....

c. parlé/leur/nous/en/avons → ....

d. ne/elle/me/l'/a/avoué/jamais → ....

e. l'/reproché/on/a/vous → ....

f. deux/lui/proposé/il/a/en → ....

g. lui/Maroc/je/rapporterai/du/le → ....

h. leur/Léa/en/souvent/demande → ....

34

81 Répondez par la négative en utilisant deux pronoms compléments avec le futur proche.

Exemple : Tu vas dire à Yolaine qu'il est malade ? → Non, je ne vais pas *le lui* dire.

a. Ce docteur va te faire la piqûre ? → Non, ...

b. Il va avouer la vérité au juge ? → Non, ...

c. Vous allez nous laisser les clés ? → Non, ...

d. Vas-tu prêter ta moto à Gilles ? → Non, ...

e. Tu vas me rapporter les journaux ? → Non, ...

f. Va-t-il expliquer sa situation à l'inspecteur ? → Non, ...
....

g. Vous allez montrer vos photos aux grands-parents ? → Non, ...
....

h. Vont-ils faire cadeau de leur bibliothèque à Paul et Claire ? → Non, ...
....

82 Posez des questions correspondant aux pronoms soulignés. Imaginez ce qu'ils remplacent (attention aux accords des participes passés).

Exemple : **Est-ce que j'ai dit à Jacques que j'étais enceinte ?** ← Oui, tu *le lui* as dit.

a. .... ← Oui, nous <u>les lui</u> avons rendues hier.

b. .... ← Non, je m'<u>y</u> suis opposé.

c. .... ← Oui, je <u>la lui</u> ai envoyée hier soir.

d. .... ← Non, il ne <u>nous l'</u>a pas prêtée.

e. .... ← Non, je <u>vous l'</u>interdis.

f. .... ← Oui, je <u>les leur</u> ai vendus.

g. .... ← Non, il ne <u>la leur</u> a pas demandée.

h. .... ← Non, elle ne <u>nous en</u> a jamais donné.

83 Remplacez les mots soulignés par des pronoms compléments.

Exemple : Ne te mêle pas <u>de cette histoire</u>. → Ne *t'en* mêle pas.

a. Laisse-lui <u>les clés</u>. → ....

b. N'en achetez pas <u>à Zoé</u>. → ....

c. Prêtes-en <u>à Serge et à Myriam</u>. → ....

d. Vendez-leur <u>votre table</u>. → ....

e. Ne la propose pas <u>à Paul</u>. → ....

f. Envoie-lui <u>des cartes postales</u>. → ....

g. Offrons-lui <u>les bouteilles</u>. → ....

h. Prête-nous <u>des disques</u>. → ....

84 Répondez aux questions avec deux pronoms.

Exemple : Il t'a descendu à Nice en voiture ? – Non, *il m'y a descendu* en moto.

a. Vous confiez les clés à vos enfants ? – Non, ... , ils sont trop petits.

b. Il vous envoie le rapport par la poste ? – Non, ... par fax.

c. Elle prépare le dîner à son mari ? – Oui, ... s'il rentre tard.
d. Tu accompagnes ton fils à la crèche ? – Oui, ... chaque matin.
e. Tu dis aux techniciens ce qu'il faut faire ? – Oui, ... en détail.
f. Votre ami vous offre-t-il des fleurs ? – Non, ... jamais.
g. Son gendre lui fait-il les courses ? – Oui, ... tous les mercredis.
h. Tu achètes des croissants à ton enfant ? – Oui, ... le dimanche matin.

Bilans

85 **Complétez ce dialogue par des pronoms compléments.**

– *Je viens de voir Brigitte ; elle est dans tous ses états ! Philippe vient de .... (1) quitter et elle ne s' .... (2) attendait pas du tout. Il a rencontré une jeune femme, une stagiaire qui travaille avec .... (3) depuis quelques mois. Il .... (4) a invitée à partir en week-end et dimanche soir, en rentrant, il a annoncé à Brigitte qu'il ne voulait plus vivre avec .... (5), qu'il préférait le .... (6) dire tout de suite, que sa décision était prise et qu'il ne .... (7) changerait pas.*

– *Et alors, comment a réagi Brigitte ?*

– *D'abord, elle .... (8) a supplié de réfléchir, d'............ (9) parler à ses amis, et comme Philippe s'apprêtait à partir, elle .... (10) a dit qu'elle ne voulait plus jamais .... (11) voir, que tout était fini entre .... (12) et qu'elle ne voulait plus entendre parler de .... (13). Ensuite, elle .... (14) a mis à la porte.*

– *À mon avis, ce n'est pas bien grave. Tu ne .... (15) penses pas ? D'ailleurs, cette situation .... (16) est déjà arrivée, non ?*

– *Tu as sans doute raison, ça va s'arranger.*

86 **Complétez ce dialogue.**

Rendez-vous :

Cécile : *Tu crois que Luc et Jean .... (1) ont vues ?*

Sophie : *Bien sûr. Tiens, regarde-............ (2), ils viennent vers .... (3).*

Cécile : *Apparemment, Arnaud n'est pas venu avec .... (4).*

Sophie : *C'est vrai, je ne .... (5) aperçois pas.*

Cécile : *Et leur voiture, où est-ce qu'elle est ?*

Sophie : *Ils ont dû .... (6) garer près d'ici.*

Cécile : *En tout cas moi, je ne .... (7) déplacerai pas en métro ; je .... (8) prends dix fois par jour !*

Sophie : *Ne .... (9) inquiète pas !*
Les deux garçons arrivent, ... (10) embrassent puis s'assoient à côté d'............ (11).

Cécile : *Arnaud n'est pas avec .... (12) ?*

Luc : *Le patron pour qui il travaille .... (13) a demandé de rester jusqu'à 8 heures. On va .... (14) attendre. Ça ne .... (15) dérange pas trop ?*

Sophie : *Nous, non ; mais nos parents, si. On .... (16) a dit qu'on reviendrait avant minuit.*

Jean : *La prochaine séance est à quelle heure ?*

Cécile : *À 10 heures. On n'arrivera jamais chez .... (17) à temps !*

Sophie : *Cécile a raison ; nous n'............ (18) serons jamais à minuit.*

Luc : *Eh bien, qu'est-ce qu'on fait ?*

Jean : *On .... (19) va quand même. Cécile et Sophie, je .... (20) ramènerai moi-même en voiture. Ça ne .... (21) prendra pas plus de dix minutes.*

Cécile : *Tu as une voiture, toi ? Je ne .... (22) savais pas.*

Jean : *C'est celle de Luc ; je .... (23) .... (24) ai rachetée.*

Sophie : *Ah ? Il ne .... (25) .... (26) avait pas dit.*

Jean : *Normal : il vient juste de .... (27) .... (28) vendre !*

IV. LES TEMPS DE L'INDICATIF

Tel est pris qui croyait prendre.

A. LE PRÉSENT ET LE FUTUR. VALEURS ET EMPLOIS

87 Complétez ce dialogue en conjuguant les verbes entre parenthèses au présent de l'indicatif.

– Allô, qui (être) .... (a) à l'appareil ?

– M. Blanchot. Vous ne me (connaître) .... (b) pas.

– Que (vouloir) .... (c)-vous ?

– Je (désirer) .... (d) parler à votre femme.

– En quel honneur ?

– Je (être) .... (e) un ami d'enfance. J'(habiter) .... (f) dans votre immeuble depuis le mois dernier. Je (venir) .... (g) juste de remarquer le nom d'Annie sur votre boîte aux lettres.

– Désolé, mais elle est absente pour le moment. Elle (revenir) .... (h) la semaine prochaine.

– Tant pis ! Je rappellerai.

88 Complétez ces phrases par le présent en utilisant le présent progressif chaque fois que cela est possible.

Exemples : Ils ***jouent*** (jouer) souvent ensemble.

Ils ***sont en train de jouer*** (jouer) ensemble.

a. Les professeurs .... (remplir) les bulletins.

b. Jacques Chirac .... (être élu) président de la République.

c. Viens m'aider, je .... (ne pas y arriver).

d. Il .... (accompagner) chaque semaine son fils à la piscine.

e. Je n'ai pas envie de sortir, il .... (pleuvoir).

f. Nous ne pouvons pas venir, nous .... (faire) des travaux.

g. Patientez cinq minutes, elle .... (recevoir) un client.

h. Les élections présidentielles .... (avoir lieu) tous les cinq ans.

89 Racontez les habitudes de Christiane et Alain en vous aidant des éléments suivants :
revenir du travail/s'occuper de leur bébé/changer l'enfant/préparer son goûter/jouer avec lui/le sortir/faire le ménage/dîner ensemble/coucher l'enfant/travailler/regarder un film.

→ Lorsque Christiane et Alain ....

....

....

....

....

....

....

....

90 **Le présent de narration : lorsque cela vous semble possible, sans modifier le sens du récit, remplacez le passé par le présent (10 verbes peuvent ainsi être modifiés).**

a. Le professeur Lentz lisait tranquillement dans sa bibliothèque. Soudain, la porte s'est ouverte. Un homme est entré brusquement. Il tenait une arme dans sa main. Un « gaucher », s'est dit le professeur en observant l'inconnu.

→ Le professeur Lentz lisait tranquillement. Soudain, la porte **s'ouvre**. ....

....

....

b. Nous venions de nous asseoir, j'étais sur le point de prévenir ma sœur que le déjeuner était servi, quand un cri étouffé nous est parvenu. Les nerfs de maman étaient sans doute fragiles, car elle a fait un bond sur sa chaise. Quant à Cécile, mon invitée, elle a pâli brusquement.

→ ....

....

....

c. Céline était sur le pas de sa porte. Nous nous connaissions à peine, elle et moi. De plus, je la voyais rarement. Je l'ai saluée d'un signe de la tête et me suis assis à la table du café. Je relisais une lettre de mes parents quand, tout à coup, je l'ai vue traverser la rue et venir vers moi.

→ ....

....

....

91 **Dans ce poème de Jacques Prévert, soulignez les verbes au présent de l'indicatif.**

Le temps perdu

Devant la porte de l'usine
le travailleur soudain s'arrête
le beau temps l'a tiré par la veste
et comme il se retourne
et regarde le soleil
tout rouge tout rond
souriant dans son ciel de plomb
il cligne de l'œil
familièrement.
Dis donc camarade Soleil
tu ne trouves pas
que c'est plutôt con
de donner une journée pareille
à un patron ?

(in *Paroles*, © Éditions Gallimard)

---

92 Choisissez parmi les différentes valeurs du présent (fait actuel, passé proche, futur proche, vérité générale, fait habituel, événement qui se répète, présent historique, présent de narration) et dites à quelle valeur chacune de ces phrases correspond :

Exemple : Le tabac nuit à la santé. ***(vérité générale)***

a. Elle sort à l'instant. (.......................................)

b. Je vais à la piscine le vendredi. (.......................................)

c. Schubert meurt à 34 ans. (.......................................)

d. Dépêche-toi, je pars dans cinq minutes. (.......................................)

e. Nous écoutions la radio quand, tout à coup, le téléphone sonne. (.......................................)

f. Elle aperçoit Marc qui fait du patin à roulettes. (.......................................)

g. Ma femme adore le peintre Matisse. (.......................................)

h. La couleuvre est un serpent inoffensif. (.......................................)

93 Complétez en conjuguant les verbes au présent après *ça fait... que, ça fera... que.*

Exemple : Ça fera bientôt dix ans que nous **sommes** (être) ensemble.

a. En mai, ça fera six mois qu'il ne .... (fumer) plus.

b. Ça fait plus de cinquante-cinq ans que la Sécurité sociale .... (exister).

c. Ça fait trois fois que je te .... (répéter) la même chose.

d. Ça fera bientôt quarante ans que mes parents .... (se connaître).

e. Ça fait vingt ans qu'il .... (venir) chaque jour déposer une fleur sur la tombe de Jim Morrison.

f. L'année prochaine, ça fera cinq ans que nous .... (vivre) dans cet appartement.

g. Pauvre homme ! Demain, ça fera exactement un an qu'il ne .... (pouvoir) plus bouger.

h. Ça fait une heure que j'.................... (attendre) !

94 Complétez les phrases au futur proche en utilisant les expressions suivantes : *aller* au présent + infinitif, *devoir* au présent + infinitif, *être sur le point de* au présent + infinitif.

Exemple : Tom a reçu sa convocation, il (se rendre) ***doit se rendre à Blois lundi.***

a. Fais attention : tu (tomber) ....

b. D'après la météo, il (pleuvoir) ....

c. Je vais me coucher maintenant car je (se lever tôt) ....

d. Évelyne a un rendez-vous urgent, elle (partir immédiatement) ....
....

e. Son grand-père va mal ; il (mourir) ....

f. J'ai déjà vu ce film, je sais comment ça (finir) ....

g. Il ne reste plus que cinq minutes de jeu, l'équipe du Luxembourg (gagner le match) ....
....

h. Je me dépêche parce que je (finir ce travail) ....

95 | **Utilisez le futur proche chaque fois que cela est possible.**

    Exemples : Dépêchez-vous, le train part. → Dépêchez-vous, le train **va partir**.

                  Elle envisage de s'installer à la campagne. → **impossible**

a. Elle accouche bientôt. → ....

b. Il déménage aujourd'hui même. → ....

c. Elle se fait opérer cette semaine. → ....

d. Ça fait dix ans que j'attends ce moment-là. → ....

e. Lorenzo a eu 2 ans hier ! → ....

 f. Attends, je viens. → ....

g. Michèle m'appelle pour signer le contrat. → ....

h. Il voit le docteur ce matin. → ....

96 | **Transposez le texte suivant au futur simple.**

La route part de ce croisement, traverse la Cité universitaire et le centre commercial. Puis elle débouche sur de vastes champs, passe devant le village de Montigny, mais à distance respectable, enfin rejoint en ligne droite la nationale 9. Cette route ne nécessite pas de gros travaux. En outre, elle préserve nos champs et nos forêts. Quant à la sécurité, une piste cyclable permet aux bicyclettes et autres cyclomoteurs de circuler sans crainte. Les travaux durent dix-huit mois.

→ La route **partira** de ce croisement, ...

....

....

....

....

....

97 | **Mettez au futur les verbes entre parenthèses.**

    Exemple : En 2020, le nombre des retraités **augmentera** (augmenter) sensiblement.

a. D'ici deux ans, ils n'...................... (habiter) plus à cette adresse.

b. Si je gagne au loto, je .... (pouvoir) prendre ma retraite.

c. « Vous .... (épouser) un homme riche, beau et célèbre », lui annonce la voyante.

d. Je te le jure, on .... (se revoir).

e. Dans quelques années, tout le monde .... (avoir) un téléphone portable.

 f. Demain nous .... (aller) au bois.

g. Aie confiance, tu .... (s'en sortir).

h. Cette année, nous .... (fêter) les 60 ans de Claude.

98 | **Transformez les phrases suivantes en employant les verbes soulignés au futur simple.**

    Exemple : <u>Attendez</u>-moi devant cet hôtel. → **Vous m'attendrez** devant cet hôtel.

a. <u>Envoyez</u>-moi votre note de restaurant. → ....

b. <u>Poursuivons</u> notre entretien dans mon bureau. → ....

c. <u>Soyez</u> aimable de nous donner votre réponse rapidement. → ....

d. Arrête de boire, ça <u>vaut</u> mieux pour toi ! → ....

e. <u>Essayez</u> de ne pas fumer durant la conférence. → ....

f. <u>Payez</u> en trois fois, sans frais. → ....

g. <u>Faites</u>-nous plaisir en acceptant notre invitation. → ....

h. <u>Ayez</u> la gentillesse de ne pas mettre vos pieds sur les banquettes. → ....

99 Mettez la seconde proposition au futur.

Exemple : Napoléon devient empereur en 1804. Il le reste jusqu'en 1814.

→ Napoléon devient empereur en 1804. Il le **restera** jusqu'en 1814.

a. Louis Pasteur fait de multiples découvertes. Le vaccin contre la rage lui vaut la gloire.

→ ....

b. Pablo Picasso est espagnol mais il réside en France, de 1904 jusqu'à sa mort.

→ ....

c. *La Marseillaise* est un chant patriotique qui devient en 1795 l'hymne national.

→ ....

d. Marguerite Yourcenar est un écrivain français. C'est la première femme admise à l'Académie française.

→ ....

e. Jean-François Champollion naît à Figeac en 1790. Il déchiffre les hiéroglyphes en 1824.

→ ....

f. Jean-Paul Sartre est un écrivain engagé. Il refuse l'attribution du prix Nobel.

→ ....

g. Gustave Eiffel est architecte. C'est lui qui construit la tour du même nom.

→ ....

h. Les Lumière sont deux frères dont le plus jeune, Louis, invente le cinématographe.

→ ....

100 Transformez ces phrases tirées des *Dix Commandements* en employant le futur simple.

Exemple : Ne vole pas. → *Tu ne voleras pas*.

a. Ne tue pas. → ....

b. Ne convoite pas la maison d'autrui. → ....

c. Ne trompe pas ta femme. → ....

d. Ne désire pas la femme de ton semblable. → ....

e. Respecte ton père et ta mère. → ....

f. Ne mens pas. → ....

g. Ne prononce pas le nom de Dieu à tort. → ....

h. Ne travaille pas le septième jour. → ....

101 La condition dans le futur. Terminez les phrases.

Exemple : S'il ne téléphone pas, (recevoir de mes nouvelles !) *il recevra de mes nouvelles !*

a. Si nous partons en vacances à Noël, (aller au soleil) ....

b. Si l'équipe de France perd ce match, (ne pas participer à la Coupe du monde) ....
....

c. S'il pleut, (rester à la maison) ....

d. Si je te quitte, (être définitif) ....

e. Si vous passez par Gênes, (visiter son fameux cimetière) ....
....

f. Si tu ne viens pas, (partir sans toi) ....

g. Si la situation ne s'améliore pas, (y avoir une grève générale) ....
....

h. S'ils doivent rester à Paris, (être pour peu de temps) ....

102 Conjuguez les verbes au présent ou au futur de l'indicatif.

Exemple : Nous *irons* (aller) voir l'exposition Cézanne s'il n'y *a* (avoir) pas trop de monde.

a. Si tu .... (vouloir), je t'..................... (accompagner).

b. Que .... (devenir) -t-il quand elle .... (disparaître) ?

c. Pars vite ; dès que tu .... (rentrer) chez toi, tu m'..................... (appeler).

d. L'argent ne .... (faire) pas le bonheur, mais il y .... (contribuer).

e. Nous lui .... (poser) la question si nous le .... (voir) demain.

f. S'il .... (continuer) à travailler ainsi, il .... (aller) loin.

g. Lorsqu'il .... (arriver) le matin, il ne .... (dire) jamais bonjour.

h. Je te .... (conseiller) d'arrêter ton travail, tu .... (finir) demain.

103 Futur ou présent ? Complétez.

Exemple : Je t'*aimerai* toute ma vie.

a. En l'an 2050, les voitures .... (rouler) à l'électricité.

b. Souvent, nous .... (venir) ici nous reposer.

c. Je .... (détester) les hamburgers.

d. Nous .... (voir) cette exposition après les vacances.

e. Elle .... (se brosser) les dents quatre fois par jour.

f. J'espère franchement que tu n'..................... (avoir) aucun problème d'ici là.

g. Pour le déjeuner, j'..................... (acheter) toujours un sandwich.

h. Dans dix ans, il .... (être) riche.

104 Complétez les titres de ces films français en utilisant le présent ou le futur de l'indicatif.

Exemple : Ma femme *est* (être) une sorcière. (René Clair)

a. L'année prochaine si tout .... (aller) bien. (Jean-Loup Hubert)

b. Nous ne .... (vieillir) pas ensemble. (Maurice Pialat)

c. Le jour .... (se lever). (Marcel Carné)

d. Tu ne .... (tuer) point. (*Claude Autant-Lara*)

e. Les jeux .... (être) faits. (*Jean Delannoy*)

f. La femme qui .... (pleurer). (*Jacques Doillon*)

g. Quand tu .... (lire) cette lettre. (*Jean-Pierre Melville*)

h. On n'...................... (enterrer) pas le dimanche. (*Michel Drach*)

B. LE FUTUR ANTÉRIEUR. MORPHOLOGIE ET EMPLOIS

105 Réécrivez les phrases au futur antérieur.

> *Exemple :* Il est mal tombé. → Il **sera** mal **tombé**.

a. Nous avons trop bu. → ....

b. Ils l'ont appris par les journaux. → ....

c. Vous êtes arrivés trop tard. → ....

d. Il a bien vécu. → ....

e. Le bateau a appartenu à un armateur. → ....

f. Il a été franc. → ....

g. Vous vous êtes endormis avant la fin du film. → ....

h. Je suis venu à temps. → ....

106 Conjuguez les verbes au futur antérieur.

> *Exemple :* Nous **serons revenus** (revenir) pour votre mariage.

a. Elle .... (sortir) plus tôt que prévu.

b. Cette voiture .... (servir) pendant dix ans.

c. Nous .... (passer) devant sans y faire attention.

d. Votre enfant .... sans doute .... (se perdre).

e. Tu .... (faire) tout ton possible.

f. Ils .... certainement .... (ne pas voir) le panneau.

g. Il .... (ne pas vivre) longtemps.

h. Nous .... (se tromper) de chemin.

107 Complétez les phrases en employant le futur antérieur.

> *Exemple :* Quand ils arriveront, (partir) **nous serons déjà partis.**

a. D'ici deux ans, (se marier) ....

b. Tu as perdu mais (faire) ....

c. Van Gogh est aujourd'hui célèbre mais (vivre) ....

d. Lorsque tu reviendras de ton travail, (commencer) ....

e. Dépêchons-nous sinon (ne pas finir) ....

f. À 24 ans et en un film, Orson Welles (se faire un nom) ....

g. Il n'est toujours pas là ; (oublier) ....

h. Attends-moi, (revenir) ....

108 **Mettez le verbe entre parenthèses au futur ou au futur antérieur.**

Exemples : Nous ***finirons*** (finir) le travail demain.

Nous ***aurons terminé*** (terminer) d'ici dix minutes.

a. L'année prochaine, nous .... (repeindre) la chambre.

b. Ne vous inquiétez pas : j'........................... (finir) avant ce soir.

c. D'ici un mois, notre plombier .... (refaire) les tuyauteries.

d. L'autoroute est encombrée. Nous n'........................... (arriver) pas avant minuit.

e. Les travaux .... (commencer) demain.

f. Quand vous .... (lire) l'article, vous me .... (dire) ce que vous en pensez.

g. J'espère qu'on .... (se revoir) bientôt.

h. Pas de chance ! Tu .... (faire) tout ce travail pour rien.

109 **Complétez les phrases suivantes au futur ou au futur antérieur.**

Exemple : Les cigognes ***seront parties*** (partir) lorsque nous ***visiterons*** (visiter) l'Alsace.

a. Il .... (déménager) dans le Sud dès qu'il .... (être) à la retraite.

b. Quand le printemps .... (revenir), les bourgeons .... (apparaître).

c. Vous .... (passer) me voir lorsque vous .... (finir).

d. Il ne me .... (croire) pas lorsque je lui .... (dire) la vérité.

e. À peine il .... (arriver) qu'il .... (aller) se baigner.

f. Lorsque tu .... (revenir), tu verras, beaucoup de choses .... (changer).

g. Nous .... (retenir) que Pascal .... (vivre) infirme toute sa vie.

h. Je pense qu'il .... (se marier) lorsque je le .... (revoir).

110 **Faites des phrases d'après le modèle en respectant l'ordre des événements.**

Exemple : comprendre (2) – expliquer (1)

→ ***Tu comprendras lorsque je t'aurai tout expliqué.***

a. condamner (2) – trouver la preuve (1) → ....

b. dépenser (2) – économiser (1) → ....

c. partir (2) – terminer (1) → ....

d. oublier (2) – aller (1) → ....

e. raconter (2) – rentrer (1) → ....

f. se présenter (2) – écrire (1) → ....

g. acheter (2) – finir (1) → ....

h. coucher (2) – finir de manger (1) → ....

C. LE PASSÉ COMPOSÉ ET L'IMPARFAIT

111 | Écrivez les verbes suivants au passé composé.

Exemple : Il arrive. → Il **est arrivé**.

a. Ils crient. → ....
b. Je reçois. → ....
c. Il meurt. → ....
d. Nous revenons. → ....
e. Vous prenez. → ....
f. Tu restes. → ....
g. Ils peignent. → ....
h. Il naît. → ....

112 | Écrivez les participes passés des verbes suivants.

Exemple : souffrir → **souffert**

a. craindre → ....
b. devoir → ....
c. se taire → ....
d. vivre → ....
e. résoudre → ....
f. rendre → ....
g. offrir → ....
h. s'asseoir → ....

113 | Complétez les phrases avec les auxiliaires *être* ou *avoir*.

Exemples : Il **a** descendu les valises.

Il **est** descendu chercher du pain.

a. L'employé .... sorti les poubelles.

b. Il .... sorti de chez lui vers 8 heures.

c. Il .... passé son bac en 1990.

d. Je .... passé devant chez vous.

e. Je .... monté par l'ascenseur.

f. Il .... monté une caisse de vin.

g. Ils .... rentrés très tard.

h. J'........ rentré les chaises à cause de la pluie.

114 | Dans les phrases suivantes, mettez les verbes entre parenthèses au passé composé.

Exemple : Ils **ont pu** (pouvoir) prévenir leurs amis.

a. Ils .... (devoir) admettre la vérité.

b. Nous .... (recevoir) votre carte postale.

c. Le jour de la grève, je .... (rester) à la maison.

d. Le président .... (dissoudre) l'assemblée.

e. Il .... (souffrir) de son licenciement.

f. Tu .... (connaître) personnellement Yves Montand ?

g. Vous .... (recueillir) un chat abandonné ?

h. Son adversaire .... (partir) furieux.

115 | Faites l'accord, si nécessaire, des participes passés dans les phrases suivantes.

Exemples : J'ai souvent revu... mes amis d'enfance.

Ses enfants, nous les avons vu**s** la semaine dernière.

a. J'avoue que c'est une chose que je n'ai pas remarqué....

b. L'architecte que nous avons choisi... est un ami d'Alain.

46

c. Mozart a composé... sa première œuvre à 5 ans.

d. Cette maison, Julien l'a construit... de ses mains.

e. Le marquis de Sade a écrit... la plupart de ses livres en prison.

f. La lettre qu'il a reçu... l'a empêché... de dormir.

g. La bombe que les policiers ont trouvé... n'a heureusement pas explosé....

h. Peu de gens savent que Léonard de Vinci a vécu... longtemps en France.

116 **Réécrivez cette lettre au passé composé.**

Nous passons des vacances formidables en Turquie : nous visitons des sites archéologiques, comme Éphèse, nous découvrons des paysages étonnants, tels ceux de la Cappadoce, nous nous baignons dans une mer magnifique, enfin nous rencontrons des gens très accueillants qui nous invitent chez eux. Les enfants s'amusent beaucoup et s'intéressent aux vestiges grecs. Ils souhaitent retourner dans ce pays l'année prochaine.

→ Nous **avons passé** des vacances formidables en Turquie : ....

....

....

....

....

117 **Complétez la terminaison des participes passés si c'est nécessaire.**

Exemple : La pluie est tomb**ée** toute la journée ; elle n'a cessé... que dans la soirée.

a. Ils ont couru... l'un vers l'autre, puis se sont embrassé....

b. La robe que tu as vu... hier, c'est celle que je lui ai offert....

c. Il l'a giflé..., elle s'est jeté... sur lui.

d. Ses chiens ont aboyé... toute la nuit.

e. Les sauveteurs ont retrouvé... les corps sous un mètre de neige.

f. C'est la plus grosse erreur que tu aies commis....

g. Nous avons terminé... hier à minuit, puis nous sommes sorti... prendre un verre.

h. La femme dont tu m'as parlé..., je l'ai rencontré... dans le métro.

118 **Transportez-vous au début du siècle dernier et réécrivez ce texte à l'imparfait.**

La soirée est douce et printanière. Madame De Clerck porte une robe légère quoique stricte ; un collier de perles tombe sur une poitrine discrète, à l'image de son élégante minceur que rehausse son visage, la bouche surtout, petite, sévère, tout comme la ligne sombre des sourcils que l'épilation régulière rend semblable à un masque de théâtre japonais. Souvent je la surprends à saisir la mèche de cheveux qui lui caresse la joue ; puis elle l'ajuste sur son chignon d'un geste habile de ses doigts.

→ La soirée **était** douce et printanière. ....

....

....

....

....

....

119 Complétez les phrases suivantes à l'imparfait.

> *Exemple :* Je **voulais** (vouloir) savoir s'il vous **restait** (rester) des places pour ce week-end ?

a. Lorsque j'............... (être) petit, j'............... (avoir) peur du noir.

b. Sans ton aide, il n'y .... (arriver) pas.

c. Ah, si seulement je .... (gagner) au loto !

d. À 13 ans, il .... (mesurer) déjà 1,75 mètre.

e. Quand mes parents .... (partir), nous .... (rester) seuls, mon frère et moi.

f. Ma mère .... (avoir) pour habitude de se promener tôt le matin.

g. Et si on .... (aller) en Normandie ce week-end ?

h. À cette époque, nous .... (faire) tout le temps la fête.

120 Transformez le compte rendu du journaliste à l'imparfait.

En raison de la grève, il y a beaucoup de monde sur les quais du métro : les gens sont mécontents ; certains disent que cette grève qui paralyse l'économie n'est pas normale. Dehors, même discours : les automobilistes se plaignent des embouteillages, tandis qu'à la Bastille des milliers de grévistes se préparent à manifester. Tous les syndicats sont là. De nombreux Parisiens soutiennent les manifestants malgré les problèmes que ces derniers occasionnent dans la capitale.

→ En raison de la grève, il y **avait** beaucoup de monde sur les quais du métro : ....

....

....

....

....

....

121 Complétez librement les phrases suivantes en utilisant *comme si* ou *si* suivi de l'imparfait.

> *Exemples :* Il fait très beau ce matin. **Et si on allait au parc ?**
>
> Il continue à jouer, **comme s'il n'entendait pas les coups de sifflet.**

a. J'ai envie de sortir ce soir. ....

b. Il agit ....

c. Il parle bas ....

d. Le pauvre petit est très malade. ....

e. Patrick dévore son plat de pâtes ....

f. Il fait vraiment très chaud. ....

g. Malgré cette remarque, il poursuit son cours ....

h. Il marche toujours sans regarder personne, ...

D. LE PLUS-QUE-PARFAIT. MORPHOLOGIE ET EMPLOIS

122 Écrivez les verbes au plus-que-parfait.

> *Exemple :* Elle est tombée. → Elle *était tombée*.

a. Vous êtes venus. → ....
b. Il a souffert. → ....
c. Ils sont nés. → ....
d. Nous sommes arrivés. → ....
e. Tu as fini. → ....
f. Nous sommes descendus. → ....
g. J'ai su. → ....
h. Elles ont compris. → ....

123 Écrivez les verbes entre parenthèses au plus-que-parfait.

> *Exemple :* Tout le monde croyait qu'il *était mort* (mourir).

a. J'ignorais qu'Antoine .... (quitté) la France.
b. Il me disait hier qu'il .... (se marier) à 18 ans.
c. Tu savais que les Dupin .... (perdre) leur fils ?
d. J'............................. (oublier) que nous étions le 1er avril.
e. Dès que vous .... (tourner) le dos, il vous suivait des yeux.
f. Ah ! si seulement tu m'............................. (obéir).
g. Je pensais qu'ils .... (partir) d'eux-mêmes.
h. Je leur disais que vous .... (descendre) vers 23 heures.

124 Complétez les phrases suivantes en utilisant le plus-que-parfait.

> *Exemple :* En la voyant revenir, j'ai compris qu'elle (rater l'avion) *avait raté l'avion*.

a. Nous avons revu ce film qui (me plaire) ....
b. Il m'a confié que Justine (quitter) ....
c. Lorsque nous sommes arrivés, (partir) ....
d. Je t'ai déjà dit que (contacter) ....
e. Vous êtes venus plus tôt que (prévoir) ....
f. Tu m'as juré que (ne pas aller) ....
g. Ils pensaient qu' (avoir tort) ....
h. Elles ont voulu savoir si (acheter les jouets) ....

E. EMPLOI DE L'IMPARFAIT, DU PASSÉ COMPOSÉ ET DU PLUS-QUE-PARFAIT

125 Réécrivez ces phrases au passé (imparfait/passé composé).

> *Exemple :* Cette fête m'ennuie : je rentre chez moi.
>
> → Cette fête m'*ennuyait* : je *suis rentré* chez moi.

a. Nous roulons tranquillement quand, brusquement, un cerf surgit devant nos phares.

→ ....

b. Il pleut. Au lieu de nous promener, nous allons au cinéma.

→ ....

c. Chaque fois que mon père parle, tout le monde se tait.

→ ....

d. Elle sait ce qui se passe entre nous depuis longtemps.

→ ....

e. Marie Curie reçoit le prix Nobel à deux reprises. La première fois, elle le partage avec son mari.

→ ....

f. Son fils n'est pas bien ; elle appelle le médecin.

→ ....

g. Je prends mon parapluie parce que le ciel est orageux.

→ ....

h. Elle est si belle que je ne peux pas m'empêcher de le lui dire.

→ ....

126 **Complétez les verbes proposés à l'imparfait ou au passé composé.**

Exemple : Depuis quelques jours, il ne ***se sentait*** (se sentir) pas bien.

Hier, il ***a été*** (être) victime d'une crise cardiaque.

a. Il y .... (avoir) longtemps que nous ne nous étions pas vus !

b. Mon fils .... (avoir) 2 ans le 6 mars dernier.

c. Cette choucroute est délicieuse. Je .... (ne jamais en manger) d'aussi bonne.

d. Hier, il .... (se rendre) à la crèche pour y laisser son enfant.

e. On .... (ne pas vouloir) le prendre parce qu'il .... (être) malade.

f. Il .... (travailler) dans cette entreprise depuis trente ans ; mais le mois dernier son patron l'........................... (licencier) pour raison économique.

g. La mer, il ne l'avait jamais vue. Lorsqu'il .... (se trouver) devant elle, il .... (pleurer) de bonheur.

h. Hier matin, un enfant .... (tomber) du quatrième étage. Il .... (ne pas être blessé).

127 **Mettez les verbes de ce récit au passé (imparfait, plus-que-parfait).**

Tout ***avait commencé*** (commencer) le 1er Novembre, jour des Morts. Le vent qui, depuis deux jours, ... (dénuder) les arbres, ... (cesser). Sultan .... (ne pas sortir) de toute la matinée. Il .... (se tenir) là, impassible, son large museau noir collé aux carreaux de la fenêtre. C'...................... (être) un superbe chien loup, à l'œil vif, aux poils soyeux. Trois jours plus tôt, son maître l'...................... (battre) très fort avec une ceinture. Puis il .... (partir) sans lui laisser de quoi manger. À présent, le chien l'...................... (attendre), tapi derrière la fenêtre, comme s'il .... (guetter) une proie.

Imaginez une suite à ce récit.

128 Complétez à l'imparfait ou au plus-que-parfait les verbes précédés des expressions *ça faisait ... que* **ou** *il y avait ... que*.

> **Exemple :** Il a enfin trouvé la maison de ses rêves. Ça faisait dix ans qu'il la **cherchait**.

a. Elle pleurait en lisant cette lettre parce que ça faisait un an qu'elle l'......................
(attendre).

b. La rivière a débordé. Il y avait longtemps qu'on .... (ne pas voir) cela.

c. Elle l'a giflé devant tout le monde. Ça faisait longtemps qu'elle .... (attendre)
ce moment.

d. Il y avait une éternité qu'ils .... (ne pas se revoir).

e. Ça faisait des mois qu'ils .... (être en désaccord).

f. Il y avait peu de temps que la forêt .... (flamber).

g. Lorsque je suis rentré, il y avait longtemps que Natacha .... (s'endormir).

h. Ça faisait longtemps que vous .... (patienter) ?

129 Écrivez les verbes indiqués au passé (imparfait, passé composé ou plus-que-parfait).

> **Exemple :** La pyramide de Khéops, haute de 137 mètres, **mesurait** (mesurer) à l'origine 11 mètres de plus.

a. D'une hauteur de 32 mètres, le colosse de Rhodes .... (représenter) Hélios,
dieu du Soleil.

b. En 1995, les archéologues .... (retrouver) des morceaux du phare d'Alexan-
drie qu'un tremblement de terre .... (détruire) en 1302.

c. Les jardins suspendus de Babylone .... (se trouver) en Irak.

d. Parmi les Sept Merveilles du monde, seules les pyramides d'Égypte ....
(survivre) au temps.

e. En 356 avant J.-C., Érostrate .... (détruire) le temple de Diane, à Éphèse,
dont la construction .... (durer) cent vingt ans.

f. L'or et l'ivoire .... (composer) la statue de Zeus.

g. La reine de Carie .... (élever) le mausolée d'Halicarnasse pour son frère et
époux le roi Mausole.

h. La liste des Sept Merveilles du monde .... (être établi) sous la Renaissance.

130 Mettez les verbes de ce récit au passé (imparfait, passé composé ou plus-que-parfait).

Il **avait plu** (pleuvoir) tout l'après-midi, mais vers 6 heures le soleil .... (faire)
son apparition. J'...................... (demander) à Serge s'il .... (vouloir) aller se
promener sur les berges de la Seine. Il .... (trouver) que c'......................
(être) une bonne idée car nous .... (ne pas sortir) une seule fois du week-end.
Nous .... (enfiler) un manteau et nous .... (partir) bras dessus
bras dessous, en amoureux. Hélas ! À peine ....-nous ....
(atteindre) le pont Notre-Dame que la pluie .... (se remettre) à tomber.
Résultat : nous .... (revenir) trempés jusqu'aux os à la maison et nous
.... (passer) le reste de la soirée au coin du feu, à boire du thé.

Bilans

131 Mettez les verbes entre parenthèses au temps qui convient.

Cannes, hier et aujourd'hui :

Le Festival international du film de Cannes (exister) .... **(1)** depuis 1946. On (décider) .... **(2)** de créer ce festival en 1939 mais la Seconde Guerre mondiale en (empêcher) .... **(3)** l'organisation. La première année, on (attribuer) .... **(4)** 11 grands prix. À cette époque-là, la Palme d'or (ne pas exister) .... **(5)** encore. On (remettre) .... **(6)** ce prix seulement en 1955, année de sa création. C'est un film américain, Marty qui l' (recevoir) .... **(7)** pour la première fois.

Alors que dans les années 90, ce festival (prendre) .... **(8)** une grande importance artistique, mais aussi commerciale, en 2000, on (vouloir) .... **(9)** élargir les nationalités représentées : 23 films (être) .... **(10)** en compétition et pour la première fois, on (sélectionner) .... **(11)** des films de la Corée du Sud qui (ne jamais concourir) .... **(12)**. Lors du 53ᵉ Festival du cinéma, le film du danois Lars von Trier, intitulé Dancer in the Dark (remporter) .... **(13)** la Palme d'or. Ce film (être doublement récompensé) .... **(14)** puisque l'héroïne (obtenir) .... **(15)** le prix d'interprétation féminine.

132 Choisissez, parmi les temps suivants de l'indicatif (présent, imparfait, passé composé, plus-que-parfait), celui qui conviendra à chacun des verbes entre parenthèses de ce texte.

Je (ne jamais pénétrer) .... **(1)** dans la maison d'Aurélia. Sans doute parce que je (ne pas oser) .... **(2)**. Sa maison me (faire) .... **(3)** penser aux demeures bourgeoises du xixᵉ siècle, que l'on (pouvoir) .... **(4)** admirer dans de nombreuses villes de Province. Grande, cossue, elle ne (comporter) .... **(5)** pas moins de dix-sept chambres, trois salles de bains, et une cuisine dont la superficie (correspondre) .... **(6)** à celle de mon appartement parisien. Aurélia (hériter) .... **(7)** de cette maison à la mort de son oncle. Lorsque, pour la première fois, je (entrer) .... **(8)**, je me (se dire) .... **(9)** qu'Aurélia (devoir) .... **(10)** se sentir bien seule dans une si grande demeure. Je (se rappeler) .... **(11)** très nettement le bruit de nos pas dans le silence de la maison. Cela ne (sembler) .... **(12)** pas gêner ma jeune amie. Parfois, elle me (regarder) .... **(13)**, amusée par mon angoisse. Ses yeux (être) .... **(14)** profonds et sombres comme une nuit sans étoiles. Comme elle me (montrer) .... **(15)** une tapisserie qui (appartenir) .... **(16)** à un riche banquier, j' (penser) .... **(17)** à la peluche que je (vouloir) .... **(18)** lui offrir. Minuscule, dérisoire cette peluche. Elle les (aimer) .... **(19)** ainsi. Au fond d'elle-même, Aurélia (demeurer) .... **(20)** une petite fille simple et pleine de modestie.

V. L'INFINITIF

Bien faire et laisser dire.

A. L'INFINITIF PRÉSENT

133 Écrivez l'infinitif de ces verbes.

    Exemple : il a pris → **prendre**

a. tu voulais → ....

b. ils peuvent → ....

c. je sais → ....

d. nous ferons → ....

e. on ira → ....

f. tu viendras → ....

g. elles ont mis → ....

h. vous dites → ....

134 *« Aimer, c'est savoir donner. »* **À votre tour, inventez des proverbes sur ce modèle.**

    Exemple : Voyager, c'est **rencontrer les autres.**

a. Rire, c'est ....

b. Téléphoner, c'est ....

c. Offrir, c'est ....

d. Partir, c'est ....

e. Rêver, c'est ....

f. S'amuser, c'est ....

g. Se marier, c'est ....

h. Discuter, c'est ....

135 Voici des verbes au présent ; trouvez leur infinitif.

    Exemple : tu entretiens → **entretenir**

a. nous buvons → ....

b. vous cousez → ....

c. tu peins → ....

d. je sers → ....

e. tu aperçois → ....

f. elles craignent → ....

g. on dissout → ....

h. je traduis → ....

136 Créez des devises sur le modèle donné.

    Exemple : J'agis et je ne subis pas. → **Mieux vaut agir que subir.**

a. Ils réfléchissent et ils ne s'endorment pas. → ....

b. Nous gagnons et nous ne perdons pas. → ....

c. Vous comprenez et vous ne restez pas idiot. → ....

d. Tu sais et tu ne devines pas. → ....

e. Elle rit et elle ne pleure pas. → ....

f. On guérit et on ne souffre pas. → ....

g. Tu écoutes et tu n'inventes pas. → ....

h. J'étudie et je ne reste pas ignorant. → ....

137 Faites des phrases sur le modèle donné.

> *Exemple :* Il dort tout le temps. → *Il ne fait que dormir*.

a. Nous courons tout le temps. → ....

b. Vous m'interrompez tout le temps. → ....

c. Elle peint tout le temps. → ....

d. Tu mens tout le temps. → ....

e. Il boit tout le temps. → ....

f. On étudie tout le temps. → ....

g. Je conduis tout le temps. → ....

h. Vous me surprenez tout le temps. → ....

138 Associez les éléments pour en faire des phrases (plusieurs possibilités).

a. Elle regarde
b. Je finis
c. Tu entends
d. Il écoute
e. Tu attends
f. On apprend
g. Nous ne voyons pas
h. On commence

1. souffler le vent.
2. à se connaître.
3. d'avoir les résultats.
4. tomber la pluie.
5. à faire du ski.
6. le temps passer.
7. de repasser ce linge.
8. aboyer le chien.

139 Complétez les verbes suivants par : *é, er* ou *ez*.

> *Exemple :* Ven**ez** vous repos**er** sur la pelouse avec nous.

a. Avant de parl..., réfléchiss... bien !

b. Vous vous êtes tromp..., il fallait tourn... à gauche au carrefour.

c. Après avoir discut... une bonne heure, il a accept... de retir... sa plainte.

d. Pren... donc un verre pour trinqu... avec nous !

e. Elle a ajout... qu'elle venait de retrouv... sa meilleure amie.

f. Not... bien ce numéro afin de ne pas l'oubli....

g. Vous souhait... vous rencontr... pour discut... ?

h. Trois ans après s'être mari..., il a divorc....

140 Faites des phrases à partir des éléments donnés.

> *Exemple :* Ils prennent une fille au pair. (envisager de)
> → *Ils envisagent de prendre une fille au pair*.

a. Nous déménageons bientôt. (songer à) → ....

b. Tu réussiras ce concours. (croire) → ....

c. Elle vient nous voir demain. (penser) → ....

d. Plus tard, je vivrai à la campagne. (vouloir) → ....

e. Vous prenez un bain ? (souhaiter) → ....

f. Il conduit une moto ? (avoir envie de) → ....

g. On reviendra le mois prochain à Bordeaux. (espérer) → ....

h. Vous aurez un enfant dans deux ans ? (projeter de) → ....

141 Répondez aux questions suivantes en utilisant le verbe entre parenthèses.

Exemple : Elles prennent le métro ? (savoir) → Oui, elles **savent prendre** le métro.

a. Tu réponds à ma question ? (pouvoir) → Non, ...

b. Repeignez-vous votre salon ? (devoir) → Oui, ...

c. Michel traduit-il ce poème de Lorca ? (souhaiter) → Oui, ...

d. On met la table ? (être obligé de) → Non, ...

e. Reviendrez-vous le mois prochain ? (refuser de) → Non, ...

f. Marion poursuit-elle ses études ? (espérer) → Oui, ...

g. Tu fais ce travail ? (accepter de) → Oui, ...

h. Ils entreprennent cette formation ? (envisager de) → Non, ...

142 Associez les éléments suivants pour en faire des phrases.

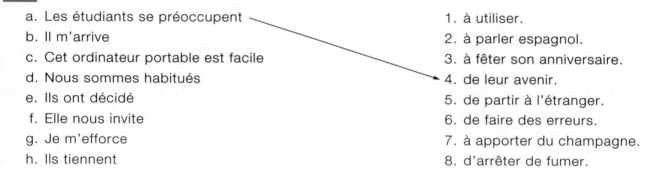

a. Les étudiants se préoccupent   1. à utiliser.

b. Il m'arrive   2. à parler espagnol.

c. Cet ordinateur portable est facile   3. à fêter son anniversaire.

d. Nous sommes habitués   4. de leur avenir.

e. Ils ont décidé   5. de partir à l'étranger.

f. Elle nous invite   6. de faire des erreurs.

g. Je m'efforce   7. à apporter du champagne.

h. Ils tiennent   8. d'arrêter de fumer.

143 Quand c'est possible, complétez ces phrases par un infinitif de votre choix, sinon par un nom.

Exemples : Ma sœur se prépare à **passer le concours de l'Éducation nationale.**

         Nous profitons du **soleil.**

a. Son ami arrive souvent sans ....

b. Je vous recommande de ....

c. Se sent-elle prête à ....

d. Ils vont l'interroger sur ....

e. Êtes-vous heureux de ....

f. Catherine a fini par ....

g. Je te téléphone afin de ....

h. Ils font du vélo pour ....

144 Réécrivez ces consignes en employant l'infinitif.

Exemples : Remplissez ce formulaire. → **Remplir** ce formulaire.

         N'écrivez pas dans la marge. → **Ne pas écrire** dans la marge.

a. Utilisez une case par lettre. → ....

b. N'employez pas d'abréviations. → ....

c. Répondez avec précision. → ....

d. Vérifiez bien votre numéro d'assuré. → ....

e. Ne reportez pas votre numéro de dossier. → ....

f. N'oubliez pas de dater et de signer cette lettre. → ....

g. N'envoyez pas ce document au-delà du 31 décembre. → ....

h. Affranchissez au tarif normal. → ....

145 **Réécrivez cet itinéraire en mettant les verbes entre parenthèses à l'infinitif.**

Exemple : En sortant, ***prendre*** (prenez) à gauche.

a. .... (Vous suivez) la rue jusqu'au deuxième feu rouge.

b. .... (Vous dépassez) l'église et .... (vous tournerez) à la première rue à droite.

c. .... (Vous continuez) jusqu'à un supermarché.

d. La rue monte un peu ; .... (vous prenez) la côte sur environ 100 mètres.

e. À ce moment-là, ... (vous cherchez) l'entrée de la résidence Saint-Gilles.

f. Si vous ne trouvez pas, ... (vous revenez) sur vos pas.

g. Il y a une cabine téléphonique à 30 mètres. .... (Faites) notre numéro.

h. .... (Vous attendez) quelques secondes, nous viendrons vous chercher.

146 **Comment faire une quiche lorraine ? Rien de plus simple. Voici la recette : remplacez les impératifs par des infinitifs.**

Exemple : Préparez une pâte brisée. → ***Préparer*** une pâte brisée.

a. Battez trois œufs. → ....

b. Mettez des petits morceaux de lard fumé dans une poêle. → ....
....

c. Chauffez et faites dorer. → ....

d. Pendant ce temps, coupez la tranche de jambon en dés. → ....
....

e. Étendez votre pâte dans un moule puis disposez les lardons et le jambon. → ....

f. Versez du lait sur les œufs battus, salez et poivrez. → ....
....

g. Recouvrez le jambon avec ce mélange et faites cuire à four chaud pendant une heure.
→ ....

h. Servez bien chaud avec une salade verte, c'est délicieux ! → ....
....

B. L'INFINITIF PASSÉ

147 Écrivez ces verbes à l'infinitif passé.

> *Exemples :* partir → ***être parti***   dormir → ***avoir dormi***

a. venir → ....   b. savoir → ....

c. sortir → ....   d. entendre → ....

e. comprendre → ....   f. lire → ....

g. aller → ....   h. devenir → ....

148 Complétez les phrases suivantes par le verbe entre parenthèses à l'infinitif passé.

> *Exemple :*   Jean est monté dans le train sans **avoir composté** (composter) son billet.

a. Marie était inquiète ; elle était certaine d'................................ (perdre) son portefeuille.

b. Excusez-moi, je pense .... (me tromper) de numéro.

c. Vous affirmez ne pas .... (aller) au cinéma lundi soir ?

d. Il semble ne pas .... (comprendre) sa leçon.

e. Sa sœur pense ne pas .... (rencontrer) cet homme.

f. Je me souviens d'............................... (visiter) ce château il y a plusieurs années.

g. J'ai cru .... (dire) une bêtise.

h. Son ami a payé 305 euros d'amende pour .... (casser) une vitrine.

149 Transformez ces phrases sur le modèle suivant.

> *Exemple :*   Il est parti mais il n'avait pas prévenu.
>   → Il est parti **sans avoir prévenu**.

a. Elle est sortie mais elle n'avait pas mis son manteau.

→ ....

b. On s'est couché mais on n'avait pas dîné.

→ ....

c. Patrice a fait son exercice mais il n'avait pas appris sa leçon.

→ ....

d. Nous avons visité le Louvre mais nous n'avions pas entendu parler de *La Joconde*.

→ ....

e. Il a pris la voiture mais il n'avait pas emporté ses papiers.

→ ....

f. Ils sont venus à Madrid mais ils ne nous avaient pas téléphoné.

→ ....

g. Vous avez parcouru les États-Unis mais vous ne vous étiez pas documentés.

→ ....

h. Elle a descendu la piste de slalom mais elle ne s'était pas entraînée.

→ ....

150 Faites des phrases à partir des éléments donnés.

Exemple : Élise croise un homme. (prétendre) → *Élise prétend avoir croisé un homme.*

a. Elle a peur. (dire) → ....

b. Elle trouve sa porte grande ouverte. (assurer) → ....

c. Elle rentre chez elle très vite. (affirmer) → ....

d. Elle la ferme en partant. (croire) → ....

e. Elle prend peur. (reconnaître) → ....

f. Elle égare ses clés. (être persuadé) → ....

g. Elle se précipite chez sa voisine. (avouer) → ....

h. Elle appelle immédiatement la police. (être convaincu) → ....

151 Remettez les phrases dans l'ordre.

Exemple : cet/nie/il/cambriolé/appartement/avoir → *Il nie avoir cambriolé cet appartement.*

a. avoir/avoue/Élise/aimé/il → ....

b. affirme/l'/Élise/ne/connu/avoir/pas → ....

c. dit/lui/écrit/il/avoir/lettres/des → ....

d. jamais/elle/ne/avoir/les/prétend/reçues → ....

e. guetté/reconnaît/son/il/avoir/départ → ....

f. croit/rien/Élise/ne/avoir/matin/remarqué/ce → ....

g. il/avoir/ses/retrouvé/lettres/pense → ....

h. la/estime/arrêté/un/police/dangereux/avoir/homme → ....

152 Faites deux phrases à partir des éléments donnés ; utilisez *avant de* et *après*.

Exemple : fermez la porte (2) – éteignez la lumière (1)

→ Fermer la porte *après* avoir éteint la lumière.

→ Éteindre la lumière *avant de* fermer la porte.

a. sonnez (1) – entrez (2)

→ ....

→ ....

b. montez l'escalier (2) – essuyez-vous les pieds (1)

→ ....

→ ....

c. introduisez votre ticket (1) – payez (2)

→ ....

→ ....

d. présentez-vous au guichet (2) – préparez votre monnaie (1)

→ ....

→ ....

e. prenez un ticket (1) – mettez-vous dans la file d'attente (2)

→ ....

→ ....

f. quittez le parking (2) – vérifiez votre monnaie (1)

→ ....

→ ....

g. compostez votre billet (1) – accédez au quai (2)

→ ....

→ ....

h. introduisez votre carte (1) – composez votre numéro d'appel (2)

→ ....

→ ....

C. LES PROPOSITIONS INFINITIVES

153 **Réécrivez ces phrases en employant des propositions infinitives.**

Exemple : Céline affirme qu'elle ne sera pas libre lundi matin.

→ Céline affirme **ne pas être libre lundi matin**.

a. Philippe pense qu'il achètera la nouvelle Peugeot.

→ ....

b. Je ne crois pas que je réussirai cet examen.

→ ....

c. Nous espérons que nous visiterons l'exposition photographique de Robert Doisneau.

→ ....

d. Mme Leroux dit qu'elle n'est pas très satisfaite des résultats de sa fille.

→ ....

e. J'avoue que je n'aime pas beaucoup le dernier disque d'Alain Souchon.

→ ....

f. À la retraite, ses parents s'imaginent qu'ils vivront dans les Alpes-Maritimes.

→ ....

g. Nicolas assure qu'il ne connaît pas Nathalie.

→ ....

h. Je pense que je n'irai pas voir le dernier film de Coline Serreau.

→ ....

154 **Transformez les phrases suivantes chaque fois que c'est possible.**

Exemples : Elle pense qu'elle ira faire une promenade en forêt.

→ Elle pense **aller faire** une promenade en forêt.

Mireille espère qu'il fera beau dimanche. → **impossible**

a. Nous regrettons que vous ne puissiez pas aller à la Comédie-Française.

→ ....

b. Vous croyez que vous devrez nous rejoindre à Nancy ?

→ ....

c. Elle espère qu'elle pourra aller à Deauville pour la Pentecôte.

→ ....

d. Je voudrais qu'on aille au bord de la mer !

→ ....

e. Nous souhaitons qu'il réussisse son concours.

→ ....

f. Elle avoue qu'elle a égaré son bracelet en or.

→ ....

g. Pierre dit qu'il en a assez de la vie à Paris.

→ ....

h. Elle préférerait que tu t'installes près de chez elle.

→ ....

155 **Réunissez les phrases suivantes selon le modèle.**

Exemple : Le Premier ministre va réduire les impôts. Il le souhaite.

→ ***Le Premier ministre souhaite réduire les impôts.***

a. Certains salariés travaillent 40 ans pour bénéficier de l'assurance retraite. Ils ne l'acceptent pas.

→ Certains salariés n'acceptent pas de ....

b. Tous les Français rembourseront la dette sociale. Il y sont obligés.

→ Tous les Français sont obligés de ....

c. Le nouveau gouvernement fera des économies. Il n'a pas d'autres possibilités.

→ Le nouveau gouvernement n'a pas d'autres possibilités que de ....

d. Les syndicats sont solidaires. Ils le disent.

→ Les syndicats disent ....

e. Les retraités vivent bien de nos jours. Ils le reconnaissent.

→ Les retraités reconnaissent ....

f. Le Parlement vote des lois plus justes. Il s'y efforce.

→ Le Parlement s'efforce de ....

g. Les pays européens harmonisent les réglementations économiques. Ils s'en soucient.

→ Les pays européens se soucient d' ....

h. L'Union européenne accueillera bientôt d'autres pays. Elle l'espère.

→ L'Union européenne espère ....

156 **Remplacez les propositions relatives avec *qui* par des propositions infinitives.**

Exemple : Antoine regardait la pluie qui tombait. → Antoine regardait *la pluie tomber*.

a. Toute la nuit, on a entendu un bébé qui pleurait.

→ ....

b. Ma grand-mère a senti le sol qui tremblait.

→ ....

c. Cet été, nous avons écouté les cigales qui chantaient.

→ ....

d. Mon fils en est certain ; il a vu un homme qui s'enfuyait.

→ ....

e. Denis est en train d'observer un oiseau qui fait son nid.

→ ....

f. Tu sens ton corps qui se détend ?

→ ....

g. Philippe a aperçu un lièvre qui courait dans le pré.

→ ....

h. Tu n'entends pas les avions qui décollent ?

→ ....

157 **Réunissez ces deux phrases en employant une proposition infinitive.**

Exemples : Tu as rencontré une femme extraordinaire ; tu en es tout ému.

→ ***Tu es tout ému d'avoir rencontré une femme extraordinaire.***

Alice a oublié de fermer sa porte ; elle l'a reconnu.

→ ***Alice a reconnu avoir oublié de fermer sa porte.***

a. Je n'ai pas emprunté ta voiture ; je te le promets.

→ ....

b. M. Dupuy a pris des médicaments pour dormir ; il le dit.

→ ....

c. Ils se sont rencontrés au printemps ; ils n'en sont pas certains.

→ ....

d. J'ai perdu mon collier de perles ; j'en suis sûre.

→ ....

e. Alain n'a pas volé ce vélo ; il l'affirme.

→ ....

f. J'ai cassé ton vase en cristal ; je n'en suis pas fier.

→ ....

g. Jean-Louis n'a obtenu aucun rendez-vous ; il en est très déçu.

→ ....

h. Marie a perdu son grand-père le mois dernier ; elle en est très peinée.

→ ....

Bilans

158 **Complétez ce dialogue par un pronom neutre ou par les verbes de cette liste que vous mettrez à l'infinitif présent ou passé :** *ne pas travailler, avoir, résoudre, se faire, réviser, être, passer, ne pas réussir, crier, suivre.*

Interview à la sortie d'un lycée au mois d'avril :

– *Êtes-vous content d'........................ (1) votre classe de terminale dans ce lycée ?*

– *Oui, j'aime ce lycée mais surtout pour m'y .... (2) des amis.*

– *Et vos professeurs, comment les trouvez-vous ?*

– *Je les trouve sévères ; toute la journée, on les entend .... (3) parce qu'ils trouvent qu'on ne travaille pas assez, ils nous menacent depuis la rentrée de .... (4) le bac pour .... (5) assez régulièrement. Travailler, travailler, ils nous .... (6) répètent toute la journée !*

– Et vous, pensez-vous qu'ils ont raison ?

– Oui et non. Le bac, j'espère bien l'........................ *(7)* mais c'est vrai, je ne pense pas .... toujours .... *(8)* très sérieux scolairement.

– Et aujourd'hui, vos professeurs vous aident-ils à .... *(9)* ?

– Ah oui, ça, ils nous .... *(10)* aident. Ils nous font .... *(11)* des épreuves d'oral en anglais, ils nous obligent à .... *(12)* des problèmes hyper-difficiles en maths...

– Et vous .... *(13)* acceptez ?

– Vous savez, on n'a pas tellement le choix ! Passer le bac, c'est dans un mois et demi et on .... *(14)* est tous obligés ! Aujourd'hui, si on veut faire quelque chose dans la vie, si on veut continuer des études, avoir le bac, on ne peut pas s'........................ *(15)* passer !

– Merci et bonne chance !

159 Complétez le dialogue suivant par l'infinitif présent ou passé des verbes entre parenthèses.

– Jeanne, pensez-vous (être) .... *(1)* heureuse durant votre vie ?

– Je pense l' (être) .... *(2)* dans ma jeunesse et je pense l' (être) .... *(3)* encore aujourd'hui.

– Pouvez-vous nous tracer les grandes lignes de votre longue vie puisque vous venez de (fêter) .... *(4)* vos 100 ans ?

– Après (aller) .... *(5)* à l'école jusqu'à l'âge de 9 ans, mes parents m'ont envoyée (travailler) .... *(6)* chez une femme du village voisin qui venait de (perdre) .... *(7)* son mari. Je suis restée chez elle jusqu'à mon mariage. Elle était très aimable avec moi et me demandait peu de choses : (s'occuper) .... *(8)* du ménage, l' (aider) .... *(9)* auprès de ses deux enfants. Je crois (passer) .... *(10)* de bonnes années dans sa maison.

– Et votre mariage, pouvez-vous nous en (parler) .... *(11)* ?

– Après (vivre) .... *(12)* huit années chez cette dame, j'ai eu la chance de (rencontrer) .... *(13)* mon mari. C'était un homme exceptionnel qui savait (prendre) .... *(14)* la vie du bon côté. Avant de (se marier) .... *(15)*, nos parents nous ont obligés à (se fiancer) .... *(16)*, comme ça se faisait à l'époque. Ma mère avait demandé à une voisine de me (couper) .... *(17)* une robe dans un voilage que ma patronne m'avait offert. Je vous laisse (imaginer) .... *(18)* comme j'étais fière et heureuse ! Ensuite je me souviens d' (vivre) .... *(19)* les cinq meilleures années de ma vie.

– Ce sera tout pour aujourd'hui. Si vous souhaitez (connaître) .... *(20)* la suite de la vie de Jeanne, écoutez-nous demain à la même heure sur Fréquence Nostalgie, Jeanne, merci et à demain.

Imaginez l'interview du lendemain au cours de laquelle Jeanne raconte sa vie de femme mariée.

VI. LES INDICATEURS TEMPORELS

Il faut battre le fer pendant qu'il est chaud.

A. DÉTERMINANTS ET PRÉPOSITIONS

160 Complétez les phrases suivantes par *le* si nécessaire.

> *Exemples :* La bombe atomique a explosé au-dessus d'Hiroshima *le* 6 août 1945.
>
> ... Jeudi dernier, nous avons fêté l'anniversaire de Céline.

a. ...... lundi de Pentecôte est traditionnellement meurtrier pour les automobilistes.

b. ...... vendredi prochain, nous partons en Bretagne.

c. J'ai rendez-vous ...... mardi chez le docteur.

d. Beaucoup de commerçants ne travaillent pas ...... lundi.

e. ...... dimanche, j'aime faire la grasse matinée.

f. ...... 8 Mai est une date historique.

g. ...... 11 Novembre est un jour férié en France.

h. ...... juin est le mois des mariages.

161 Complétez les phrases suivantes par *l'*, *le*, *la* ou *les* si nécessaire.

> *Exemple :* **Le** matin, elle fait un quart d'heure de gymnastique.

a. Mes amis québécois ont visité le château de Versailles ...... semaine dernière.

b. Notre restaurant sera fermé ...... dimanche 30 avril et lundi 1er Mai.

c. Pour ...... Noël, sa mère a commandé une dinde aux marrons.

d. ...... année prochaine, je vais à Jérusalem.

e. Il est décédé ...... jour de sa retraite.

f. ...... Ascension est une fête religieuse ; c'est toujours un jeudi.

g. ...... lundi 15 je ne travaille pas : je participe à un stage.

h. Durant ...... congés de la Toussaint, j'irai me reposer au bord de la mer.

162 Complétez les titres de ces films par *le*, *la*, *l'* ou *les*.

> *Exemple :* **L'**année dernière à Marienbad. (*Alain Resnais*)

a. ...... été prochain. (*Nadine Trintignant*)

b. ...... heures chaudes de Montparnasse. (*Jean-Marie Drot*)

c. ...... an 01. (*Alain Resnais*)

d. ...... année des méduses. (*Christopher Franck*)

e. Vivre ...... nuit. (*Marcel Camus*)

f. Agadir, minuit moins ...... quart. (*André Cauvin*)

g. ...... été meurtrier. (*Jean Becker*)

h. L'amour ...... après-midi. (*Éric Rohmer*)

163 **Complétez les phrases suivantes par** *au* **ou** *en***.**

Exemples : **Au** Moyen Âge, la peste a fait des milliers de victimes.

En août, les Parisiens quittent leur capitale.

a. ...... mars, je fais du ski.

b. L'esclavage a été aboli ...... milieu du XIXe siècle.

c. Ils partent ...... juin et reviennent ...... août.

d. Les promeneurs ramassent les champignons ...... automne.

e. Louis XVI a été arrêté à Varennes le 21 juin 1791 ...... soir.

f. ...... mois d'octobre, la consommation des ménages a chuté.

g. ...... février a lieu le carnaval de Nice.

h. Les fraises se cueillent ...... printemps.

164 **Complétez avec** *à, au, à la, en* **ou** *à l'***.**

Exemple : **À** dix heures, il y a une émission comique à la radio.

a. Elle a pleuré ...... fin du film.

b. On n'a jamais retrouvé le corps de Saint-Exupéry, disparu ...... 1944 dans la Méditerranée.

c. Les jours de semaine, il se réveille ...... aube.

d. ...... mi-août, les vacanciers se croisent sur les routes.

e. Les guichets des postes ouvrent ...... 8 heures.

f. Son fils est né ...... mars. Il est du signe du Poisson.

g. L'exposition commence ...... septembre pour se terminer ...... mois de janvier.

h. La veille ...... soir, il avait 40° de fièvre.

165 **Complétez en utilisant** *de, de l', de la, du* **ou** *d'***.**

Exemple : Les manifestations **du** 1er Mai ont rassemblé 50 000 personnes.

a. La réunion .... 15 novembre est reportée.

b. Je serai chez moi .... mi-juin à la mi-août.

c. Le 21 décembre est le premier jour .... hiver.

d. Les fins .... mois sont parfois difficiles pour les ménages.

e. Le départ .... 20 janvier a été repoussé au 21.

f. La salle de musculation sera fermée au mois .... août.

g. Elle sera absente toute la journée .... 2 mars.

h. Seras-tu présent .... juin à août ?

166 **Complétez les phrases suivantes avec** *dans* **ou** *après***.**

Exemples : Le dimanche, **après** le sport, Christophe fait ses devoirs.

Dans un mois, il part pour l'Angleterre.

a. Je t'aiderai à faire tes exercices .... le dîner.

b. Il revient .... quelques minutes.

c. Le prix de l'immobilier a chuté .... 1992.

d. Il fait sa sieste .... le déjeuner.

e. .... quelques jours, j'en saurai davantage.

f. L'hiver, les parcs et jardins parisiens sont fermés .... 17 h 30.

g. .... cinq jours, ce sont les vacances !

h. Je prends régulièrement une douche .... le travail.

167 **Faites des phrases en reliant les éléments suivants (parfois plusieurs possibilités).**

Je te rappelle :

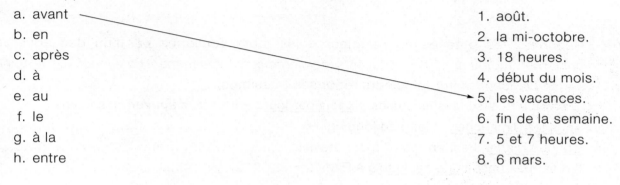

a. avant   1. août.

b. en   2. la mi-octobre.

c. après   3. 18 heures.

d. à   4. début du mois.

e. au   5. les vacances.

f. le   6. fin de la semaine.

g. à la   7. 5 et 7 heures.

h. entre   8. 6 mars.

B. LES ADVERBES TEMPORELS

168 **Répondez par le contraire en utilisant :** *rarement, tôt, occasionnellement, jamais, de temps en temps, brièvement, ne... plus, parfois* **(plusieurs réponses possibles).**

   Exemple :   Vous rentrez tard de votre travail ? → Non, je rentre **tôt**.

a. Vous sortez souvent le soir en semaine ?

→ Non, ...

b. Vous parlez toujours aussi longuement à vos voisins ?

→ Non, ...

c. Vous voyez souvent votre neveu ?

→ Non, ...

d. Assistez-vous encore aux courses de chevaux ?

→ Non, ...

e. Vous allez chaque semaine au théâtre ?

→ Non, ...

f. Vous vous promenez régulièrement au parc Monceau ?

→ Non, ...

g. Vous dînez tous les soirs au restaurant ?

→ Non, ...

h. Vous vous couchez tard le dimanche soir ?

→ Non, ...

169 Complétez les phrases avec *toujours, déjà, tout le temps* **ou** *quelquefois.*

Exemple : Je lui fais confiance, il est ***toujours*** à l'heure.

a. J'ai .... vu cet homme. Mais où ?

b. Tu revois Martine ? Elle vit .... avec Éric ?

c. Il lit .... les journaux, mais plus souvent les magazines.

d. Avec elle, on ne peut jamais placer un mot ; elle parle ....

e. Jean-François n'a pas changé d'adresse : il habite .... boulevard de la Chapelle.

f. .... il rentre tard, mais en général jamais au-delà de 22 heures.

g. Je suis désolé mais le nouveau calendrier, je l'ai ....

h. Le problème, en Irlande, c'est qu'il pleut .... !

170 Réécrivez les phrases en remplaçant les mots soulignés par l'un des adverbes suivants : *toujours, jamais, souvent, régulièrement, fréquemment, quelquefois, de temps en temps, longuement* **(plusieurs réponses possibles).**

Exemple : Il se lave les mains <u>dix fois par jour</u>. → Il se lave ***souvent*** les mains.

a. <u>Tous les dimanches</u>, il fait son jogging. → ....

b. <u>Chaque matin</u>, il est en retard à son travail. → ....

c. Il n'est pas passé <u>une seule fois</u> à Paris ! → ....

d. Il parle <u>des heures</u> au téléphone ! → ....

e. <u>À l'occasion</u>, il va au café. → ....

f. Il part en voyage <u>quatre fois par an</u>. → ....

g. Il écoute les informations <u>matin, midi et soir</u>. → ....

h. <u>Le vendredi matin</u>, il fait son marché. → ....

171 Complétez les phrases suivantes avec *à l'instant, tout à l'heure, tout à coup* **ou** *tout de suite.*

Exemple : Je vois Valérie ***tout à l'heure***, je ne sais pas comment lui annoncer la nouvelle.

a. Je finis avec mon client et je suis à vous ....

b. Je viens d'avoir Claire au téléphone .... Elle nous donne rendez-vous à 8 heures.

c. Il dormait paisiblement quand .... la sonnerie du téléphone l'a réveillé.

d. Elle a une réunion .... D'ici là, elle a le temps de relire son rapport.

e. Attendez-moi sur ce banc, je reviens .... !

f. Je suis désolée. M. Marin vient de sortir ....

g. L'inconnu semblait calme ; ...., il s'est mis à crier comme un fou.

h. Repassez donc .... ; avec un peu de chance, elle sera là.

C. LES CONSTRUCTIONS VERBALES

 172 Indiquez le passé récent en complétant les phrases suivantes avec *venir de.*

Exemple : Il ne peut pas avoir déjà fini : il **vient de** commencer !

a. Nous ne pourrons pas aller au concert avec vous ; ma femme .... accoucher.

b. Vous dites que vous n'êtes pas au courant parce que vous .... arriver.

c. Ils ne sont pas contents car ils .... rater leur train.

d. Je suis désolé : elle .... juste .... partir.

e. Je .... lire *Le Massacre des innocents.* C'est vraiment bien !

f. *La Belle de Fontenay* est un livre policier qui .... être adapté à la télévision.

g. Nous .... voir l'exposition sur les trésors de Naples.

h. Tu .... dire que tu n'étais pas d'accord. Mais à propos de quoi ?

173 Complétez les phrases au futur proche en utilisant *aller, être sur le point de* **ou** *ne pas tarder à* **(parfois plusieurs possibilités).**

Exemples : Si tu ne te lèves pas, tu **vas** être en retard !

Son grand-père **est sur le point de** mourir.

Excusez-moi, mais je **ne vais pas tarder à** partir.

a. Son entreprise va mal ; le directeur .... déposer le bilan.

b. Vous pouvez patienter dans le salon, Mme Robin ne .... rentrer.

c. Dépêche-toi, tu .... être en retard !

d. Tu ne crois tout de même pas que je .... vérifier tous les dossiers !

e. Moi, je suis fatigué : je .... aller me coucher !

f. Ces deux chimistes .... faire une découverte capitale.

g. Je crois que je dérange ; vous .... partir, n'est-ce pas ?

h. Cette équipe .... gagner, cela ne fait plus de doute.

174 Passé récent ou futur proche ? Complétez les phrases suivantes en utilisant *aller* ou *venir de* **conjugués à la forme correcte.**

Exemple : Tu me dis que tu **viens** d'arriver et que tu **vas** déjà repartir !

a. Attends deux secondes ! Je .... vérifier que je n'ai rien oublié.

b. Michel ? Nous .... le voir. Il ne m'a pas paru en forme.

c. Ils .... rentrer de La Baule, cela doit faire deux jours.

d. Vous .... vous excuser auprès de votre professeur immédiatement !

e. Tu .... avoir deux mois de vacances et tu es fatigué ?

f. Je .... vous quitter, j'ai un autre rendez-vous.

g. Nous .... conclure un accord avec cette société. Elle a semblé satisfaite.

h. Monique et Cyril .... bientôt se marier.

D. INDIQUER UNE ÉVOLUTION OU DES LIMITES DANS LE TEMPS

175 Complétez ces indications fournies par les commerçants et les établissements à leur clientèle ou à leurs employés avec *de/d'/du... à/au* **ou** *entre... et*.

> *Exemples :* Fermé **du** 1ᵉʳ **au** 30 août.
>
> Les repas sont servis **entre** 11 h 45 **et** 14 h 30.

a. En raison du pont de l'Ascension, l'établissement sera fermé .... jeudi 16 .... dimanche 19 mai.

b. Pour éviter toute attente, il est préférable de passer le matin .... 10 h .... 11 h 30.

c. La boutique est ouverte .... 14 h .... 17 h.

d. Prière de déposer les dossiers .... le lundi 13 .... le vendredi 17 juin.

e. Fraises à prix coûtant .... avril .... mai.

f. Les visites guidées ont lieu tous les mercredis .... 10 h .... 16 h.

g. Travaux sur l'A 6 .... 4 .... 24 août.

h. Réunion du personnel prévue le 12 mars .... 17 h .... 19 h. Venez nombreux !

176 Complétez les phrases suivantes par le futur, le présent ou le passé (parfois plusieurs possibilités).

> *Exemple :* Je ne **passerai** (passer) pas mes examens en septembre car **j'ai été** (être) malade tout l'été.

a. Les taux d'intérêts .... (passer) de 6 % à 5,5 % à compter du 1ᵉʳ septembre.

b. D'ores et déjà les hôtels de Guadeloupe .... (afficher) complet pour la période de Noël.

c. Dès jeudi, je .... (commencer) un régime amaigrissant.

d. Au bout d'une heure, je .... (partir). Je n'avais plus envie d'attendre.

e. Exceptionnellement, nous ne .... (fêter) pas Noël en famille cette année.

f. Au début, j'.................... (être) d'accord. À présent, je ne le .... (être) plus.

g. Le salon du tourisme .... (ouvrir) ses portes la semaine prochaine.

h. Je suis désolée mais je ne .... (pouvoir) pas rester longtemps ce soir.

E. INDIQUER LA PÉRIODICITÉ

177 Donnez la périodicité de ces journaux, revues et magazines français en vous aidant des mots suivants : *quotidien, hebdomadaire, mensuel, bimensuel, bimestriel, trimestriel, semestriel, annuel*.

> *Exemple :* *Le Nouvel Observateur* paraît chaque semaine ; c'est un **hebdomadaire**.

a. *Le Monde* paraît chaque jour ; c'est un ....

b. *Marie-Claire* est un magazine féminin qui sort une fois par mois ; c'est un ....

c. La revue *Polar* paraît tous les trois mois ; c'est un ....

d. Chaque semaine, elle achète l'.................... *L'Express*.

e. Il est abonné à *Contre-Vox*, qu'il reçoit deux fois par an. C'est un ....

f. La revue littéraire *Le Matricule des anges* est publiée tous les deux mois. C'est un ....

g. *L'Almanach Vermot* paraît une fois par an. C'est un ....

h. Deux fois par mois, j'achète *La Quinzaine littéraire* qui est un ....

178 **Trouvez les expressions synonymes en reliant les éléments suivants.**

a. *Télérama* paraît chaque mercredi ; c'est

b. Je reçois la revue *813* tous les trois mois ; c'est

c. L'agence de location de voitures est ouverte jour et nuit, donc

d. Son enfant va à la crèche du lundi au vendredi, soit

e. *La Dernière Séance* passait à la télévision chaque début de mois ; c'était une émission

f. J'aime lire ce magazine tous les quinze jours ; c'est un

g. Elle travaille tous les jours de la semaine, soit

h. En 1995, on a fêté les 300 ans de la mort de La Fontaine ; c'était son

1. un trimestriel.

2. un hebdomadaire.

3. 7 jours sur 7.

4. tricentenaire.

5. 24 heures sur 24.

6. mensuelle.

7. 5 jours par semaine.

8. bimensuel.

179 **Répondez librement à ce sondage.**

Exemple : Combien d'heures par semaine consacrez-vous au sport ?

→ ***Deux heures maximum./À peine une heure***.

a. Faites-vous la grasse matinée le week-end ? → ....

b. Combien de temps portez-vous la même chemise ? → ....

c. Vous arrive-t-il de vous lever la nuit pour aller manger le restant de gâteau de la veille ?

→ ....

d. Consommez-vous souvent des surgelés ? → ....

e. Votre compte en banque est-il parfois à découvert ? → ....

f. Vous arrive-t-il de boire plus qu'il ne faut ? → ....

g. Combien de fois par an invitez-vous des amis à dîner ? → ....

h. Vous arrive-t-il de dépasser les limitations de vitesse ? → ....

F. EXPRIMER LA DURÉE

180 **Trouvez une formulation différente pour dire la même chose.**

Exemple : Elle est enceinte depuis un mois.

→ ***Ça fait un mois qu'***elle est enceinte./***Il y a un mois qu'***elle est enceinte.

a. Il est parti il y a tout juste cinq minutes.

→ ....

b. Depuis deux mois elle suit un régime.

→ ....

c. Ça fait vingt minutes que je fais la queue.

→ ....

d. Il est à la retraite depuis l'année dernière.

→ ....

e. Il y a longtemps que nous ne sommes pas allés au cinéma.

→ ....

f. Ça fait dix ans qu'ils vivent ensemble.

→ ....

g. Il y a peu de temps que je travaille ici.

→ ....

h. Il a été enterré il y a deux jours.

→ ....

181 **Complétez les phrases avec** *dès* **ou** *depuis*.

> *Exemples :* **Dès** son arrivée à Moscou, le président français s'est entretenu avec son homologue russe.
>
> **Depuis** une heure, il est pendu au téléphone !

a. .... mon arrivée à Dublin, il ne cesse pas de pleuvoir.

b. Le docteur l'a ausculté ; il rentre à l'hôpital .... demain.

c. L'entreprise Borelli m'a embauché. Je commence .... aujourd'hui.

d. .... mon accident de voiture, je me rends à mon travail à bicyclette.

e. .... les beaux jours, on ira plus souvent à la campagne.

f. Elle n'a pas donné signe de vie .... dimanche dernier.

g. Il est exténué ; il n'a pas dormi .... deux jours.

h. .... notre retour, nous vous inviterons à dîner.

182 *Pendant* **ou** *pour* **? Complétez.**

> *Exemples :* Le docteur lui a dit qu'il remarcherait **pour** Noël.
>
> Son bébé pleure systématiquement **pendant** la nuit.

a. .... le moment, je suis occupé.

b. Je dois faire une course. Attends-moi au café, j'en ai .... dix minutes.

c. Vous lui donnerez cet antibiotique .... quatre jours.

d. M. Grenet sera absent .... les fêtes de fin d'année.

e. Les Frérot sont à Paris .... quelques jours. Ensuite ils iront en Espagne.

f. Nous n'avons pas encore de projets .... le mois d'août.

g. La petite fille est ressortie vivante sans avoir rien mangé .... douze jours.

h. .... l'instant, ils n'ont rien décidé.

183 **Complétez les phrases suivantes à l'aide de** *pendant, durant, au cours de* **ou** *pour* **(parfois plusieurs réponses possibles).**

> *Exemple :* Les pétards sont autorisés **durant/pendant** la fête du 14 Juillet.

a. Ils ont déménagé .... les vacances.

b. Nous devons prendre rendez-vous .... la semaine prochaine.

c. Il y a eu un incident .... la réunion des ministres.

d. .... l'été 99, Paris a atteint plusieurs fois la cote d'alerte de pollution.

e. Que comptes-tu préparer .... le Jour de l'an ? – Un chapon*.

f. À cause des travaux, j'ai mal dormi trois jours ....

g. .... la seconde moitié du XXᵉ siècle, la population mondiale a doublé.

h. Ils ne garderont pas leur petit-fils .... les vacances de Pâques.

184 *Dans, en, sur* ? **Complétez.**

    Exemples : En achetant ces actions, il parie *sur* l'avenir.

                Nous déménageons *dans* six mois.

                Il a grandi de cinq centimètres *en* un mois.

a. Nous espérons quitter Paris .... deux ans.

b. Il a choisi le mode de remboursement .... trois mois.

c. Nous revenons .... quinze jours.

d. Il a maigri de dix kilos .... un mois.

e. Il a disparu .... un éclair.

f. J'ai pris un emprunt .... quinze ans.

g. Elle court le 100 mètres .... 11 secondes.

h. Les coureurs prennent le départ .... dix minutes.

185 **Faites une phrase à partir des éléments suivants en utilisant les expressions entre parenthèses.**

    Exemple : Relier Paris à New York en six heures. (Il faut... pour)

              → *Il faut six heures pour* relier Paris à New York.

a. Se préparer en dix minutes. (Tu as... pour) → ....
....

b. Reboiser une forêt en dix ans. (Il faut... pour) → ....
....

c. Tourner en rond avec sa voiture pendant une heure. (Il a passé... à) → ....
....

d. Faire cette tarte en cinquante minutes. (J'ai mis... à) → ....
....

e. Discuter au téléphone pendant une heure. (Nous avons passé... à) → ....
....

f. Élever un enfant prend beaucoup de temps. (Il faut... pour) → ....
....

g. Décidez-vous avant un mois. (Vous avez... pour) → ....
....

h. Écrire son roman en trois semaines. (Il a mis... à) → ....
....

---

* *Chapon : jeune coq que l'on mange à l'occasion du Nouvel An.*

G. LOCALISER UNE ACTION DANS LE TEMPS PAR RAPPORT AU MOMENT OÙ L'ON S'EXPRIME

 186 **Choisissez la bonne formule (parfois plusieurs possibilités).**

Exemple : Véronique a téléphoné ☒ *hier soir* ☐ *demain soir* ☐ *ce soir*.

a. J'ai pris mon premier cours de danse ☐ *la semaine prochaine* ☐ *cette semaine*
☐ *la semaine dernière*.

b. Ton amie Chantal doit t'appeler ☐ *ce soir* ☐ *le lendemain* ☐ *aujourd'hui*.

c. Elle a reçu ses résultats d'examen ☐ *l'an prochain* ☐ *après-demain* ☐ *avant-hier*.

d. Nous allons en Tunisie ☐ *en ce moment* ☐ *le mois prochain* ☐ *hier matin*.

e. Nous aurions pu nous voir ☐ *tout à coup* ☐ *à ce moment-là* ☐ *auparavant*.

f. Alice a dit qu'elle arriverait ☐ *dimanche* ☐ *la veille* ☐ *en ce moment*.

g. Nous avons dîné ensemble ☐ *mardi dernier* ☐ *dans une semaine* ☐ *après-demain*.

h. Elle a rendez-vous ☐ *l'avant-veille* ☐ *la semaine passée* ☐ *ces jours-ci* avec son employeur.

187 **Complétez les phrases suivantes en utilisant :** *hier, en ce moment, demain soir, demain midi, lundi prochain, le soir, tout à coup, un an auparavant, samedi dernier* **(parfois plusieurs possibilités).**

Exemple : Ils vont visiter le musée Picasso **lundi prochain/demain midi/demain soir**.

a. .... je suis en rendez-vous, je ne peux pas te parler.

b. Ils se sont mariés le 15 octobre. ...., ils avaient eu un enfant.

c. Nous ferons les achats de Noël ....

d. Je me promenais tranquillement dans la rue quand, ..., un homme m'a agressée.

e. On déjeune ensemble ...., d'accord ?

f. ...., Christian n'était pas en forme.

g. Jérôme et Caroline se sont mariés un samedi après-midi. ...., il y a eu une fête.

h. Je te promets que .... nous irons au cinéma à la séance de 22 heures !

H. LA SIMULTANÉITÉ, L'ANTÉRIORITÉ OU LA POSTÉRIORITÉ

188 **Soulignez le temps correct dans les phrases suivantes.**

Exemple : Depuis qu'il travaillera – <u>travaille</u> – avait travaillé, il est de meilleure humeur.

a. Je lui répondrai après qu'il m'écrit – avait écrit – aura écrit.

b. Tandis qu'il rentrait – rentrera – serait rentré, la pluie s'est mise à tomber.

c. Depuis que l'autoroute ouvrira – était ouverte – est ouverte, il met moins de temps pour se rendre à son travail.

d. Il entrait dans la salle juste comme elle en était sortie – sortait – sort.

e. Une fois qu'il partira – part – sera parti, je regarderai un film vidéo.

f. Il coulera de l'eau sous les ponts avant qu'elle ne prend – n'avait pris – ne prenne une décision.

g. Dès qu'une place se libère – se libérait – s'est libérée, tu t'y installes.

h. Il viendra nous voir aussitôt qu'il le pouvait – pourra – a pu.

189 **Remplacez les mots soulignés par les mots entre parenthèses et faites les transformations nécessaires.**

Exemples : Il était très ému <u>lorsque</u> le président l'a salué. (lors de/salut)

→ Il était très ému *lors du salut* du président.

Je suis sorti <u>aussitôt que</u> j'ai fini mon travail. (sitôt)

→ Je suis sorti *sitôt mon travail fini*.

a. Il était debout <u>lorsqu'</u>il a pris la parole. (lors de/prise de parole)

→ ....

b. Il est parti en vacances <u>aussitôt qu'</u>il a reçu ses notes d'examen. (sitôt/réception)

→ ....

c. Nous sommes sortis <u>dès que</u> la pluie a cessé. (dès/arrêt)

→ ....

d. Elle a mangé beaucoup de chocolat <u>pendant qu'</u>elle était enceinte. (pendant/grossesse)

→ ....

e. Je lui ai préparé un café <u>pendant qu'</u>elle lisait. (pendant/lecture)

→ ....

f. <u>Dès qu'</u>il est revenu de vacances, il s'est mis à pleuvoir. (dès/retour)

→ ....

g. <u>Lorsqu'</u>on lui a remis son trophée, il a été pris d'une quinte de toux. (lors de/remise)

→ ....

h. Des centaines de Parisiens se sont recueillis devant le domicile de François Mitterrand <u>aussitôt qu'</u>ils ont appris sa mort. (dès/annonce)

→ ....

190 **Complétez les phrases suivantes avec** *depuis que, avant que, au moment où, tant que, dès que, à mesure que, jusqu'à ce que* **ou** *en attendant que*.

Exemple : *Depuis qu'*il s'est marié, il n'est plus le même.

a. .... ils auront fini, je m'occuperai de vous.

b. Arrête .... je ne me fâche !

c. .... il vienne, nous avons le temps de faire une partie de cartes.

d. Continue .... il ne dit rien.

e. Ils se battront .... l'un mette l'autre knock-out.

f. Les enfants ont traversé la rue .... une voiture arrivait.

g. .... elle est à la retraite, elle ne voit pas le temps passer.

h. La colère monte .... la grève s'étend.

191 Complétez les phrases suivantes par *immédiatement, tout de suite, brusquement, à l'instant même, sur-le-champ, aussitôt, tout à coup, à ce moment-là* (parfois plusieurs possibilités).

> *Exemple :* J'ai appelé la police ; elle s'est ***aussitôt/immédiatement/tout de suite*** rendue sur les lieux.

a. Ne t'inquiète pas, reste calme. J'arrive ....

b. Il ne peut pas nous dire ce qui s'est passé : ...., il n'était pas en ville.

c. Je dormais paisiblement contre un arbre quand, ... un chien est venu me réveiller.

d. Le docteur ne le trouvait pas bien ; il l'a fait transporter .... à l'hôpital.

e. Il faisait beau. Mais lorsque nous sommes sortis, le ciel s'est couvert ....

f. J'étais fatigué. Je suis rentré et me suis couché ....

g. Le feu commençait à prendre dans le bois. Heureusement, les pompiers sont intervenus ....

h. Julie n'est pas là ? – Non, elle est partie ....

192 Complétez les phrases en utilisant : *avant, avant de* **ou** *avant que*.

> *Exemples :* Partons vite ***avant qu'***ils ne nous aperçoivent !
> Je veux terminer cette peinture ***avant de*** dîner.
> Je peux passer ***avant*** toi ?

a. .... quitter la salle, veuillez éteindre les lumières.

b. Il avait déjà vu le film .... sa sortie officielle.

c. Nous redescendrons .... il ne fasse nuit.

d. Faites-le tout de suite .... il ne change d'avis.

e. Les branches doivent être coupées .... l'hiver.

f. .... t'habiller, lave-toi !

g. Ils ont eu un enfant .... leur mariage.

h. .... toute chose, je voudrais dire combien je suis heureux d'être parmi vous.

193 Complétez les phrases avec *après, après que* **ou** *une fois que*.

> *Exemples :* Ce soir, je rentrerai ***après*** 20 heures.
> Ils ont bu du champagne ***après qu'***ils ont appris ta réussite aux examens.

a. .... il a appris sa leçon, il est parti faire du sport.

b. Je serai libre .... 17 h 30.

c. Il te répondra .... tu te seras calmé.

d. Je parlerai .... cela sera possible.

e. .... l'effort, le réconfort !

f. Tu sortiras .... tu auras fini de ranger ta chambre.

g. .... tout ce qu'il t'a fait, tu lui pardonnes encore ?

h. .... le 30 juin, il sera trop tard.

Bilans

194 **Complétez cette lettre publicitaire par** *jusqu'au, pour, sur, en, depuis, à partir du, pendant, avant, en ce moment* **ou** *dès*.

Chère cliente,

Vous pouvez .... **(1)** aujourd'hui vous offrir le canapé en cuir ou le réfrigérateur dont vous rêvez .... **(2)** des mois. En effet, ... **(3)**, vous pouvez profiter de conditions exceptionnelles de crédit gratuit .... **(4)** six mois. De plus, ... **(5)** un an, nous vous proposons un taux très avantageux, si vous souhaitez payer votre achat .... **(6)** plusieurs mensualités. Cette offre est valable .... **(7)** 15 mai et .... **(8)** 15 août, alors ne tardez pas !

Un dernier mot, notre collection .... **(9)** l'été prochain vous attend. N'hésitez pas à venir la découvrir .... **(10)** les beaux jours !

Cordialement vôtre.

Paul Lemarchand

195 **Complétez le dialogue en employant :** *dans, jusqu'au, pour le moment, d'ici, au bout de, à la fin du, en ce moment, d'abord, puis, pendant, ensuite, depuis, à présent, ça fait, lorsque.*

Rencontre dans le métro :

David : Michèle ! Ça alors ! .... **(1)** au moins dix ans qu'on ne s'est pas vus !

Michèle : .... **(2)** 1985, il me semble, ... **(3)** nous étions encore à la Sorbonne.

David : Et que fais-tu .... **(4)** ?

Michèle : Je suis journaliste.

David : .... **(5)** longtemps ?

Michèle : Cinq ans. Mais j'ai travaillé dans plusieurs journaux. .... **(6)** à France-Dimanche, ... **(7)** à France-soir. J'y suis restée .... **(8)** deux ans, ... **(9)** je suis entrée dans le journal L'Équipe.

David : Tu aimes le sport ?

Michèle : Pas spécialement. Mais .... **(10)**, les temps sont durs : il faut prendre ce qu'il y a. Et toi, raconte-moi !

David : Oh ! moi, rien de bien intéressant. J'avais trouvé une place comme interprète, mais j'ai été licencié .... **(11)** deux ans. .... **(12)**, je suis au chômage.

Michèle : Tu m'excuses, je dois descendre à la prochaine station. On pourrait dîner ensemble ?

David : Bonne idée. Tiens, je te passe mes coordonnées.

Michèle : Très bien. Je t'appelle .... **(13)** la fin de la semaine.

David : Je préfère .... **(14)** quinze jours : je descends demain à Bordeaux voir mes parents. J'y reste .... **(15)** 20 juillet.

Michèle : Dans ce cas, je t'appelle .... **(16)** mois. Au revoir.

VII. LE SUBJONCTIF

Fais ce que tu dois, advienne que pourra.

A. LE SUBJONCTIF PRÉSENT. MORPHOLOGIE

196 Faites des phrases au subjonctif présent en utilisant *il faut que*.

Exemples : il – venir → Il faut **qu'il vienne**.

je – sortir → Il faut **que je sorte**.

a. je – dormir → ....

b. nous – écrire → ....

c. tu – plaire → ....

d. ils – savoir → ....

e. tu – peindre → ....

f. elle – boire → ....

g. elles – partir → ....

h. vous – arrêter → ....

197 Remplacez le présent de l'indicatif par le présent du subjonctif.

Exemples : tu veux → **que tu veuilles**

il s'amuse → **qu'il s'amuse**

a. tu t'enrhumes → ....   b. je lis → ....

c. nous plaisantons → ....   d. elle cuit → ....

e. il fuit → ....   f. vous remuez → ....

g. je promets → ....   h. il pleut → ....

198 Complétez avec *être* ou *avoir* au subjonctif présent.

Exemples : Il est dommage que vous n'**ayez** pas de rendez-vous.

Il vaut mieux qu'il **soit** en avance.

a. J'ai peur qu'elle ne .... malade.

b. Elle veut que tu .... le premier prix.

c. Il faut que tu .... gentil.

d. Le commissaire exige que vous .... présente.

e. Je ne crois pas qu'il .... beaucoup d'argent sur lui.

f. Il se peut qu'ils .... 30 ans.

g. Je voudrais bien que nous .... d'accord.

h. Je doute que vous .... raison.

199 Réécrivez les phrases suivantes au singulier.

Exemple : Il faut que nous y allions. → Il faut que *j'y aille*.

a. Il est rare que nous jetions les papiers par terre. → ....

b. Je ne veux pas qu'ils nous voient. → ....

c. Il est urgent que vous fassiez cet exercice. → ....

d. Laurent demande que nous venions tout de suite. → ....

e. Il est impossible qu'ils croient à cela. → ....

f. Elle souhaite que vous ayez un enfant. → ....

g. Il n'est pas sûr que les Kenyans courent le 10 000 mètres. → ....

h. Vivement que nous gagnions de l'argent ! → ....

200 Remplacez les verbes à l'infinitif soulignés par un subjonctif présent.

Exemple : Je leur ai dit de <u>descendre</u>. → J'ai dit *qu'ils descendent*.

a. Patrick nous a dit de <u>venir</u>. → ....

b. Le douanier vous a dit de <u>passer</u>. → ....

c. Mon père lui a dit de <u>lire</u> l'article. → ....

d. Il leur a dit de <u>s'arrêter</u> de boire. → ....

e. Elle nous a demandé de le <u>faire</u>. → ....

f. Il vous a demandé de <u>patienter</u>. → ....

g. Ma sœur m'a demandé de l'<u>aider</u>. → ....

h. Le malade leur a demandé de <u>sortir</u>. → ....

201 Mettez les verbes entre parenthèses au subjonctif présent.

Exemple : Il faut que vous *payiez* (payer) vos dettes.

a. Il souhaite que nous .... (étudier) davantage.

b. Les propriétaires se plaignent que vous .... (balayer) si mal.

c. Je ne comprends pas que vous .... (avoir) mal.

d. Je souhaite que vous .... (oublier) cet incident.

e. Le patron demande que nous .... (travailler) le dimanche.

f. Il ne veut pas que nous .... (s'asseoir) sur cette chaise.

g. Dommage que vous .... (se marier) sous la pluie !

h. J'aimerais que nous .... (essayer) cette formule.

202 Remplacez les mots soulignés par un subjonctif présent.

Exemple : Ils attendent <u>notre arrivée</u>. → Ils attendent *que nous arrivions*.

a. Ils souhaitent <u>une augmentation</u> de salaire. → ....

b. Ils souhaitent <u>la réussite</u> de leur enfant à l'examen. → ....
....

c. Ils demandent <u>la démission</u> de leur P.-D.G. → ....

d. « Médecins du monde » souhaite <u>l'ouverture</u> des centres d'accueil dès maintenant.
→ ....

e. Il apprécie <u>nos remerciements</u>. → ....

f. Il aurait besoin <u>de notre aide</u>. → ....

g. Je ne suis pas sûr <u>de l'exactitude</u> de ces chiffres. → ....
....

h. Nous attendons <u>l'ouverture</u> du magasin. → ....

203 **Complétez les phrases suivantes avec un subjonctif présent.**

Exemple : Il est indispensable que vous ***portiez*** (porter) une cravate.

a. Le pire serait qu'il .... (pleuvoir).

b. Lola a accepté à condition que vous la .... (conduire).

c. Il suffit que je lui .... (écrire) pour qu'il vous .... (envoyer) une invitation.

d. Le mieux est que vous .... (s'occuper) personnellement de cette affaire.

e. Il part tout de suite de peur que vous ne .... (changer) d'avis.

f. L'idée qu'il .... (avoir) un accident m'est insupportable.

g. Je veux bien t'accompagner, mais il faut que ça en .... (valoir) la peine.

h. L'idéal serait que tu y .... (aller) aujourd'hui.

204 **Complétez ces phrases extraites de pièces de théâtre françaises à l'aide des verbes entre parenthèses.**

Exemple : Ces curés iront droit au ciel. À moins qu'ils ne ***meurent*** comme toi, la rage au cœur. (*Jean-Paul Sartre*)

a. Qu'on .... (savoir) si ma mère est encore en ces lieux ! (*Jean Racine*)

b. La peste m'........................... (étouffer), monsieur, si je le sais. (*Molière*)

c. .... (Pouvoir) -tu mourir avant de le dire. (*Jean-Paul Sartre*)

d. On se pendra demain. À moins que Godot ne .... (venir). (*Samuel Beckett*)

e. Il me touche tant, qu'il faut que je .... (s'en aller). (*Marivaux*)

f. Elle crie au second qu'il .... (secourir) son frère. (*Pierre Corneille*)

g. Que Madame .... (se souvenir) que je suis la bonne. (*Jean Genet*)

h. Ça vaut la peine qu'on .... (attendre), non ? (*Samuel Beckett*)

205 **Transformez les mots soulignés selon l'exemple suivant.**

Exemples : Nous trouvons normal <u>de les prévenir</u>.
→ Il est normal ***que nous les prévenions***.
Elle n'accepte pas <u>d'être contredite</u>.
→ Elle n'accepte pas ***qu'on la contredise***.

a. Il est surpris <u>de payer aussi cher</u>.

→ Il est surprenant ....

b. Jocelyne n'est pas certaine <u>d'avoir raison</u>.

→ Il n'est pas certain ....

c. Nous regrettons <u>de ne pas pouvoir venir</u>.

→ Il est regrettable ....

d. Le docteur Memmi souhaiterait <u>partir plus tôt</u>.

→ Il serait souhaitable ....

e. Je trouve dommage <u>de perdre autant de temps</u>.

→ Il est dommage ....

f. Ils sont ennuyés <u>à l'idée de vendre leur appartement</u>.

→ Il est ennuyeux ....

g. Julien est étonné <u>de ne pas pouvoir le suivre</u>.

→ Il est étonnant ....

h. Il n'est pas sûr <u>de recevoir cette lettre</u>.

→ Il n'est pas sûr ....

206 **Remplacez les mots soulignés par une tournure au subjonctif présent.**

Exemples : Elle ne supporte pas <u>d'être abordée par des inconnus</u>.

→ Elle ne supporte pas **que des inconnus l'abordent**.

Il a peur <u>d'être chassé</u>.

→ Il a peur **qu'on ne le chasse**.

a. Elle craint <u>d'être laissée</u> de côté.

→ ....

b. Ces deux frères rêvent <u>d'être pris</u> dans la troupe.

→ ....

c. Il refuse <u>d'être accusé</u> de meurtre.

→ ....

d. Les étudiants craignent <u>de ne pas être entendus</u>.

→ ....

e. Sa grand-mère a peur <u>d'être bousculée</u> par des passants.

→ ....

f. Vous voudriez <u>être embauchée</u> par cette entreprise.

→ ....

g. Elle déteste <u>être prise</u> pour une idiote.

→ ....

h. Nous attendons <u>d'être reçus</u> par le directeur.

→ ....

207 **Complétez ces vers de poètes français en mettant le verbe entre parenthèses au subjonctif présent.**

Exemple : J'ai recueilli du jour pour qu'il **s'explique** (s'expliquer) avec la nuit. (*Eugène Guillevic*)

a. .... (Venir) la nuit, ... (sonner) l'heure, les jours s'en vont, je demeure. (*Guillaume Apollinaire*)

b. Une rose, pour qu'il .... (pleuvoir). (*René Char*)

c. Verse-nous ton poison pour qu'il nous .... (réconforter). (*Charles Baudelaire*)

d. Ô que ma quille .... (éclater) ! Ô que j'................. (aller) à la mer ! (*Arthur Rimbaud*)

e. Il la veut blanche et qui .... (sentir) bon. (*Paul Verlaine*)

f. À quel horizon veux-tu qu'elle .... (apparaître) ? (*Paul Éluard*)

g. Quoi qu'on .... (faire), rien ne change un tempérament. (*Jean de La Fontaine*)

h. Et que le mort .... (saisir) le vif. (*Saint-John Perse*)

B. CONSTRUCTIONS SUIVIES DU SUBJONCTIF

208 **Exprimer un sentiment. Transformez les phrases selon le modèle.**

Exemple : On lui offre des fleurs. (adorer/elle) → ***Elle adore qu'on lui offre des fleurs.***

a. La tempête détruit les vignes. (redouter/il)

→ ....

b. Il vient ce soir. (souhaiter/je)

→ ....

c. On réduit la TVA* seulement de 1 %. (regretter/tu)

→ ....

d. Des millions d'enfants n'ont pas de quoi manger. (s'indigner/nous)

→ ....

e. Le docteur la fait attendre. (détester/elle)

→ ....

f. Sa mère est en bonne santé. (se réjouir/il)

→ ....

g. Son patron ne lui dit pas bonjour. (se moquer/elle)

→ ....

h. Nous les invitons pour son anniversaire. (apprécier/ils)

→ ....

209 **Exprimer une obligation. Remplacez le verbe** *devoir* **par** *il faut que* **suivi du subjonctif.**

Exemple : Il doit courir en moins de dix secondes.

→ ***Il faut qu'il coure*** en moins de dix secondes.

a. Je dois m'asseoir à sa droite. → ....

b. Vous devez construire ce mur en quatre jours. → ....

c. Tu n'as plus le temps, tu dois conclure. → ....

d. Il doit s'attendre à des représailles. → ....

e. Nous devons les convaincre. → ....

f. Ils doivent naître le même jour. → ....

g. Ce pays doit acquérir son indépendance. → ....

h. Vous devez leur écrire aujourd'hui. → ....

210 **Exprimer un ordre. Répondez comme dans l'exemple.**

Exemple : Elle aimerait acheter ce perroquet. → ***Qu'elle l'achète !***

a. Ma fille voudrait goûter votre gâteau. → ....

b. Elle préfère vendre son appartement. → ....

c. Les parents d'élèves souhaiteraient venir. → ....

d. Dominique demande à faire cette interview. → ....

e. Julien a très envie de conduire ton bateau. → ....

f. Fanny voudrait prendre ses vacances en mai. → ....

---

* TVA : Taxe sur la Valeur Ajoutée.

g. Il demande à partir maintenant. → ....

h. Son mari aimerait aller au pôle Nord. → ....

211 Complétez les phrases suivantes par un subjonctif présent.

Exemple : Surtout, qu'il *fasse* (faire) bien attention : la route est glissante.

a. Supposons que vous .... (avoir) raison.

b. Surtout, qu'ils ne .... (se presser) pas, nous avons le temps !

c. Pourvu qu'il .... (ne pas oublier) son rendez-vous !

d. Qu'il .... (ne pas venir) me dire qu'il a perdu ses clés !

e. Vivement dimanche, que je .... (se reposer) !

f. Qu'il .... (aller) au diable !

g. Que le meilleur .... (gagner) !

h. Que vous le .... (vouloir) ou non, c'est ainsi !

212 Transformez les phrases suivantes selon le modèle.

Exemple : Prenez le bus, c'est préférable. → ***Il est préférable que vous preniez le bus.***

a. Il ne se souvient pas de moi, c'est étrange.

→ ....

b. Apportons-leur un plan, c'est indispensable.

→ ....

c. Ils sont toujours absents l'après-midi, c'est anormal.

→ ....

d. Vous nous quittez déjà ? C'est impossible !

→ ....

e. Suis-moi, c'est important !

→ ....

f. Vous connaissez ces gens, c'est étonnant.

→ ....

g. Appelle ton amie, ça vaut mieux.

→ ....

h. Neiger au mois de mai ? Ça arrive.

→ ....

213 Que signifient ces phrases ? Indiquez s'il s'agit d'une permission, d'un consentement, d'un refus ou d'une recommandation.

Exemple : Elle s'oppose à ce que je parte. *(refus)*

a. Il ne supporte pas que j'élève la voix. (...........................)

b. Il tolère que nous n'ayons pas notre cahier. (...........................)

c. Les enfants acceptent mal que leur mère soit absente. (...........................)

d. Nous sommes d'accord pour que le projet soit voté. (...........................)

e. Je recommande que vous y alliez en voiture. (...........................)

f. Elle est d'accord pour que l'on fasse de l'auto-stop. (...........................)

g. Les gardiens empêchent que les gens entrent. (...........................)

h. Nous permettons que vous jouiez à la maison. (...........................)

214 Terminez les phrases suivantes en utilisant le subjonctif.

> *Exemple :* J'attendrai ici jusqu'à ce que tu (revenir) **reviennes**.

a. Nous partirons ce week-end à condition qu'il (faire beau) ....

b. Il est encore trop petit pour que nous l' (emmener au cinéma) ....

c. Je resterai avec toi ce soir afin que tu (se sentir moins seul) ....

d. Faisons une partie de cartes en attendant que Lætitia (arriver) ....

e. Elle est partie sans qu'il la (voir) ....

f. Faites en sorte que mon cousin (ne rien savoir) ....

g. Paul l'a prévenue de peur qu'elle ne (s'inquiéter) ....

h. J'accepte de t'attendre bien que je (être en retard) ....

215 Complétez les phrases suivantes à partir des éléments entre parenthèses.

> *Exemple :* J'aime mieux que (tu/venir) **tu viennes ce soir**.

a. Nous attendons qu' (il/donner) ....

b. La police interdit que (nous/distribuer) ....

c. Le juge exige que (le témoin/être) ....

d. Les propriétaires souhaitent que (on/refaire) ....

e. Il tient à ce que (nous/aller) ....

f. Ils ne permettent pas que (vous/rentrer) ....

g. J'ai envie que (tu/m'inviter) ....

h. Vous préférez qu' (ils/dire) ....

216 Terminez les phrases suivantes en utilisant le subjonctif.

> *Exemple :* Les ouvriers n'acceptent pas qu' (on/réduire leur salaire) **on réduise leur salaire**.

a. Je m'oppose à ce que (les personnes/fumer) ....

b. La France est d'accord pour que (les négociations/se dérouler à Paris) ....
....

c. Elle refuse que (on/prendre son enfant) ....

d. Ses parents souffrent de ce que (leur fils/ne pas écrire) ....

e. Nous recommandons que (la réunion/avoir lieu le plus tôt possible) ....
....

f. Certains pays ne tolèrent pas que (les gens/jeter les papiers) ....
....

g. Le président russe veut éviter que (les manifestations/dégénérer) ....
....

h. Les syndicats proposent que (le gouvernement/revenir sur ses décisions) ....
....

217 Réécrivez les phrases suivantes en utilisant la construction *cela* suivie du verbe.

> *Exemple :* Vous gardez mon fils. (m'arranger)
>> → *Cela m'arrange que vous gardiez mon fils*.

a. Il fait le clown. (nous amuser)

→ ....

b. Leurs amis viennent à l'improviste. (leur déplaire)

→ ....

c. Il y a grève toute la journée. (l'inquiéter)

→ ....

d. Elle n'est pas malade. (te rassurer)

→ ....

e. Vous achetez une maison à la campagne. (me surprendre)

→ ....

f. Les Dufour ne peuvent pas venir. (les gêner)

→ ....

g. Je suis en retard. (t'étonner)

→ ....

h. Vous jouez de la musique le soir. (nous déranger)

→ ....

218 **Faites des phrases à l'aide des expressions suivantes :** *je trouve agréable que, c'est bizarre que, c'est dommage que, il est surprenant que, il est juste que, il est honteux que, ce serait bête que, il est naturel que...* **(parfois plusieurs possibilités).**

Exemple : Vous restez ici plus longtemps.

→ *Je trouve agréable que vous restiez ici plus longtemps.*

a. Il ne prend pas sa voiture aujourd'hui.

→ ....

b. Tu ne peux pas venir plus tôt.

→ ....

c. Nous t'aidons dans les moments difficiles.

→ ....

d. La compagnie Air France nous offre le champagne.

→ ....

e. Ces ouvriers n'ont aucun droit.

→ ....

f. Ce produit de mauvaise qualité se vend bien.

→ ....

g. Nous défendons la cause des baleines.

→ ....

h. Vous ratez une nouvelle fois l'avion.

→ ....

219 **Réécrivez les phrases en utilisant les expressions entre parenthèses.**

Exemple : Je reviens tard dans la soirée. (il est possible que)

→ *Il est possible que je revienne tard dans la soirée.*

a. Mettez de l'ordre dans vos affaires. (il est grand temps)

→ ....

b. Tu sors en semaine. (il est rare que)

→ ....

c. Je préviens les pompiers. (il veut que)

→ ....

d. Nous avons envie de rester seuls. (il arrive que)

→ ....

e. Le candidat écologiste s'abstient. (il suffit que)

→ ....

f. Les agents de la RATP font grève. (il est probable que)

→ ....

g. Vous portez plainte contre X. (il faut que)

→ ....

h. Votre chien mord. (il est inacceptable que)

→ ....

220 **Mettez au subjonctif les verbes précédés de la conjonction** *que*, **pour exprimer le doute, la volonté, le souhait, l'obligation, le sentiment ou un ordre.**

   Exemple : Que je lui *pardonne* (pardonner) ? Jamais !

a. Qu'il .... (partir) !

b. Que Dieu vous .... (garder) !

c. Que vous m'.................... (aimer), je le savais déjà.

d. Qu'ils .... (accepter), cela m'étonnerait !

e. Qu'il en .... (être) ainsi.

f. Que ces personnes .... (avoir) tort, c'est l'évidence !

g. Qu'ils .... (faire) leur travail !

h. Que le gouvernement .... (prendre) ses responsabilités !

221 **Donner son avis. Mettez à la forme négative les phrases suivantes.**

   Exemple : Je crois qu'il est malade. → Je ne crois pas qu'il *soit* malade.

a. Pierre a l'impression que son enfant dort.

→ ....

b. Elle pense que son chien veut sortir.

→ ....

c. Je suis certain qu'il sait ce qu'il faut faire.

→ ....

d. Il me semble qu'elle est en train de gagner.

→ ....

e. Il admet que c'est de sa faute.

→ ....

f. Je suis sûr qu'il va voir ses amis.

→ ....

g. Il est certain que nous vivons mieux aujourd'hui.

→ ....

h. Les Français pensent que le président a tort.

→ ....

C. EMPLOI DU SUBJONCTIF ET DE L'INDICATIF

222 Conjuguez les verbes entre parenthèses.

Exemples : C'est peut-être la plus belle partie qu'il ***fasse*** (faire).

C'est sans aucun doute la plus belle partie qu'il ***fait*** (faire).

a. Je crois qu'il nous .... (soutenir).

b. Je ne crois pas qu'il me .... (défendre).

c. Il me semble que vous .... (avoir) raison.

d. Il semble que vous .... (avoir) tort.

e. Tu estimes qu'elle .... (être) la meilleure.

f. Nous espérons que vous .... (dîner) chez nous.

g. Elle est ravie que vous .... (accepter) son invitation.

h. Ils sont convaincus que cet homme .... (dire) la vérité.

223 Associez les éléments pour en faire des phrases.

a. Je ne crois pas qu'　　　　　　　　　　　1. c'est la meilleure chose à faire.

b. Il me semble que　　　　　　　　　　　　2. ce soit une fille.

c. J'estime que　　　　　　　　　　　　　　3. elle part au Japon cet hiver.

d. C'est une chose incroyable qu'　　　　→ 4. il puisse sortir ce soir.

e. Il paraît qu'　　　　　　　　　　　　　　5. le chat est malade.

f. Ils n'ont pas besoin que　　　　　　　　6. tu les aides.

g. Nous espérons que　　　　　　　　　　　7. il franchisse les six mètres.

h. J'aimerais bien que　　　　　　　　　　　8. David sera présent à notre fête.

224 Conjuguez les verbes entre parenthèses.

Exemples : Je crois qu'il ***vit*** (vivre) en Australie.

Je ne crois pas que Monsieur Dumont ***fasse*** (faire) de bonnes affaires.

a. J'ai l'impression que nous .... (se tromper).

b. Il n'est pas sûr que je .... (partir) ce soir.

c. Je ne trouve pas que ton idée .... (être) bonne.

d. Il est certain qu'ils .... (avoir) bien fait.

e. Il n'a pas besoin que tu lui .... (dire) ce qu'il doit faire.

f. Baudelaire pensait que le peintre Delacroix .... (être) un génie.

g. Je n'ai pas l'impression que nous .... (se connaître).

h. Elle trouve que vous .... (exagérer).

225 Complétez en mettant le verbe au mode indicatif ou subjonctif.

   Exemples : Je préférerais que tu **viennes** (venir) me chercher.

   J'espère qu'il **viendra** (venir) me chercher.

a. Il est clair que cette enfant .... (avoir) des problèmes.

b. Je suis étonné que tu ne .... (connaître) pas cet auteur.

c. Je constate que vous n'............................ (aimer) pas la peinture abstraite.

d. Il est peu probable qu'il .... (vouloir) nous aider.

e. On dirait que les chiens .... (savoir) que nous partons.

f. Nous espérons qu'il .... (faire) beau ce week-end.

g. Je trouve triste qu'il .... (boire) tant à son âge.

h. Dis-lui que nous .... (passer) ce soir.

226 Complétez les titres de ces œuvres par un subjonctif présent ou un indicatif.

   Exemples : Que ma joie **demeure** (demeurer). (*Jean Giono*)

   Tout ce que le ciel **permet** (permettre). (*Douglas Sirk*)

a. Il faut que vous .... (naître) de nouveau. (*Pierre Hamp*)

b. N'oubliez pas que nous .... (s'aimer). (*Jean Cayrol*)

c. Que la bête .... (mourir). (*Claude Chabrol*)

d. Tant qu'il y .... (avoir) des hommes. (*Fred Zimmerman*)

e. Que la fête .... (commencer). (*Bertrand Tavernier*)

f. Il faut qu'une porte .... (être) ouverte ou fermée. (*Alfred de Musset*)

g. Avant que le coq .... (chanter). (*Cesare Pavese*)

h. Avant que les eaux ne .... (s'agiter). (*William Moody*)

Bilans

227 Mettez les verbes entre parenthèses à la forme qui convient.

Interview sur les produits bio, ou biologiques :

– Pardon monsieur, pourquoi achetez-vous des produits bio ?

– Je trouve que les légumes et les fruits (avoir) .... (1) plus de goût, même si leur aspect (séduire) .... (2) moins mais ce que je regrette, c'est qu'ils (être) .... (3) si chers !

– Ne pensez-vous pas que l'alimentation bio (correspondre) .... (4) à un phénomène de mode ?

– Non, pas du tout. Je crois qu'il (être) .... (5) indispensable que nous (se soucier) .... (6) enfin de notre santé. Et il est regrettable qu'on ne le (faire) .... (7) que maintenant. Je pense que la vie (devenir) .... (8) de

plus en plus difficile pour les gens. Je pense qu'avec la pollution, les activités profes-
sionnelles, nous ne (tenir) .... *(9) pas assez compte des besoins de notre*
organisme. Alors, je suis convaincu que, pour que chacun (vivre) .... *(10)*
mieux, il est impératif que nous (se nourrir) .... *(11) de façon plus saine et*
que nous (faire) .... *(12) également du sport.*

– Merci monsieur. Bonne journée !

228 Conjuguez les verbes entre parenthèses.

M. Thibault : *Il me semble utile que nous (se réunir)* .... *(1) pour parler*
ensemble de ce problème.

Mlle Serre : *Absolument. Je crois même que cela (devenir)* .... *(2) urgent.*
Nos employés me disent que la situation (se dégrader) ....
(3). Ils souhaitent que vous (faire) .... *(4) quelque chose.*

M. Thibault : *Il ne faut pas qu'ils (exagérer)* .... *(5). Notre comptable affirme*
que les résultats ne (être) .... *(6) pas aussi mauvais que nous*
le (croire) .... *(7).*

Mlle Serre : *C'est vrai. Mais je constate que beaucoup de clients (se plaindre)* ....*
.... (8). Je ne pense pas qu'il (falloir)* .... *(9) négliger ce*
fait.

M. Thibault : *Avouez que je n'y (être)* .... *(10) pour rien. Je regrette que*
cette affaire de produit empoisonné nous (faire) .... *(11)*
autant de tort. L'inspecteur m'a dit que tous les magasins de la région
(être) .... *(12) touchés.*

Mlle Serre : *Ont-ils trouvé le coupable ?*

M. Thibault : *Je crois qu'ils (avoir)* .... *(13) une piste.*

Mlle Serre : *Heureusement que jusqu'ici il n'y (avoir)* .... *(14) pas eu de*
victime. Croyez-vous qu'il (s'agir) .... *(15) d'une vengeance ?*

M. Thibault : *Sans doute. L'inspecteur est persuadé que le coupable (avoir)* ....
...... *(16) travaillé dans l'un de ces magasins.*

Mlle Serre : *Moi, je pense qu'il y (travailler)* .... *(17) encore.*

M. Thibault : *Tout est possible. Mais il est certain que la police (finir)* ....
(18) par l'identifier.

Mlle Serre : *J'espère que vous (dire)* .... *(19) vrai ; car, dans le cas*
contraire, j'ai bien peur que nous ne (se retrouver) .... *(20)*
tous au chômage.

VIII. LES CONSTRUCTIONS COMPLÉTIVES

Fais ce que je dis et non ce que je fais.

A. AVEC L'INFINITIF/L'INDICATIF

229 Simplifiez ces phrases en employant l'infinitif.

Exemples : Les Français sont convaincus qu'ils perdent leurs avantages sociaux.

→ Les Français sont convaincus **de perdre** leurs avantages sociaux.

Le ministre du Travail pense qu'il réussira à réduire le chômage.

→ Le ministre du Travail pense **réussir** à réduire le chômage.

a. Le gouvernement promet qu'il viendra en aide aux plus démunis.

→ ....

b. Les Français croient qu'ils vivront mieux dans les années à venir.

→ ....

c. Les économistes sont persuadés qu'ils peuvent améliorer la situation du pays.

→ ....

d. Les Français affirment qu'ils tiennent à leur système de protection sociale.

→ ....

e. Le ministre de l'Éducation nationale est certain qu'il parviendra à un meilleur taux de réussite au baccalauréat.

→ ....

f. Les pays riches pensent qu'ils peuvent aider les pays pauvres.

→ ....

g. Les pays membres de l'Union européenne sont sûrs qu'ils constitueront une grande puissance.

→ ....

h. Les Européens espèrent qu'ils communiqueront facilement entre eux.

→ ....

230 Développez ces phrases en utilisant *que* ou *qu'* suivi du futur ou du présent de l'indicatif.

Exemple : La RATP est certaine de garder son statut.

→ La RATP est certaine **qu'elle gardera son statut**.

a. Des compagnies aériennes privées pensent concurrencer Air France.

→ ....

b. Le Club Méditerranée espère ouvrir un nouveau village de vacances au Vietnam.

→ ....

c. La France croit améliorer sa politique sociale.

→ ....

d. Le Premier ministre dit pouvoir lutter contre le chômage.

→ ....

e. Les compagnies de téléphones mobiles espèrent étendre encore leurs réseaux.

→ ....

f. La société France Télécom est convaincue de multiplier ses services dans les années à venir.

→ ....

g. EDF affirme moderniser son réseau avant cinq ans.

→ ....

h. La Poste reconnaît être de plus en plus performante.

→ ....

231 **Reformulez ces phrases à l'infinitif quand c'est possible.**

Exemples : Mme Pietri pense qu'elle n'assistera pas à cette conférence.

→ Mme Pietri pense *ne pas assister* à cette conférence.

Elle est persuadée qu'il ne partira pas en vacances cette année. → *impossible*

a. Vous pensez que vous connaissez la réponse ?

→ ....

b. Tu es sûr que tes parents seront d'accord ?

→ ....

c. Elle croit qu'il fera beau ?

→ ....

d. Nous affirmons que nous prendrons part à ce débat.

→ ....

e. M. Dubois croit qu'il sera augmenté de 5 %.

→ ....

f. Je suis convaincue que mon nouvel appartement sera plus agréable.

→ ....

g. Elle prétend qu'elle a la double nationalité française et américaine.

→ ....

h. Vous espérez que vous arriverez avant le début de la conférence ?

→ ....

232 **Répondez aux questions suivantes en utilisant l'infinitif à la forme négative.**

Exemples : Vous pensez que vous ne viendrez pas avec nous ?

→ En effet, je pense *ne pas venir* avec vous.

Il est certain qu'il ne se trompe pas ?

→ En effet, il est certain *de ne pas se tromper*.

a. Tu crois que tu ne prendras pas de vacances cette année ?

→ En effet, ...

b. Ils sont certains qu'ils n'auront pas d'embouteillages sur la route ?

→ En effet, ...

c. Elle reconnaît qu'elle ne travaille pas assez ?

→ En effet, ...

d. Vous affirmez que vous ne serez pas à l'heure au rendez-vous ?

→ En effet, ...

e. Jean est sûr qu'il ne prendra pas le TGV ?

→ En effet, ...

f. Tu es persuadée que tu n'auras aucune difficulté pour venir chez nous ?

→ En effet, ...

g. Laure dit qu'elle n'est pas d'accord avec cette décision ?

→ En effet, ...

h. Les jeunes assurent qu'ils ne s'intéressent pas à l'argent ?

→ En effet, ...

233 Réécrivez ces phrases en employant l'indicatif.

　　Exemple : Marie est certaine de ne pas être invitée à leur mariage.

　　　　　　→ Marie est certaine **qu'elle ne sera pas invitée** à leur mariage.

a. Marc est convaincu d'entrer à HEC*.

→ ....

b. Sa sœur affirme ne pas travailler beaucoup.

→ ....

c. Tu crois avoir perdu ta carte bancaire ?

→ ....

d. Ils affirment m'avoir communiqué leur nouvelle adresse.

→ ....

e. Vous êtes sûr de ne pas perdre votre emploi ?

→ ....

f. Les voisins pensent ne pas avoir de troisième enfant.

→ ....

g. Je pense ne pas réussir l'examen d'entrée à l'ENA**.

→ ....

h. Son père espère retourner bientôt en Espagne.

→ ....

B. AVEC L'INDICATIF (SUJETS DIFFÉRENTS)

234 Faites de nouvelles phrases en utilisant le verbe entre parenthèses et un sujet de votre choix.

　　Exemple : Il fait très doux pour la saison. (remarquer)

　　　　　　→ **Tu remarques qu'**il fait très doux pour la saison.

a. Les Grecs sont toujours aussi accueillants. (constater)

→ ....

---

* HEC : Hautes Études Commerciales.
** ENA : École Nationale d'Administration.

b. La température de la mer reste chaude. (trouver)

→ ....

c. Les sites touristiques attirent plus de monde. (avoir l'impression)

→ ....

d. Le coût de la vie augmente peu. (il me semble)

→ ....

e. Le tourisme se développe rapidement. (croire)

→ ....

f. Les transports locaux s'améliorent. (se rendre compte)

→ ....

g. La population locale fait de gros efforts linguistiques. (reconnaître)

→ ....

h. Les vacances en Grèce sont très agréables. (soutenir)

→ ....

235 **Marquez votre étonnement à ces propos en utilisant les verbes entre parenthèses.**

Exemple : La Bibliothèque de France est splendide ! (maintenir)

→ Vraiment, *tu maintiens que* la Bibliothèque de France est splendide !

a. Nous avons rendez-vous ce soir. (oublier)

→ Vraiment, ...

b. Ils se marient à la fin du mois ! (assurer)

→ Vraiment, ...

c. J'ai eu un accrochage avec la voiture ! (avouer)

→ Vraiment, ...

d. Ils ont trop de travail ces temps-ci. (reconnaître)

→ Vraiment, ...

e. Ta sœur est devenue charmante ! (admettre)

→ Vraiment, ...

f. Il n'y a plus rien dans le réfrigérateur. (prétendre)

→ Vraiment, ...

g. Mon collègue a gagné au Loto ! (assurer)

→ Vraiment, ...

h. On l'a nommé directeur des ressources humaines. (savoir)

→ Vraiment, ...

236 **Donnez votre opinion personnelle sur les sujets suivants en utilisant :** *je crois, je trouve, j'ai l'impression, il me semble, j'ai le sentiment.*

Exemple : Que pensez-vous :

de la conduite accompagnée pour les jeunes de 16 ans ?

→ *Il me semble que c'est normal.*

a. de la scolarité obligatoire jusqu'à 16 ans ? → ....

b. du travail des enfants dans les pays du tiers-monde ? → ....

c. de la parité homme/femme en politique ? → ....

d. du recul de l'âge de la retraite ? → ....

e. de la semaine des 35 heures ? → ....

f. de la réduction de 1 % du taux de la TVA* ? → ....

g. de la violence dans les banlieues ? → ....

h. du développement de l'action humanitaire ? → ....

237 **Complétez les phrases suivantes par le verbe entre parenthèses au temps de l'indicatif qui convient.**

Exemple : L'année prochaine, j'espère que je **partirai** (partir) plus longtemps en vacances.

a. La semaine dernière ma mère m'avait dit qu'elle .... (venir) me voir et elle n'est pas passée.

b. Je te promets que nous .... (aller) au cinéma demain soir.

c. Avez-vous dit à votre concierge qu'elle .... (devoir) arroser les plantes pendant votre absence ?

d. Il a répondu qu'il .... (refuser) de me voir en ce moment !

e. J'espère que nous .... (déménager) bientôt !

f. Savent-ils que Mireille .... (changer) d'entreprise la semaine dernière ?

g. Tu crois qu'ils .... (pouvoir) se libérer dimanche prochain ?

h. Il a oublié que tu .... (arriver) hier soir.

238 **Cochez la forme verbale correcte.**

Exemple : Les employés espèrent qu'on les ☐ *augmente* ☒ *augmentera* ☐ *a augmenté* dans quelques mois.

a. Nous avons découvert que Julien ☐ *fume* ☐ *a fumé* ☐ *fumait* régulièrement en cachette de ses parents.

b. Savais-tu qu'il ☐ *pleuvait* ☐ *a plu* ☐ *avait plu* toute la semaine passée ?

c. On t'a dit qu'on ☐ *faisait* ☐ *fera* ☐ *avait fait* le tour de la Corse l'été dernier ?

d. Je pense que mon fils ☐ *réussit* ☐ *aura réussi* ☐ *réussira* mieux à la prochaine rentrée scolaire.

e. Son mari assure qu'il ☐ *aura tout préparé* ☐ *préparera tout* ☐ *prépare tout* lorsque nous arriverons.

f. Nous avons appris que Marion ☐ *a obtenu* ☐ *obtient* ☐ *avait obtenu* son permis de conduire il y a six mois.

g. Les économistes estiment que l'euro ☐ *s'est stabilisé* ☐ *se stabiliserait* ☐ *se stabilisera* dans les semaines à venir.

h. Je te promets que nous ne ☐ *sortions* ☐ *sortirons* ☐ *sortirions* plus ensemble puisque tu le veux.

---

* TVA : Taxe sur la Valeur Ajoutée.

C. AVEC LE SUBJONCTIF

239 **Écrivez les verbes entre parenthèses au subjonctif présent.**

> *Exemple :* Nous voudrions qu'il ***vienne*** (venir) plus souvent nous voir.

a. Je souhaite que tu .... (pouvoir) faire ce que tu aimes.

b. Ses parents ne sont pas contents qu'il .... (partir) vivre à Buenos Aires.

c. Nous aimerions que vous .... (aller) régulièrement à la bibliothèque.

d. Il faut que tu .... (faire) davantage d'efforts !

e. Je ne suis pas certaine que cette voiture .... (être) très fiable.

f. Dommage que tu .... (prendre) l'avion aujourd'hui, je ne peux pas t'accompagner à l'aéroport !

g. Pensez-vous qu'ils .... (avoir) de bonnes relations entre eux ?

h. Elle est très étonnée que sa cousine ne .... (répondre) pas plus rapidement à sa lettre.

240 **Exprimez la nécessité en utilisant** *il faut que*.

> *Exemple :* Nous devons prendre une décision !
> → ***Il faut que nous prenions*** une décision !

a. Elle doit se mettre à ma place !

→ ....

b. Vous devez me conseiller !

→ ....

c. Tu dois comprendre ma situation !

→ ....

d. Nous devons tenir compte des circonstances particulières !

→ ....

e. Les politiciens doivent avoir plus de contact avec le public !

→ ....

f. Tu dois savoir à quoi tu t'engages !

→ ....

g. Nous devons faire des concessions !

→ ....

h. Je dois réduire mon niveau de vie !

→ ....

241 **Soyez ferme ! Reformulez ces phrases à partir des éléments donnés.**

> *Exemple :* Faites vos comptes plus souvent ! (nécessaire)
> → ***Il est nécessaire que vous fassiez*** vos comptes plus souvent !

a. Mettons-nous au travail immédiatement ! (impératif)

→ ....

b. Prends l'avion pour Nice demain matin. (indispensable)

→ ....

c. Écris à ta grand-mère ! (urgent)

→ ....

d. Suivez un régime plus strict ! (obligatoire)

→ ....

e. Va te reposer à la campagne ! (inévitable)

→ ....

f. Prenons des cours d'anglais ! (essentiel)

→ ....

g. Vis avec l'homme que tu aimes ! (important)

→ ....

h. Dites ce que vous pensez sincèrement ! (vital)

→ ....

242 **Exprimez des vœux en utilisant le verbe** *souhaiter*.

Exemple : Nous partons à la montagne pour Noël ; nous espérons qu'il y aura de la neige.

→ ***Nous souhaitons qu'il y ait*** de la neige.

a. Elle prend le bateau pour aller en Corse ; j'espère que la mer ne sera pas mauvaise.

→ ....

b. Ils projettent de faire une randonnée dans les Vosges ; ils espèrent qu'il fera beau.

→ ....

c. Tu pars en voiture avec Pascal ? Nous espérons qu'il ne conduira pas trop vite.

→ ....

d. Hélène passera quelques jours en Grèce ; vous espérez qu'elle ira à Delphes.

→ ....

e. Mes cousines de Toulouse arrivent demain ; elles espèrent que j'obtiendrai des places pour le ballet *Roméo et Juliette*.

→ ....

f. Nos amis québécois sont de passage à Paris ; j'espère qu'ils viendront dîner ce soir chez moi.

→ ....

g. Nicolas commence à étudier l'espagnol ; on espère qu'il apprendra bien ses leçons.

→ ....

h. Caroline est invitée chez des amis ; ils espèrent qu'elle trouvera facilement leur maison.

→ ....

243 **Donnez votre opinion sur les sujets suivants à partir des éléments donnés.**

Exemple : On vend de plus en plus de produits biologiques. (se réjouir)

→ ***Je me réjouis qu'on vende*** de plus en plus de produits biologiques.

a. On prend sa retraite de plus en plus tard. (trouver dommage)

→ ....

b. Le gouvernement veut réduire les impôts. (être surpris)

→ ....

c. Le multimédia se répand très rapidement. (être heureux)

→ ....

d. L'aide humanitaire agit avec efficacité auprès des plus défavorisés. (trouver formidable)

→ ....

e. Les femmes sont peu présentes en politique. (regretter)

→ ....

f. Nous luttons contre la pollution dans les villes. (être enchanté)

→ ....

g. Les Français ne font pas plus attention à l'environnement. (déplorer)

→ ....

h. La consommation d'alcool a tendance à diminuer. (être content)

→ ....

244 **Répondez en émettant des doutes. Utilisez les expressions verbales données.**

Exemple : La circulation sur l'autoroute A6 est-elle fluide ? (ne pas être sûr)

→ *Je ne suis pas sûr que la circulation sur l'autoroute A6 soit fluide.*

a. Les températures cet hiver descendront-elles en dessous de 0 °C ? (ne pas être convaincu)

→ ....

b. Pourront-ils arriver à l'heure ? (douter)

→ ....

c. Prendrez-vous le train ? (être peu probable)

→ ....

d. Je mets mes chaussures neuves ? (ne pas être certaine)

→ ....

e. Jean comprend le russe ? (être peu vraisemblable)

→ ....

f. Elle réussira ce concours ? (ne pas croire)

→ ....

g. Nous irons en Algérie cet été ? (ne pas penser)

→ ....

h. Je finirai ce travail avant 18 heures ! (sembler impossible)

→ ....

245 **Sachez proposer autre chose. Faites des phrases à partir des éléments donnés.**

Exemple : Ils viendront en car. (préférer/train)

→ *Je préfère qu'ils viennent en train.*

a. Nous passerons vous voir ce soir ? (aimer mieux/demain soir)

→ ....

b. Je vais à Lyon ? (il est préférable/Lille)

→ ....

c. Je t'attends au métro Saint-Michel ? (ce serait mieux/Odéon)

→ ....

d. Ils obtiennent une réduction de 10 % chez le libraire ? (il est préférable/15 %)

→ ....

e. On téléphone en Guadeloupe ? (préférer/écrire)

→ ....

f. Elle apprend à jouer au golf ? (ce serait plus utile/au tennis)

→ ....

g. Je préviens tes parents ? (il serait préférable/mon mari)

→ ....

h. Nous faisons une partie de cartes ? (ce serait mieux/une promenade en forêt)

→ ....

246 **L'expression des sentiments. Faites des phrases sur le modèle donné.**

    Exemple : Vous déménagez le mois prochain. (elle est contente)

        → ***Elle est contente que vous déménagiez le mois prochain.***

a. Paul perd son temps. (nous sommes tristes)

→ ....

b. Je pars bientôt. (elle est déçue)

→ ....

c. On peut sortir ce soir ! (je suis ravie)

→ ....

d. Elle a des soucis. (il est désolé)

→ ....

e. Son père va mieux. (elle se réjouit)

→ ....

f. Je conduis trop vite. (tu es fâché)

→ ....

g. Il boit beaucoup d'alcool. (on s'étonne)

→ ....

h. Nous réfléchissons à cet aspect du problème. (vous êtes soulagés)

→ ....

247 **Répondez par des phrases négatives en conservant la notion d'incertitude.**

    Exemple : Il pense qu'il pleut ? → Non, ***il ne pense pas qu'il pleuve.***

a. Tu crois qu'elles sont prêtes ?

→ Non, ...

b. Vous trouvez que Catherine va bien ?

→ Non, ...

c. Elle a l'impression que je comprends mieux ?

→ Non, ...

d. Ton père juge que vous avez raison ?

→ Non, ...

e. Tu penses qu'il dit la vérité ?

→ Non, ...

f. Vous prétendez qu'ils font fausse route ?

→ Non, ...

g. Vos amis ont l'impression qu'Alice grandit ?

→ Non, ...

h. Ta fille admet que son ami se trompe ?

→ Non, ...

248 Réécrivez ces phrases sur le modèle donné.

Exemple : Je veux partir. (mon ami) → ***Mon ami veut que je parte.***

a. Elle regrette de parler mal le français. (je)

→ ....

b. Tu souhaites t'installer ici. (nous)

→ ....

c. Il craint de ne pas réussir son bac. (ses parents)

→ ....

d. J'accepte d'aller à la patinoire. (ma mère)

→ ....

e. Tu refuses de payer plus cher que le mois dernier. (nous)

→ ....

f. Elle a envie de changer d'air. (je)

→ ....

g. Je n'accepte pas de venir sans rendez-vous. (la coiffeuse)

→ ....

h. Tu doutes d'obtenir ce contrat. (le directeur)

→ ....

249 Réunissez ces deux phrases pour n'en faire qu'une.

Exemple : Michèle revient bientôt. J'en suis ravie.

→ ***Je suis ravie que Michèle revienne bientôt.***

a. Son ancienne école va disparaître. Mathieu en est peiné.

→ ....

b. On construit une nouvelle crèche. Les jeunes parents s'en réjouissent.

→ ....

c. Simon veut partir à l'étranger. On le regrette.

→ ....

d. Claire va à l'école publique. Je le préfère.

→ ....

e. Tu suis l'actualité. Tes professeurs en sont contents.

→ ....

f. Les ordinateurs portables valent très cher. C'est dommage.

→ ....

g. Son chien est mort. Isabelle en est bouleversée.

→ ....

h. L'avenir sera rose. Je le souhaite.

→ ....

250 Formulez ces paroles selon le modèle.

    Exemples : Va vider la poubelle !

        → Je voudrais que tu *ailles* vider la poubelle.

        Le professeur demande à ses élèves de lire davantage.

        → J'aimerais que vous *lisiez* davantage !

a. Le père interdit à sa fille de sortir après minuit.

→ Je refuse que tu ....

b. Tu vas prendre froid !

→ Je crains que tu ne ....

c. Mme Dubois veut être prévenue quand son mari est en retard.

→ Je voudrais que tu ....

d. Le bébé de Nathalie va naître la semaine prochaine.

→ Nous nous attendons à ce qu'il ....

e. La mère reproche à sa fille de se coucher trop tard et de ne pas dormir assez.

→ Je voudrais que tu ....

f. Nous attendons la visite de nos amis de Marseille.

→ Nous souhaitons que vous ....

g. Le proviseur interdit aux lycéens de fumer dans les couloirs.

→ J'interdis que vous ....

h. Antoine perd du poids ; le médecin s'en étonne.

→ Je suis surpris que tu ....

251 Reformulez les conseils suivants.

    Exemple : Dépêchez-vous ! (il est important)

        → *Il est important que vous vous dépêchiez !*

a. Repose-toi davantage ! (il est nécessaire)

→ ....

b. Travaille le week-end ! (il est inutile)

→ ....

c. Prenez des vacances ! (il est urgent)

→ ....

d. Faisons des erreurs ! (il est inévitable)

→ ....

e. Buvez moins de café ! (il suffit)

→ ....

f. Mange des produits naturels ! (il est utile)

→ ....

g. Détendons-nous le soir ! (il est normal)

→ ....

h. Ralentissez votre rythme de travail ! (il est impératif)

→ ....

D. INDICATIF, SUBJONCTIF OU INFINITIF ?

252 Complétez les phrases suivantes par l'infinitif ou le subjonctif des verbes entre parenthèses.

Exemples : Elle aimerait vous *parler* (parler) quelques instants.

Elle aimerait que vous lui *parliez* (parler) de votre voyage.

a. Tu veux que nous leur .... (annoncer) la nouvelle nous-mêmes ?

b. Marion refuse qu'on lui .... (venir) en aide.

c. Nous ne sommes pas certains de .... (pouvoir) répondre.

d. Elle accepte que vous l'............................ (accompagner) à la gare ?

e. Souhaitez-vous .... (aller) dîner tout de suite ?

f. Je ne comprends pas qu'il .... (faire) tant d'histoires.

g. Je veux que vous .... (se taire) immédiatement !

h. Nos voisins aimeraient qu'on les .... (conduire) au supermarché.

253 Réécrivez ces phrases en employant l'infinitif ou le subjonctif.

Exemples : Elle nous propose d'aller dîner chez eux demain.

→ *Elle propose que nous allions dîner chez eux demain.*

Elle souhaite qu'il fasse le métier qui lui plaît.

→ *Elle lui souhaite de faire le métier qui lui plaît.*

a. Il interdit qu'elle poursuive ses études plus longtemps.

→ ....

b. Je te propose de venir me voir lundi matin au bureau.

→ ....

c. Elle lui suggère d'écrire à sa correspondante italienne.

→ ....

d. J'ordonne qu'ils rangent leur chambre rapidement.

→ ....

e. Nous leur souhaitons de réussir dans la vie.

→ ....

f. Ils demandent que nous rendions ce projet avant jeudi.

→ ....

g. Ton père te permet de prendre sa voiture.

→ ....

h. Vos professeurs conseillent que vous vous inscriviez en fac de droit.

→ ....

254 Indicatif ou subjonctif ? Rayez ce qui ne convient pas.

Exemple : Ce malade exige qu'on lui (~~fait~~/fasse) une piqûre.

a. Le ciel est gris ; je crois même qu'il (pleut/pleuve).

b. Je trouve que ma sœur (conduit/conduise) trop brutalement.

c. Annie n'aime pas qu'on lui (rend/rende) visite à l'improviste.

d. Vous croyez qu'il (est/soit) possible de prendre le TGV sans réservation ?

e. J'espère que vous (allez/alliez) bien et que vous reviendrez/reveniez bientôt nous voir !

f. Elle aimerait que vous (sortez/sortiez) ce soir avec elle.

g. Je préfère que tu (prends/prennes) le volant ; je suis fatiguée.

h. Tout le monde regrette que les CD-ROM (sont/soient) si chers.

255 **Reliez les éléments suivants pour en faire des phrases (parfois plusieurs possibilités).**

a. Elle aimerait
b. On regrette
c. Ils interdisent
d. Nous acceptons
e. Elle se réjouit
f. Je te demande
g. On espère
h. Tu n'es pas assuré

1. de fermer la porte doucement.
2. que tout ira bien.
3. que vous lui écriviez de temps en temps.
4. de te connaître bientôt.
5. qu'on mette la musique trop fort.
6. de se voir si rarement.
7. qu'elle dorme à cette heure-ci.
8. de prendre une stagiaire.

256 **Passez du tutoiement au vouvoiement pour vérifier l'emploi de l'indicatif ou du subjonctif.**

   Exemple : Il est essentiel que tu te couches tôt.
      → Il est essentiel que ***vous vous couchiez*** tôt.

a. Je crois que tu manges trop !

→ ....

b. Nous craignons que tu ne tombes malade.

→ ....

c. Mon conseil, c'est que tu t'arrêtes de fumer !

→ ....

d. Elle dit que tu bois beaucoup de café.

→ ....

e. Je ne trouve pas que tu marches vite.

→ ....

f. Il me semble que tu rentres de plus en plus tard !

→ ....

g. Je regrette que tu ne t'amuses pas plus souvent !

→ ....

h. Il me semble que tu grossis en ce moment !

→ ....

Bilans

257 Écrivez les verbes entre parenthèses à la forme qui convient.

– *Tu ne m'as pas dit que c'* (être) .... **(1)** *samedi qu'on* (aller) ....
(2) *voir* Don Juan *au théâtre ?*

– *Si, et je crois bien que la pièce* (commencer) .... **(3)** *à 20 heures. Il faut
que tu* (être) .... **(4)** *au théâtre de l'Odéon au plus tard à 19 h 45 pour* (retirer)
.... **(5)** *nos billets.*

– *Écoute, je ne suis pas sûr d'être à l'heure. Je préférerais que tu* (prendre) ....
...... **(6)** *toi-même nos places.*

– *Mais pourquoi ? Tu penses* (arriver) .... **(7)** *en retard alors que tu m'as
assuré que tu* (avoir) .... **(8)** *envie de voir cette pièce et que tu souhaitais qu'on*
(sortir) .... **(9)** *plus souvent !*

– *Je sais mais je crains que mon rendez-vous ne* (prendre) .... **(10)** *fin un
peu plus tard que prévu.*

– *Je ne comprends pas que tu* (avoir) .... **(11)** *des rendez-vous le samedi.*

– *Tu sais bien que mon directeur* (prendre) .... **(12)** *quelques jours de
vacances et il m'a demandé de* (recevoir) .... **(13)** *ce client japonais. Il est
absolument indispensable que j'* (aller) .... **(14)** *le chercher à l'aéroport. Et tu
sais aussi que je préférerais* (passer) .... **(15)** *l'après-midi avec toi ! Allez, il faut
que tu me* (comprendre) .... **(16).**

– *Il faut que je* (tenir) .... **(17)** *vraiment à toi pour accepter tout ça ! C'est
d'accord, mais après la pièce, promets-moi qu'on* (aller) .... **(18)** *prendre un
verre !*

– *Je te le promets, où tu* (vouloir) .... **(19)** *!*

258 Complétez ces commentaires entendus en parcourant l'exposition de photos
de Robert Doisneau au musée Carnavalet à Paris.

– *Je trouve que ces photos* (rendre) .... **(1)** *bien l'atmosphère du Paris
d'après-guerre.*

– *Je me suis toujours demandé pourquoi il* (s'intéresser) .... **(2)** *autant aux
enfants des rues !*

– *Je ne comprends pas qu'il* (se mettre) .... **(3)** *à la photo couleur !*

– *Tu pourrais parler au passé ; il est mort en 1995 !*

– *Tu regrettes de* (ne pas connaître) .... **(4)** Doisneau *de son vivant ?*

– *Je n'arrive pas à croire qu'il n'y* (avoir) .... **(5)** *jamais de mise en scène
dans ses photos.*

– *J'ai entendu dire qu'il* (attendre) .... **(6)** *parfois des heures que le sujet
de sa photo* (apparaître) .... **(7).**

– Je ne trouve pas que ces photos (être) .... **(8)** aussi extraordinaires qu'on le dit !

– Je comprends qu'il (devenir) .... **(9)** célèbre ! C'était un grand artiste.

– Tu ne voudrais pas qu'avec mes parents nous t' (offrir) .... **(10)** un appareil photo pour Noël ?

– À son époque, je suis certain que j' (pouvoir) .... **(11)** faire les mêmes clichés que lui !

– On aimerait qu'il (vivre) .... **(12)** aujourd'hui pour photographier l'époque actuelle !

– Il se pourrait bien que je (faire) .... **(13)** des photos dimanche prochain !

– Il faut que tu (savoir) .... **(14)** qu'il a fait beaucoup de reportages sociaux.

– Regarde cette photo place de l'Hôtel de Ville ; j'ai l'impression de (voir) .... **(15)** ma mère !

– Avec tout son matériel, je suis persuadée que tu (obtenir) .... **(16)** des résultats aussi bons, pas toi ?

– Je ne suis pas certaine qu'il y (avoir) .... **(17)** d'aussi bons photographes aujourd'hui.

IX. LE CONDITIONNEL

On lui donnerait le bon Dieu sans confession.

A. MORPHOLOGIE DU CONDITIONNEL PRÉSENT

259 Soulignez les verbes au conditionnel.

Exemples : Nous louerons une villa au bord de la mer.

<u>Auriez</u>-vous l'heure, s'il vous plaît ?

Quand elle était jeune, elle travaillait chez Chanel.

a. Je voudrais une baguette, s'il vous plaît.

b. J'arriverai par le TGV de 8 h 45.

c. Il parlerait différemment s'il la connaissait.

d. Nous voudrions une table pour deux.

e. Tu connaissais ce tableau de Matisse ? Pas moi.

f. Je voyagerai et je ferai le tour du monde.

g. Pourriez-vous m'indiquer la rue Louise-Michel ?

h. Il faisait froid et on est rentrés.

260 Mettez les verbes suivants au conditionnel présent à la personne indiquée.

Exemple : Tu **serais** (être) d'accord ?

a. Vous .... (avoir) tort de refuser.

b. Ils .... (aller) plus vite en bicyclette.

c. On .... (faire) bien de partir !

d. Nous .... (vouloir) acheter ce canapé.

e. Tu .... (ne pas avoir) du feu ?

f. Il .... (falloir) se lever plus tôt !

g. Tu .... (devoir) lui dire au revoir.

h. Nous .... (pouvoir) nous faire la bise !

261 Donnez le conditionnel de ces verbes au futur.

Exemples : Nous viendrons demain. → Nous **viendrions** demain.

Vous pourrez me rejoindre. → Vous **pourriez** me rejoindre.

a. Tu m'accompagneras. → ....

b. Elles iront à pied jusqu'au village. → ....

c. Il voudra revenir. → ....

d. Vous resterez trois jours. → ....

e. On sera bien ensemble. → ....

f. Je ferai le trajet de nuit. → ....

g. Tu feras ça ? → ....

h. Nous inviterons Clément. → ....

262 Écrivez le conditionnel de ces verbes à l'imparfait.

Exemples : Vous disiez merci. → Vous **diriez** merci.

Tu avais de la chance. → Tu **aurais** de la chance.

a. Tu jouais aux cartes. → ....

b. Il buvait du Coca. → ....

c. Vous veniez chez nous. → ....

d. On allait à la mer. → ....

e. Je devais partir. → ....

f. Tu pouvais attendre. → ....

g. Nous voyions Pierre. → ....

h. Elles étaient amies. → ....

263 Donnez le conditionnel présent de ces verbes à l'imparfait ou au futur.

Exemples : Je venais souvent. → Je **viendrais** souvent.

Il fera beau. → Il **ferait** beau.

a. Nous courions vite. → ....

b. Vous connaissiez Paris. → ....

c. On avait une moto. → ....

d. Tu voudras des fleurs. → ....

e. Je tenais un parapluie. → ....

f. Nous comprendrons l'italien. → ....

g. Elles croyaient Michel. → ....

h. Je saurai conduire. → ....

264 Réécrivez les phrases suivantes en remplaçant l'imparfait par le conditionnel présent.

Exemple : Elle voulait faire le tour du monde. → Elle **voudrait** faire le tour du monde.

a. Il fallait consommer plus intelligemment.

→ ....

b. Avec de l'argent, nous pouvions vivre sans travailler.

→ ....

c. Sans enfants, ils étaient plus libres.

→ ....

d. Nous aimions aller au théâtre de temps en temps.

→ ....

e. Nous allions plus vite à moto qu'à vélo.

→ ....

f. Les vacances étaient magnifiques avec elle.

→ ....

g. Elle voyait mieux avec ses nouvelles lunettes.

→ ....

h. L'été, vous dormiez bien avec les fenêtres ouvertes.

→ ....

265 En suivant les conseils de Laurence, mettez au conditionnel présent ces verbes à l'infinitif.

Exemple : Ils **devraient** (devoir) acheter un grand appartement.

a. Tu .... (faire) mieux de ne pas conduire la nuit.

b. Elle .... (devoir) arrêter la cigarette.

c. Vous .... (pouvoir) venir ce soir.

d. Nous .... (avoir) intérêt à vendre notre maison.

e. Il ne .... (falloir) pas faire d'erreur.

f. Je .... (devoir) me reposer un peu.

g. Il .... (être) préférable de se lever tôt.

h. Ils .... (vouloir) louer un bateau.

266 Soulignez les verbes au conditionnel.

Exemple : Elles <u>écriraient</u> – écrivaient – écriront à leur grand-père.

a. Je lisais – lirai – lirais tous les romans de Balzac si j'en avais le temps.

b. On allait – irait – ira volontiers dans l'espace si c'était possible.

c. Tu envoyais – enverrais – enverras une carte postale, ce serait bien.

d. En étant plus jeunes, nous aurions – avions – aurons la vie entière devant nous.

e. Il pourrait – pourra – pouvait venir avec nous ?

f. Vous faisiez – ferez – feriez ce voyage en car ?

g. Il courait – courrait – courra sans ce mal au pied.

h. D'après elles, elles savaient – sauraient – sauront répondre à toutes vos questions.

267 Mettez les verbes entre parenthèses au conditionnel présent.

Exemple : Il **serait** (être) préférable de laisser la voiture au parking.

a. Nous .... (se déplacer) plus vite avec une moto.

b. Il .... (être) en sécurité s'il mettait sa ceinture.

c. Je .... (profiter) davantage de la ville si j'avais un vélo.

d. Vous .... (s'amuser) mieux avec des rollers !

e. Tu .... (devoir) louer un garage pour être tranquille.

f. À ta place, je .... (ne pas prendre) le train, mais l'avion.

g. Il .... (valoir) mieux réserver le bateau maintenant.

h. Elles .... (souhaiter) s'acheter un scooter pour circuler en ville.

268 Complétez ce rêve par le conditionnel présent des verbes entre parenthèses.

Si j'étais une célébrité, j'**aimerais** (aimer) être une actrice. J'.................. (avoir) une garde-robe magnifique. Avec quelques amis, nous .... (sortir) tous les soirs. J'.................. (habiter) dans un pays chaud et accueillant. Ma maison .... (donner) sur une plage. Nous .... (aller) nous baigner dès le réveil. Après avoir gagné assez d'argent, j'................. (arrêter) de travailler. Je .... (se marier) et j'................. (avoir) plusieurs enfants. Nous .... (voyager) partout dans le monde et nous .... (être) très heureux.

À votre tour, racontez ce que vous aimeriez être.

B. LE CONDITIONNEL PRÉSENT : EMPLOI

269 **Soyez poli pour formuler une demande. Employez le conditionnel présent.**
    Exemple : Est-ce que vous avez l'heure ? → ***Auriez-vous*** l'heure ?
    a. Tu peux me prêter 2 euros ? → ....
    b. Connais-tu la brasserie Flo ? → ....
    c. Vous savez où est la station « Filles du calvaire » ? → ....
    d. Il vous reste des croissants au beurre ? → ....
    e. Acceptes-tu de me déposer à la gare ? → ....
    f. Êtes-vous libres demain soir ? → ....
    g. Je veux un pain aux raisins, s'il vous plaît. → ....
    h. Vous vendez des timbres ? → ....

270 **Associez les situations et les paroles correspondantes.**

a. Il y a une panne d'électricité.
b. Vous invitez votre nouvelle collègue à déjeuner.
c. Vous arrivez un peu tard à la boulangerie.
d. Vous n'avez pas envie d'aller seule au cinéma.
e. Vous êtes perdu dans Marseille.
f. Vous cherchez votre chemin.
g. Vous arrivez au bureau d'accueil d'une entreprise.
h. Vos bagages sont très lourds.

1. « Auriez-vous un plan de la ville ? »
2. « Pourriez-vous m'indiquer la route pour Brest ? »
3. « Voudriez-vous m'annoncer auprès de M. Bouchard ? »
4. « Aurais-tu une bougie ? »
5. « Vous serait-il possible de porter ma valise ? »
6. « Seriez-vous libre à midi ? »
7. « Vous resterait-il du pain ? »
8. « Ça te dirait de sortir avec moi ce soir ? »

271 Imaginez des questions correspondant aux réponses fournies.
    Exemple : ***Auriez-vous du feu ?*** ← Tenez, voici mon briquet.
    a. .... ← Oui, il est 18 h 50.
    b. .... ← Je regrette, je n'ai plus de tomates.
    c. .... ← Avec plaisir, on peut se retrouver à midi.
    d. ....
    .... ← Désolée, Mme Dufour vient de sortir. Rappelez demain.

e. ....

.... ← Le docteur Lévy peut vous recevoir le 18 décembre à 15 heures.

f. ....

.... ← Le métro le plus proche se trouve place de la République.

g. .... ← Volontiers, je peux t'accompagner à l'aéroport.

h. .... ← Oh, oui, j'adore aller au théâtre.

272 **Proposez des activités en employant les verbes** *pouvoir, vouloir, aimer* **au conditionnel.**

Exemple : Tu as envie de dîner au restaurant avec moi ?

→ *On pourrait/Tu voudrais/Tu aimerais* dîner au restaurant avec moi ?

a. Vous avez envie de venir au cinéma avec nous ?

→ ....

b. Ton frère a envie de jouer au tennis avec moi ?

→ ....

c. Manuel a envie d'assister à ce concert avec nous ?

→ ....

d. Vos parents ont envie de partir en week-end avec moi ?

→ ....

e. Tu as envie de voir cette pièce avec nous ?

→ ....

f. Ton amie a envie d'aller chez Bertrand avec nous ?

→ ....

g. Vous avez envie de monter un orchestre avec votre classe ?

→ ....

h. Tu as envie d'organiser une petite fête avec nous ?

→ ....

273 **Faites des propositions en employant le conditionnel présent.**

Exemple : Et si on allait dimanche à Chantilly ?

→ *On irait dimanche à Chantilly*, qu'est-ce que tu en penses ?

a. Et si je me préparais pour sortir ? → ....

b. Et si nous achetions une nouvelle voiture ? → ....

c. Et si tu mettais ton tailleur gris pour sortir ? → ....

d. Et si je t'emmenais au restaurant ? → ....

e. Et si on partait pour Venise tous les deux ? → ....

f. Et si nous nous mariions l'année prochaine ? → ....

g. Et si tu prenais des cours de tennis ? → ....

h. Et s'ils partaient vivre au Maroc ? → ....

274 Soyez critique. Donnez des conseils ou faites des commentaires en utilisant les verbes *falloir, devoir, pouvoir* **au conditionnel présent.**

> *Exemples :* Elle fume beaucoup. → *« Tu pourrais arrêter de fumer ! »*
> → *Elle ne devrait pas fumer.*
> « Lis davantage ! » → *Il faudrait lire davantage.*
> → *« Il faudrait que tu lises davantage. »*

a. Jean ne pratique aucun sport. → ....

b. Ma sœur ne fait pas attention à ce qu'elle mange. → ....

c. « Nous allons être en retard, partons ! » → ....

d. « Le téléphone sonne, réponds ! » → ....

e. Son fils se couche très tard. → ....

f. Ils dépensent énormément d'argent. → ....

g. « Tu conduis trop vite, fais attention ! » → ....

h. Son mari rentre très tard à la maison. → ....

275 Soulignez les phrases hypothétiques.

> *Exemples :* Nous arriverons par le train lundi soir.
> <u>Nous devrions arriver vers 19 h 30.</u>

a. Je pense que vous devriez aimer cet hôtel.

b. Elle demande que nous réservions une chambre.

c. Nous voudrions avoir deux chambres doubles.

d. Selon certains, c'est une région où il ne pleuvrait jamais.

e. Le service serait excellent dans cet hôtel, ainsi que la nourriture.

f. J'espère que nous pourrons nous baigner.

g. Les enfants profiteront de la plage toute la journée.

h. La température de la mer ne descendrait jamais au-dessous de 20 °C.

276 Faites des hypothèses en associant les éléments suivants.

a. Si vous buviez moins de café,   1. on s'achèterait un beau voilier.

b. Si tu rentrais après minuit,   2. ce serait meilleur.

c. Si les enfants étaient plus sages,   → 3. vous dormiriez mieux.

d. Si elle se maquillait un peu,   4. tu n'aurais pas mal à la gorge.

e. Si on gagnait au Loto,   5. Sabine serait plus jolie.

f. Si Philippe avait des amis,   6. on les emmènerait à Eurodisney.

g. S'il y avait moins de sel dans la soupe,   7. la clé se trouverait sous le tapis.

h. Si tu fumais moins,   8. sa vie serait moins triste.

277 Complétez ces phrases en mettant les verbes entre parenthèses au conditionnel présent.

> *Exemple :* Si tu avais un ordinateur portable, tu *travaillerais* (travailler) même en vacances !

a. Si j'avais Internet, j'.................... (envoyer) des e-mails à mes amis étrangers.

b. Si vous vous abonniez à LookTV, vous .... (disposer) de quatre-vingt chaînes télévisées.

c. Si elle achetait un lecteur DVD, l'image .... (être) d'une qualité bien supérieure.

d. Si j'offrais à Max un téléphone portable, il m'.................... (appeler) dix fois par jour.

e. Si tu prenais un appareil photo numérique, tu .... (conserver) toutes tes photographies dans ton ordinateur.

f. S'ils louaient un 4X4, ils .... (traverser) le désert.

g. Si j'achetais un grand écran, je .... (regarder) chez moi les films comme au cinéma.

h. Si nous vivions sur une île déserte, toutes ces technologies .... (ne pas servir) à rien.

278 **Terminez les phrases suivantes en utilisant des verbes au conditionnel présent.**

Exemple : Si je gagnais au loto, j'*arrêterais de travailler.*

a. Si nous avions de longues vacances, nous ....

b. Si tu habitais près de la mer, tu ....

c. Si j'avais dix ans de moins, je ....

d. Si vous étiez président de la République, vous ....

e. S'ils avaient du temps libre, ils ....

f. Si elle avait un enfant, elle ....

g. Si nous possédions un jardin, nous ....

h. Si je savais danser, je ....

279 **Complétez ces phrases hypothétiques avec les éléments donnés.**

Exemple : Je *ferais* (faire) des études d'architecture si j'avais dix ans de moins.

a. Alice .... (aller) vivre au Canada si elle parlait mieux l'anglais.

b. Tu .... (être) au chômage, ... (suivre)-tu une formation professionnelle ?

c. À ma place, que .... (choisir)-vous comme téléphone portable ?

d. Les enfants .... (étudier) mieux en ayant chacun leur chambre.

e. Que .... (devenir)-nous si tu perdais ton emploi ?

f. Si mon mari obtenait ce poste de directeur commercial, nous .... (s'installer) dans un appartement plus grand.

g. Tu .... (apprendre) à jouer au tennis, nous .... (pouvoir) faire des matchs le dimanche.

h. Sans cette grève des transports en commun, il y .... (avoir) moins de circulation.

280 **Complétez ces phrases hypothétiques.**

Exemple : Si Bénédicte parlait l'espagnol, *elle pourrait travailler à Barcelone*.

a. Si les magasins restaient ouverts le dimanche, les Français ....

b. Si on vivait aux Antilles, nos amis ....

c. Si tu me téléphonais plus souvent, je ....

d. Joseph .... s'il avait plus de vacances.

e. Nous .... si nous ne faisions pas d'heures supplémentaires.

f. Si M. Durand n'était pas libre lundi, je ....

g. Si le dollar était moins fort, les Français ....

h. Je .... si j'étais mère de famille.

281 **Projetez-vous dans l'avenir en complétant ces phrases au conditionnel présent.**

Exemple : Au cours de ce siècle, la température moyenne de la terre ***augmenterait*** (augmenter) de 1 à 3 degrés.

a. L'e-book, ou livre électronique, ... (devoir) voir le jour d'ici cinq ans.

b. Non-polluante, la pile à combustible .... (pouvoir) faire marcher voitures, usines, machines, etc.

c. En 2020, les personnes de plus de 60 ans .... (être) majoritaires dans le monde.

d. Selon la revue *Science*, la population des amphibiens .... (diminuer) de façon alarmante. Certaines espèces .... (risquer) de disparaître d'ici 2010 si rien n'est fait pour les protéger.

e. D'après les scientifiques, l'effet de serre .... (augmenter) la fréquence des catastrophes naturelles durant ce siècle.

f. L'invention d'une pellicule ultra-sensible .... (rendre) bientôt inutile l'utilisation du flash pour la photographie.

g. Le plus grand paquebot du monde .... (partir) des chantiers de Saint-Nazaire en 2003.

h. Les journalistes ont annoncé que la NASA .... (envoyer) d'ici dix ans une sonde à 37 milliards de kilomètres de la terre. Le « voyage » .... (prendre) environ quinze ans.

282 **Répondez aux questions à l'aide des éléments entre parenthèses.**

Exemple : Virginie viendra à quelle heure ? (11 heures)

→ Elle a dit ***qu'elle viendrait à 11 heures***.

a. Elle a tapé le courrier ? (non, demain matin en arrivant)

→ Elle a dit ....

b. Où ira-t-elle déjeuner ? (au petit café en face)

→ Elle a dit ....

c. Elle a présenté son étude à M. Gontier ? (non, cet après-midi)

→ Elle a dit ....

d. Elle a téléphoné ? (vers 10 heures)

→ Elle a dit ....

e. Elle a organisé le prochain séminaire ? (non, demain)

→ Elle a dit ....

f. Elle a réservé des tables au restaurant ? (non, demain après-midi)

→ Elle a dit ....

g. Tu l'aideras ? (oui, tous les après-midi)

→ Elle a dit ....

h. Elle finira à temps ? (oui, pour lundi)

→ Elle a dit ....

283 **Voici un dialogue de sourds. Rapportez ces paroles.**

Exemples : *Jacques :* Quand me rendras-tu visite ?

→ Jacques a demandé **quand tu lui rendrais visite**.

Paul : Quand j'aurai moins de travail.

→ Paul a répondu **quand il aurait moins de travail**.

a. *Jacques :* Tu me présenteras ta femme ?

→ Jacques a demandé s'il lui ....

b. *Paul :* Je serai très content de venir avec elle.

→ Paul a répondu qu'il ....

c. *Jacques :* Vous pourrez venir un week-end ?

→ Jacques a demandé s'ils ....

d. *Paul :* Nous passerons probablement pendant un week-end prolongé.

→ Paul a répondu qu'ils ....

e. *Jacques :* Tu me téléphoneras à l'avance ?

→ Jacques a demandé s'il lui ....

f. *Paul :* Évidemment, je te préviendrai !

→ Paul a répondu qu'évidemment il le ....

g. *Jacques :* Je préfère que tu m'écrives parce que je comprends mal au téléphone.

→ Jacques a précisé qu'il .... qu'il lui écrive parce qu'il comprenait mal au téléphone.

h. *Paul :* Je t'enverrai un petit mot si tu préfères.

→ Paul a ajouté qu'il lui ....s'il préférait.

Bilans

284 **Complétez cette lettre d'un Français à un ami étranger en utilisant le conditionnel.**

Très cher Luis,

Je (être) .... *(1) très heureux de t'accueillir lors de ton séjour à Paris. Comme tu le sais, l'été, ici, est généralement agréable et il (devoir)* .... *(2) faire beau.*

Je (préférer) .... *(3) que tu viennes en août ; d'abord parce que je (disposer de)* .... *(4) une voiture, ensuite parce que j' (avoir)* .... *(5) plus de temps à te consacrer.*

Nous (pouvoir) .... *(6) d'ailleurs visiter les alentours que tu ne connais pas encore – (souhaiter)* .... *(7) -tu visiter le château de Versailles, par exemple ? –.*

De plus, nous (se déplacer) .... *(8) plus facilement car le mois d'août est la période traditionnelle de vacances des Parisiens.*

Je (ne pas vouloir) .... *(9)* rien t'imposer mais, si cela t'était possible de retarder de quelques semaines la date de ton départ, je crois que tu (profiter) .... *(10)* au maximum de ton séjour en France.

Tu sais, je pense souvent à toi. J' (aimer) .... *(11)* beaucoup retourner au Brésil. Si ce n'était pas si loin, il n'y (avoir) .... *(12)* aucun problème. Il (falloir) .... *(13)* également que je gagne un peu plus d'argent qu'à l'heure actuelle. Ou bien que tu me trouves un travail à Rio. On (échanger) .... *(14)* ainsi nos adresses : je (s'installer) .... *(15)* dans ton appartement tandis que toi tu (occuper) .... *(16)* mon deux pièces à Paris. L'hiver, tu (venir) .... *(17)* passer des vacances à Rio tandis que moi j' (attendre) .... *(18)* le mois d'août pour te voir à Paris.

Qu'en penses-tu ?

285 **Complétez ce dialogue par les verbes donnés au conditionnel.**

Cécile : *Allô, Julie, bonjour c'est Cécile.*

Julie : *Ah, Cécile, comment vas-tu ?*

Cécile : *Pas très bien ; j'ai horreur des week-ends de Toussaint ! Qu'est-ce que tu fais, toi ?*

Julie : *On (pouvoir) .... (1) faire quelque chose ensemble demain si tu veux !*

Cécile : *Avec plaisir mais je n'ai aucune idée.*

Julie : *Tu (aimer) .... (2) aller à Eurodisney ? Je n'y suis pas encore allée.*

Cécile : *Il (falloir) .... (3) prendre le RER, faire la queue parmi les enfants ; tu n' (avoir) .... (4) pas autre chose à me proposer ?*

Julie : *Bon, (vouloir) .... (5) -tu visiter le quartier du Marais avec une conférencière ? Je pense que ce (être) .... (6) très intéressant et après la promenade, nous (prendre) .... (7) une crêpe dans un café sympa que je connais.*

Cécile : *J'avoue que je t' (accompagner) .... (8) volontiers mais j'ai terriblement mal aux pieds. Je (devoir) .... (9) d'ailleurs peut-être voir un médecin !*

Julie : *Je t' (emmener) .... (10) bien voir ma sœur mais je ne pense pas que ça te passionne ! Tiens, si tu veux, nous (pouvoir) .... (11) voir le dernier film de Jean-Paul Rappeneau.*

Cécile : *Écoute, je ne sais pas. Je ne (vouloir) .... (12) pas t'ennuyer.*

Julie : *Mais qu'est-ce qui t'arrive ? Tu n'as pas l'air d'avoir la forme ? Que (dire) .... (13) -tu d'aller chez Alphonse avec moi ce soir ? Il organise une petite fête. Je crois qu'il (être) .... (14) très content que tu viennes avec moi. Qu'en penses-tu ?*

Cécile : *Et tu (passer) .... (15) me chercher à quelle heure ?*

Julie : *Vers 9 heures, ça (aller) .... (16) ?*

Cécile : *Super ! J'étais sûre que tu me (proposer) .... (17) quelque chose de sympa ! Je t'attendrai en bas de chez moi.*

X. LE DISCOURS RAPPORTÉ

Dis-moi qui tu hantes, je te dirai qui tu es.

A. FORMES DIRECTES ET INDIRECTES (AFFIRMATION ET NÉGATION)

286 Soulignez les phrases à la forme indirecte.

> *Exemples :* Je peux manger un gâteau ?
>
> <u>Doisneau pense qu'il faut prendre son temps pour faire une belle photo.</u>

a. Je me demande ce qu'elle pense vraiment.

b. Que faites-vous dimanche prochain ?

c. Elle ne sait pas pourquoi il l'a quittée.

d. Comment allez-vous ?

e. Vous me demandez où est la rue du Cherche-Midi.

f. Elle me dit qu'elle n'a pas le temps de faire du sport.

g. Pourquoi ne viendriez-vous pas à Honfleur avec nous ?

h. Les étudiants manifestent leur mécontentement.

287 Rapportez les réponses de ces étudiants.

> *Exemples :* Avez-vous beaucoup d'heures de cours ?
>
> (oui) → Ils répondent ***qu'ils ont beaucoup d'heures.***
>
> (non) → Ils disent ***qu'ils n'ont pas beaucoup d'heures.***

a. Appréciez-vous vos professeurs ? (oui)

→ Ils répondent ....

b. Avez-vous des vacances trop longues ? (non)

→ Ils disent ....

c. Votre emploi du temps est-il trop chargé ? (oui)

→ Ils répondent ....

d. Avez-vous le temps de faire du sport ? (non)

→ Ils disent ....

e. Êtes-vous satisfaits de vos salles de cours ? (non)

→ Ils disent ....

f. L'enseignement à l'université coûte-t-il cher ? (non)

→ Ils disent ....

g. Y a-t-il un espace de repos ? (oui)

→ Ils répondent ....

h. Voudriez-vous améliorer vos conditions d'études ? (oui)

→ Ils répondent ....

288 Identifiez les formes du discours : discours direct (DD) ou discours indirect (DI).

Exemples : Clément m'a dit hier : « Je te trouve fatigué ». *(DD)*

Matthieu pense qu'il faut partir avant 8 heures. *(DI)*

a. Maman me dit que tu as acheté une nouvelle voiture. (   )

b. Je lui ai demandé de venir à la gare à 5 heures. (   )

c. « Vous êtes complètement fou ! » m'a dit hier mon patron. (   )

d. Il m'a promis qu'il m'aiderait. (   )

e. Nous leur avons proposé de passer les vacances avec nous. (   )

f. « Est-ce que tu veux m'accompagner ? » m'a demandé Estelle. (   )

g. Vous lui avez demandé où elle allait. (   )

h. En partant, elle m'a juste dit : « Pense à moi ». (   )

289 Écrivez les réponses du touriste interviewé.

Exemples : Avez-vous visité un pays du continent américain ?

(oui) → Il dit *qu'il a visité un pays du continent américain.*

(non) → Il répond *qu'il n'a visité aucun pays du continent américain.*

a. Vous avez eu l'occasion d'admirer les pyramides d'Égypte ? (oui)

→ Il dit ....

b. Vous connaissez les chutes d'Iguaçu, à la frontière du Brésil et de l'Argentine ? (non)

→ Il répond ....

c. Êtes-vous allé à New York ? (non)

→ Il répond ....

d. Avez-vous fait une croisière au large de la Patagonie ? (oui)

→ Il dit ....

e. Aimez-vous le ski ? (oui)

→ Il dit ....

f. Connaissez-vous des stations de ski en France ? (oui)

→ Il dit ....

g. Avez-vous visité les châteaux de la Loire ? (non)

→ Il répond ....

h. Et le Japon ? Connaissez-vous le Japon ? (non)

→ Il répond ....

290 Rapportez ces consignes sur le modèle donné.

Exemple : « Ne dépassez pas la ligne rouge ! »

→ Le douanier *demande de ne pas dépasser la ligne rouge.*

a. « Ne mangez pas dans la salle de lecture ! »

→ La bibliothécaire ....

b. « N'oubliez pas d'enregistrer les bagages ! »

→ L'hôtesse ....

c. « Ne vous lâchez pas la main pour traverser la rue ! »

→ La maîtresse d'école ....

d. « Ne prenez pas trop de somnifères ! »

→ Le médecin ....

e. « Ne jetez pas les papiers dans la rue ! »

→ L'employé municipal ....

f. « Ne roulez pas à plus de 50 km/h en ville ! »

→ Le policier ....

g. « Ne touchez pas aux tableaux ! »

→ Le gardien du musée ....

h. « Ne fumez pas dans la clinique ! »

→ L'infirmière ....

291 Réécrivez ces questions à la forme indirecte.

Exemples : « Que faites-vous le week-end ? »

→ *Je vous demande ce que vous faites le week-end.*

« Qu'est-ce que tu écoutes comme musique ? »

→ *Je te demande ce que tu écoutes comme musique.*

a. « Que prends-tu comme boisson ? »

→ ....

b. « Qu'est-ce que tu lis en ce moment ? »

→ ....

c. « Qu'est-ce que vous aimez comme B.D.* ? »

→ ....

d. « Que décidez-vous pour les vacances ? »

→ ....

e. « Qu'est-ce que tu bois ? »

→ ....

f. « Que dites-vous ? »

→ ....

g. « Qu'est-ce que vous préférez comme fleurs ? »

→ ....

h. « Que veux-tu pour Noël ? »

→ ....

---

* B.D. : *Bande Dessinée.*

292 Répétez ces phrases en employant *ce qui* ou *ce que* (attention aux pronoms).

Exemples : « Qu'est-ce qui vous intéresse dans la vie ? »

→ Il lui demande **ce qui** l'intéresse dans la vie.

« Que faites-vous pendant vos loisirs ? »

→ Il lui demande **ce qu'**il fait pendant ses loisirs ?

a. « Qu'est-ce qui vous amuse dans la vie ? »

→ Il lui demande ....

b. « Qu'est-ce que vous regardez à la télévision ? »

→ Il lui demande ....

c. « Qu'est-ce que vous n'aimez pas à la télévision ? »

→ Il lui demande ....

d. « Qu'est-ce qui vous déplaît dans le monde actuel ? »

→ Il lui demande ....

e. « Qu'est-ce qui vous choque dans l'actualité ? »

→ Il lui demande ....

f. « Que pourrait-on faire pour rendre la vie plus agréable ? »

→ Il lui demande ....

g. « Que pensez-vous des mouvements écologistes ? »

→ Il lui demande ....

h. « Qu'est-ce qui serait à modifier en priorité ? »

→ Il lui demande ....

293 Remettez ces phrases au style direct.

Exemples : Elle demande ce que vous faites. → **« Que faites-vous ? »**

Elle demande si vous connaissez la championne française du 200 mètres.

→ **« Connaissez-vous la championne française du 200 mètres ? »**

a. Je vous demande si vous aimez le sport.

→ ....

b. Vous demandez s'il reste des places pour le match de samedi.

→ ....

c. Il veut savoir si l'équipe de Monaco a gagné.

→ ....

d. Elle vous demande quelle discipline des Jeux olympiques vous préférez.

→ ....

e. Nous voulons savoir si vous avez vu la finale de Roland-Garros.

→ ....

f. Je voudrais savoir si tu veux enregistrer le match de rugby.

→ ....

g. On me demande ce que j'aimerais faire comme sport.

→ ....

h. Vous me demandez si j'ai suivi les Jeux olympiques de Sydney.

→ ....

294 Mettez ces questions à la forme indirecte.

Exemple : « Est-ce que vous sortez souvent le soir ? »
→ Vous lui demandez *si elle sort souvent le soir*.

a. « Allez-vous au cinéma, au théâtre ou au concert ? »
→ Vous lui demandez ....

b. « Préférez-vous être seule ? »
→ Vous lui demandez ....

c. « Est-ce que vous dînez parfois chez des amis ? »
→ Vous lui demandez ....

d. « Vous arrive-t-il de prendre un verre tard le soir ? »
→ Vous lui demandez ....

e. « Avez-vous un quartier de préférence pour vos sorties ? »
→ Vous lui demandez ....

f. « Est-ce que vous aimez marcher dans les rues ? »
→ Vous lui demandez ....

g. « Invitez-vous parfois vos amis au restaurant ? »
→ Vous lui demandez ....

h. « Réservez-vous vos places de cinéma à l'avance ? »
→ Vous lui demandez ....

295 Trouvez les questions directes en rapport avec les réponses indirectes données.

Exemple : « *Qui êtes-vous ?* » ← Je demande qui vous êtes.

a. .... ← Je vous demande ce que vous faites ici.

b. .... ← Je vous demande comment vous vous appelez.

c. .... ← Je vous demande d'où vous venez.

d. .... ← Je vous demande pourquoi vous êtes ici.

e. .... ← Je vous demande quand vous êtes arrivé.

f. .... ← Je vous demande comment vous êtes rentré chez vous.

g. .... ← Je vous demande qui vous a donné mon adresse.

h. .... ← Je vous demande ce que vous comptez faire !

296 Répétez ces questions posées par un journaliste à une centenaire un peu sourde.

Exemple : « Madame, quel est votre nom ? » → Je vous demande *quel est votre nom*.

a. « En quelle année êtes-vous née ? »
→ Je vous demande ....

b. « Où habitiez-vous quand vous étiez jeune ? »
→ Je vous demande ....

c. « Comment était votre village ? »
→ Je vous demande ....

d. « Que faisiez-vous de vos journées ? »
→ Je vous demande ....

e. « Quand vous êtes-vous mariée ? »

→ Je vous demande ....

f. « Pourquoi vous êtes-vous installée dans cette ferme ? »

→ Je vous demande ....

g. « Combien d'enfants avez-vous eus ? »

→ Je vous demande ....

h. « Avez-vous été heureuse dans votre vie ? »

→ Je vous demande ....

297 **Pouvez-vous répéter ? Complétez.**

Exemple : « Je vais au cinéma demain soir. » – Qu'est-ce qu'elle dit ?

→ Elle dit ***qu'elle va au cinéma demain soir.***

a. « Je déteste la publicité ! » – Qu'est-ce qu'elle dit ?

→ Elle dit ....

b. « Vous aimez les films policiers ? » – Qu'est-ce qu'elle dit ?

→ Elle lui demande ....

c. « J'ai regardé un documentaire sur Canal 5. » – Qu'est-ce qu'il dit ?

→ Il dit ....

d. « Éteins cette télévision, s'il te plaît ! » – Pardon ?

→ Elle te demande ....

e. « Quelle chaîne regardes-tu ce soir ? » – Comment ?

→ Il te demande ....

f. « Vous aimez les sitcoms ? » – Qu'est-ce qu'elle dit ?

→ Elle te demande ....

g. « À quelle heure passe l'émission de variétés ? » – Pardon ?

→ Elle te demande ....

h. « Quel genre de films regardez-vous le plus souvent ? » – Comment ?

→ Elle te demande ....

298 **Complétez les phrases suivantes par** *ce que, si, s', ce qui, combien, pourquoi, comment* **ou** *quand*.

Exemple : On se demande ***ce qui*** a bien pu lui arriver.

a. Elle ne sait pas .... elle gagne exactement.

b. Il me demande souvent .... son père est absent.

c. Je vous demande .... vous viendrez à Lyon : en train ou en voiture ?

d. Nous ignorons .... nous prendrons nos congés.

e. Elle me répond .... lui plaît.

f. Tu ne sais pas .... tu feras plus tard ?

g. Dites-moi .... vous ferait plaisir !

h. Ils ne savent pas encore .... ils seront présents à la cérémonie.

299 Faites des phrases en associant les éléments donnés (parfois plusieurs possibilités).

Il nous demande :

a. s'
b. si
c. ce que
d. ce qui
e. ce qu'
f. comment
g. quand
h. quelle

1. nous pensons faire en août.
2. elle réserve comme date de départ.
3. nous achèterons les billets d'avion.
4. il fait beau en Guadeloupe.
5. nous partirons en vacances.
6. compagnie nous choisirons.
7. nous empêche d'aller à l'étranger.
8. nous irons les voir cet été.

300 Que vous demande-t-on ? Transposez ces phrases à la forme indirecte.

Exemple : « Vos papiers, s'il vous plaît ! »
→ Le gendarme *me demande de lui présenter mes papiers*.

a. « Auriez-vous du feu ? »
→ Un collègue ....
b. « Savez-vous où se trouve la rue Guy-Moquet ? »
→ Un passant ....
c. « À quelle heure est le prochain train pour Brest ? »
→ Un voyageur ....
d. « Qu'avez-vous à déclarer ? »
→ Un douanier ....
e. « Quand pars-tu pour New York ? »
→ Ma mère ....
f. « Pourquoi prends-tu ta voiture dans Paris ? »
→ Une amie ....
g. « Qu'est-ce que vous voulez comme timbre ? »
→ La postière ....
h. « Qu'est-ce qui vous est arrivé ? »
→ L'infirmier ....

301 Réécrivez ces demandes à la forme directe.

Exemple : Nos parents nous demandent si nous viendrons avec eux.
→ Nos parents à nous : *« Viendrez-vous avec nous ? »*

a. La serveuse leur demande ce qu'ils préfèrent comme dessert.
→ ....
b. Pauline nous répond qu'elle ne nous a pas vus.
→ ....
c. La caissière nous demande de fermer la porte du magasin.
→ ....
d. Le garçon te demande si tu prends un café.
→ ....

e. La cliente lui demande de lui rendre sa monnaie.

→ ....

f. Un enfant me demande si je peux l'aider à traverser la rue.

→ ....

g. Les techniciens lui demandent ce qui ne marche pas bien.

→ ....

h. La réceptionniste nous recommande de fermer la porte de notre chambre à clé.

→ ....

302 **Réécrivez ces questions à la forme indirecte.**

Exemple : Jacques à Cécile : « Es-tu libre ce soir ? »

→ *Jacques demande à Cécile si elle est libre ce soir.*

a. Le professeur à ses élèves : « Que lisez-vous en ce moment ? »

→ ....

b. Georges à moi : « Tu peux me prêter ton sac de voyage ? »

→ ....

c. Moi à Jeanne : « Que m'as-tu rapporté d'Indonésie ? »

→ ....

d. Les parents à leur fille : « Tu n'oublieras pas de nous donner de tes nouvelles ! »

→ ....

e. Une vieille dame à sa voisine : « Quand reviendrez-vous me voir ? »

→ ....

f. Fabienne à son petit ami : « On pourra se voir samedi soir ? »

→ ....

g. Élise à moi : « Tu m'emmèneras au zoo ? »

→ ....

h. Moi à une copine en larmes : « Qu'est-ce qui t'arrive ? »

→ ....

303 **Excusez-moi, je n'ai pas bien compris ! Pouvez-vous répéter, s'il vous plaît ?**

Exemple : – Que faites-vous pendant les vacances ?

– Pardon ?

– Je vous demande *ce que vous faites pendant les vacances.*

a. – Nous louons une maison en Bretagne.

– Pardon ?

– Je dis ....

b. – Est-ce que vous passez toujours vos vacances en Bretagne ?

– Je n'ai pas bien compris !

– Je demande ....

c. – Nous y allons depuis trois ans.

– Pardon ?

– Je dis ....

d. – Qu'est-ce qui vous attire dans cette région ?

   – Je n'entends pas.

   – Je demande ....

e. – Est-ce que vous avez de la famille là-bas ?

   – Parlez plus fort !

   – Je demande ....

f. – Ah ! Vous faites du bateau avec votre frère ! Faites très attention, la mer peut être dangereuse !

   – Comment ?

   – Je vous conseille ....

g. – Et votre mari aussi aime la navigation ?

   – Excusez-moi !

   – Je demande ....

h. – Il a horreur de ça !

   – Pardon ?

   – Je dis ....

304 **Réécrivez ces phrases à la forme directe ou indirecte.**

Exemples : Le livreur lui demande de rester à la maison toute la matinée du 14 et d'attendre son passage.

→ *« Restez à la maison toute la matinée du 14 et attendez mon passage. »*

La concierge : « Est-ce que vous pouvez me laisser votre nouvelle adresse ? »

→ *La concierge me demande si je peux lui laisser ma nouvelle adresse.*

a. La femme à son mari : « Laisse-moi une clé si je rentre tard. »

→ ....

b. Je demande à la gardienne de venir arroser mes plantes pendant le mois d'août et de fermer les fenêtres s'il pleut.

→ ....

c. Charlotte à une copine : « Que pourrions-nous faire dimanche après-midi ? Qu'est-ce qui te ferait plaisir ? »

→ ....

d. La vieille dame du cinquième demande au facteur s'il lui apporte l'argent de sa pension.

→ ....

e. Sylvie à son voisin : « Vous n'auriez pas vu mon chat ? »

→ ....

f. Mon ami demande au plombier quand il pourra venir changer ses robinets qui fuient et combien ça lui coûtera.

→ ....

g. Le propriétaire aux locataires : « Pourriez-vous régler votre loyer avant le 31 décembre prochain ? »

→ ....

h. L'étudiante du sixième explique au propriétaire qu'elle ne pourra pas payer son loyer car elle n'a pas reçu d'argent de sa famille.

→ ....

B. LA CONCORDANCE DES TEMPS

305 Soulignez les phrases où les paroles sont rapportées au passé.

Exemples : <u>Hugo a répondu qu'il n'aimait pas les films de science-fiction.</u>

Hugo dit qu'il préfère les comédies.

a. On a trouvé que le château de Blois était magnifique.

b. Les étrangers jugent les Français chauvins.

c. Je n'ai pas dit qu'ils étaient sympathiques.

d. Elle nous a demandé si on avait visité les jardins de Versailles.

e. Il répond qu'il aimerait bien monter au sommet de la tour Eiffel.

f. On se demandait s'il viendrait visiter la Grande Arche.

g. Elle dit qu'elle n'a pas aimé les colonnes de Buren.

h. On dit qu'on pourrait se retrouver sur les marches de l'Opéra-Bastille.

306 Que disent-ils ? Rapportez leurs paroles.

Exemples : « La neige est bonne ! »

→ Elle dit *que la neige est bonne*.

« Vous avez vos forfaits de ski ? »

→ Il demande *s'ils ont leurs forfaits de ski*.

a. « Qu'est-ce qu'on descend comme piste ? »

→ Il demande ....

b. « Il y a la queue au téléski ? »

→ Elle demande ....

c. « Et si on prenait un vin chaud ! »

→ Elle propose ....

d. « Je vous retrouve à midi au café ! »

→ Elle dit ....

e. « Vous êtes tombés ? »

→ Il demande ....

f. « Où voulez-vous aller ? »

→ Il demande ....

g. « On va retrouver Anne ? »

→ Il suggère ....

h. « Moi, j'arrête de skier pour la journée ! »

→ Il dit ....

307 **Transformez les phrases au passé.**

> *Exemples :* Elle dit qu'il pleut.
>
> → ***Elle a dit qu'il pleuvait.***
>
> Il demande si nous avons des parapluies.
>
> → ***Il a demandé si nous avions des parapluies.***
>
> Nous répondons que nous avons des parapluies.
>
> → ***Nous avons répondu que nous avions des parapluies.***

a. Il demande si le ciel est couvert.

→ ....

b. Elle dit que nous partons skier.

→ ....

c. Ils répondent qu'ils ne veulent pas y aller.

→ ....

d. Il dit que tu joues bien au tennis.

→ ....

e. Elle demande si tu pratiques la plongée depuis longtemps.

→ ....

f. Tu réponds que tu en fais depuis quinze ans.

→ ....

g. Il demande si vous aimez la plage.

→ ....

h. Vous répondez que la plage ne vous plaît pas beaucoup.

→ ....

308 **Hier, l'inspecteur Beaumont a interrogé la concierge de notre immeuble. Il lui a posé les questions suivantes :**

> *Exemple :* Quelles sont vos heures de permanence dans l'immeuble ?
>
> → Il lui a demandé ***quelles étaient ses heures de permanence dans l'immeuble.***

a. À quel moment faites-vous le ménage dans l'escalier ?

→ Il lui a demandé ....

b. Surveillez-vous les allées et venues des locataires ?

→ Il lui a demandé ....

c. Votre porte est-elle fermée aux heures des repas ?

→ Il lui a demandé ....

d. Est-ce que vous connaissez tous les locataires de votre immeuble ?

→ Il lui a demandé ....

e. Est-ce que vous demandez aux inconnus à quelle personne ils viennent rendre visite ?

→ Il lui a demandé ....

f. Y a-t-il déjà eu des vols dans cet immeuble ?

→ Il lui a demandé ....

g. Possédez-vous le double des clés de tous les appartements ?

→ Il lui a demandé ....

h. N'avez-vous rien remarqué de suspect ces derniers jours ?

→ Il lui a demandé ....

309 **Rapportez les demandes suivantes au passé.**

Exemples : « Vous déménagerez vraiment ? »

→ ***On nous a demandé si nous déménagerions vraiment.***

« Dans combien de temps partirez-vous ? »

→ ***On nous a demandé dans combien de temps nous partirions.***

a. « Pourquoi quittez-vous la région parisienne ? »

→ ....

b. « Que ferez-vous de votre logement actuel ? »

→ ....

c. « Où irez-vous habiter ? »

→ ....

d. « Prendrez-vous un appartement ou une maison ? »

→ ....

e. « Comment trouverez-vous un nouvel emploi ? »

→ ....

f. « Est-ce que votre femme continuera à travailler ? »

→ ....

g. « Où vos enfants iront-ils à l'école ? »

→ ....

h. « Reviendrez-vous à Paris de temps en temps ? »

→ ....

310 **Rapportez au passé ce dialogue entre un collégien et son professeur.**

Exemples : Que feras-tu plus tard ? – Je serai pilote d'essai.

→ Le professeur lui a demandé ***ce qu'il ferait plus tard.***

→ Le collégien lui a répondu ***qu'il serait pilote d'essai.***

a. Il te faudra faire des études scientifiques !

→ Le professeur lui a dit ....

b. Je sais, je travaillerai beaucoup les mathématiques.

→ Le collégien a répondu ....

c. Où iras-tu vivre ?

→ Le professeur lui a demandé ....

d. J'irai à Toulouse, près de l'Aérospatiale.

→ Il a répondu ....

e. Est-ce que tu te marieras ?

→ Il lui a demandé ....

f. Je ne sais pas mais j'aurai au moins deux enfants.

→ Il a dit ....

g. Pourquoi voudras-tu des enfants ?

→ Il lui a demandé ....

h. Parce que nous fabriquerons des maquettes d'avion ensemble !

→ Il a expliqué ....

311 **Réécrivez les phrases suivantes au passé.**

Exemples : Elle m'assure qu'elle est malade.

→ ***Elle m'a assuré qu'elle était malade.***

Elle dit qu'elle a pris froid hier soir.

→ ***Elle a dit qu'elle avait pris froid hier soir.***

Elle pense qu'elle sera absente quelques jours.

→ ***Elle pensait qu'elle serait absente quelques jours.***

a. Il me demande où j'ai mal.

→ ....

b. Je lui réponds que je me suis tordu la cheville en courant.

→ ....

c. Il dit que je ne pourrai pas courir pendant deux semaines au moins.

→ ....

d. Ils savent qu'ils seront en retard.

→ ....

e. Ils disent qu'il y a eu un accident sur la route.

→ ....

f. Ils assurent qu'il y a beaucoup d'embouteillages.

→ ....

g. Caroline affirme qu'elle est heureuse.

→ ....

h. Elle pense qu'elle obtiendra une bonne note à son examen de français.

→ ....

312 **Mettez les phrases suivantes au passé.**

Exemple : La météo annonce que l'hiver sera rigoureux.

→ ***La météo a annoncé que l'hiver serait rigoureux.***

a. Le Premier ministre déclare que le chômage a baissé le trimestre dernier.

→ ....

b. Les pays européens espèrent qu'ils réussiront à harmoniser les taxes.

→ ....

c. Les médias font savoir que le pouvoir d'achat des Français diminue.

→ ....

d. L'INSEE* estime que la population de la France vieillit très vite.

→ ....

e. Le ministre de la Santé trouve que l'on a consommé trop de médicaments l'an dernier.

→ ....

_____

* INSEE : Institut National de la Statistique et des Études Économiques.

f. Le président de CTI affirme qu'il n'y aura plus de conflits sociaux.

→ ....

g. Les syndicats pensent que la grève a touché 50 % de la population.

→ ....

h. La Bourse annonce que le dollar a chuté aujourd'hui.

→ ....

313 Cochez la forme verbale qui convient.

Exemple : Ton père savait que tu ☐ as ☐ as eu ☒ aurais ce poste.

a. Mme Foulon trouve qu'elle ☐ *dépensait* ☐ *dépense* ☐ *a dépensé* trop d'argent le mois dernier.

b. La veille, il m'avait annoncé qu'ils ☐ *se mariaient* ☐ *s'étaient mariés* ☐ *se marieraient* bientôt.

c. Je ne pense pas qu'il ☐ *trouve* ☐ *trouvera* ☐ *trouverait* un appartement la semaine prochaine.

d. Le lendemain, il m'a demandé si je ☐ *veux* ☐ *voudrai* ☐ *voulais* l'épouser.

e. La semaine dernière, elle m'a répété ce que tu lui ☐ *disais* ☐ *avais dit* ☐ *dirais*.

f. Tu lui as demandé ce qui lui ☐ *fait* ☐ *fera* ☐ *ferait* plaisir pour son anniversaire ?

g. Tu pensais qu'ils ☐ *achetaient* ☐ *avaient acheté* ☐ *achèteraient* bientôt une maison dans les Pyrénées ?

h. J'ignorais qu'Alice ☐ *prenait* ☐ *prendrait* ☐ *avait pris* des cours de sculpture l'an dernier. Elle a exposé quelques pièces.

Bilans

314 Transposez ce dialogue au style indirect et jouez à votre tour à « ni oui-ni non ».

Anne : *Sophie, connais-tu le jeu « ni oui-ni non » ?*

Sophie : *Non, explique-moi comment on y joue.*

Anne : *Voilà : on va se poser des questions mais on ne doit répondre ni par oui, ni par non. Tu as compris ?*

Sophie : *Oui, c'est facile. Tu commences ?*

Anne : *D'accord. Tu fais du sport ?*

Sophie : *J'en fais de temps en temps.*

Anne : *Tu sors souvent avec tes amis ?*

Sophie : *Bien sûr. On adore aller au cinéma ensemble.*

Anne : *Et le dimanche, tu vas voir tes parents ?*

Sophie : *Ça m'arrive.*

Anne : *Tu t'entends bien avec eux ?*

Sophie : *Oui, surtout...*

Anne : *Tu as perdu ! Tu viens de dire « oui ». C'est à toi de poser des questions.*

Anne demande à Sophie si elle connaît le jeu « ni oui-ni non ». Sophie répond que non (qu'elle ne le connaît pas) et elle lui demande de lui expliquer comment on y joue. .....

....

....

....

....

....

315 **Complétez ce dialogue en respectant les concordances de temps.**

– *Hier, Vincent m'a annoncé qu'il (partir)* .... **(1)**.

– *Pour toujours ?*

– *Il m'a dit qu'il (ne pas savoir)* .... **(2)**, *qu'il (avoir besoin)* .... **(3)** de réfléchir.

– *Et toi, qu'est-ce que tu lui as répondu ?*

– *Je lui ai répondu que, s'il s'en allait, je ne l' (ne pas attendre)* .... **(4)**. *Je lui ai dit aussi que je (vouloir)* .... **(5)** *des enfants. Bientôt.*

– *Tu m'avais dit que Vincent (ne pas souhaiter)* .... **(6)** *avoir d'enfants.*

– *C'est vrai. Mais l'année dernière, il m'avait promis qu'il (réfléchir)* .... **(7)**.

– *Et alors ?*

– *Il m'a dit qu'il (se sentir)* .... **(8)** *trop jeune.*

– *Il a 30 ans !*

– *Je sais. C'est ce que je lui ai dit. Mais il m'a répondu que l'âge (être)* .... **(9)** *sans importance ; c'est le désir qui compte.*

– *Drôle de garçon ! Que vas-tu faire ?*

– *Je vais rester ici. J'ai parlé à mon patron, qui m'a assuré que je (pouvoir)* .... **(10)** *continuer à travailler dans son entreprise.*

– *C'est déjà bien !*

– *Si on peut dire... Et toi, comment ça va ?*

– *Pas mal. Arnaud m'a demandé si je (désirer)* .... **(11)** *me marier avec lui.*

– *Et tu lui as répondu quoi ?*

– *Je lui ai répondu que j' (accepter)* .... **(12)**.

– *Félicitations !*

– *Tu sais, depuis que l'on se connaît, Arnaud m'a toujours dit qu'il (se marier)* .... **(13)** *avec moi.*

– *Tu as beaucoup de chance !*

– *Toi aussi, Myriam. Vincent est un garçon très bien. Je pense que tu (devoir)* .... **(14)** *lui parler davantage.*

– *Je ne sais pas. Je crois qu'il (ne pas changer)* .... **(15)** *d'avis.*

– *S'il part, je pense qu'il (perdre)* .... **(16)** *beaucoup.*

XI. LA CONCORDANCE DES TEMPS

Ne fais pas à autrui ce que tu ne voudrais pas qu'on te fasse.

A. LA CONCORDANCE DES TEMPS À L'INDICATIF ET AU CONDITIONNEL

316 Mettez les verbes suivants au présent, au futur ou à l'imparfait.

Exemple : En 1962, les Français **buvaient** (boire) 127 litres de vin par an et par personne en moyenne.

a. Leur consommation de vin .... (diminuer) régulièrement depuis : elle .... (atteindre) 65 litres en 1993.

b. Les Français .... (consommer) de plus en plus d'eau minérale : 103 litres par an et par personne en 1993.

c. Leur consommation de produits surgelés .... (augmenter) encore dans les prochaines années.

d. Les Français .... (manger) beaucoup plus de pain dans les années 60.

e. Actuellement, ils .... (apprécier) de moins en moins les pommes de terre : 63 kg par an et par personne.

f. Aujourd'hui, ils .... (réduire) également leur consommation de viande.

g. La tendance montre que les Français .... (commander) de plus en plus de repas livrés à domicile dans les années à venir.

h. En 1975, ils .... (accorder) moins d'importance au petit déjeuner qu'aujourd'hui.

317 Écrivez les verbes entre parenthèses au temps qui convient.

Exemple : Si les Français fumaient moins, ils **se porteraient** (se porter) mieux.

a. Comme les Français ont pris trop de médicaments, les dépenses de santé .... (augmenter) de manière sensible.

b. On dit qu'aujourd'hui les jeunes .... (dépenser) plus que leurs parents pour s'habiller.

c. Au début des années 90, chacun .... (personnaliser) sa tenue en mélangeant les styles.

d. À partir des années 80, les Français .... (se soucier) de leur corps.

e. D'ici dix ans, les fumeurs .... (être) moins nombreux.

f. Les gens .... (porter) plus de lunettes il y a quelques années.

g. À l'avenir, les Français .... (pratiquer) plus de sport qu'aujourd'hui.

h. L'hygiène .... (se développer) d'une façon considérable depuis vingt ans.

318 | Mettez les phrases suivantes à l'imparfait ou au passé composé.

Exemple : Claude Simon *a reçu* (recevoir) le prix Nobel de littérature en 1985.

a. Il .... (naître) en 1913, peu avant la Première Guerre mondiale.

b. Il avait 72 ans lorsqu'il .... (recevoir) le prix Nobel.

c. Claude Simon .... (être) le premier écrivain français à recevoir ce prix depuis Jean-Paul Sartre.

d. Avant ce prix Nobel, peu de lecteurs le .... (connaître).

e. Néanmoins, de nombreux critiques .... (étudier) son œuvre.

f. La Seconde Guerre mondiale .... (marquer) une grande partie de ses romans.

g. Il .... (écrire) son premier livre dans les années 50.

h. À cette époque, Claude Simon .... (fréquenter) les écrivains d'un courant littéraire appelé le « nouveau roman ».

319 | Cochez la forme verbale qui convient.

Exemple : Elle ne pensait pas qu'on ☐ *a* ☐ *aura* ☒ *aurait* le temps de tout préparer.

a. Comme il y avait des embouteillages, ils ☐ *préfèrent* ☐ *préféreraient* ☐ *ont préféré* prendre le métro.

b. Il ☐ *ferait* ☐ *a fait* ☐ *fait* très froid hier soir et les routes étaient verglacées.

c. Alors qu'elle ☐ *s'est apprêtée* ☐ *s'apprêtait* ☐ *s'apprêterait* à sortir, le téléphone s'est mis à sonner.

d. En cas de besoin, vous ☐ *pourriez* ☐ *avez pu* ☐ *pouviez* toujours nous appeler !

e. Tu savais que Paul ☐ *a arrêté* ☐ *arrêtait* ☐ *avait arrêté* de fumer le mois dernier ?

f. Lorsqu'ils sont arrivés à la gare, leur train ☐ *venait* ☐ *vient* ☐ *viendrait* de partir.

g. On habiterait sur la plage ! ☐ *Ce sera* ☐ *Ce serait* ☐ *C'était* fantastique !

h. Comme il ☐ *pleuvait* ☐ *a plu* ☐ *avait plu* toute la matinée, le jardin était trempé.

320 | Assemblez les éléments suivants pour en faire des phrases.

1. qu'on partira par le train de 11 heures.

2. que vous seriez plus grand.

a. Je crois

3. que nous vivrons bien à Aix.

4. que les enfants regardent la télévision.

5. que tu t'étais trompé d'adresse.

b. Marie pensait

6. que nous prendrions la voiture.

7. qu'ils étaient originaires de Tours.

8. que nous louerions un studio.

321 | Mettez les phrases suivantes au passé.

Exemple : Elle rapporte le livre qu'elle vient de terminer.

→ *Elle a rapporté le livre qu'elle venait de terminer.*

a. Marie est très fâchée ; elle part en claquant la porte.

→ ....

b. Il neige, alors il met ses bottes fourrées.

→ ....

c. Marc a très mal aux dents ; pour cela, il prend rendez-vous chez le dentiste.

→ ....

d. Cette histoire, je n'y crois pas et j'ai raison.

→ ....

e. Il est midi, alors la sirène sonne.

→ ....

f. *Le Garçu* est un bon film, tu ne trouves pas ?

→ ....

g. Comme tu le souhaites, tu peux emprunter ce disque de Nougaro à la médiathèque.

→ ....

h. Puisque vous ne travaillez pas lundi, nous déjeunons ensemble.

→ ....

322 **Mettez les phrases suivantes au présent.**

Exemple : Personne ne croyait qu'ils gagneraient cette finale.

→ ***Personne ne croit qu'ils gagneront cette finale.***

a. J'étais certain qu'ils participeraient au second tour.

→ ....

b. Les journalistes eux-mêmes ne savaient pas que ce joueur était malade.

→ ....

c. Un ami m'a appelé au moment où je regardais le match.

→ ....

d. On voyait bien qu'il avait un problème parce qu'il ne courait pas vite.

→ ....

e. Laurent a parié qu'ils perdraient 2-0.

→ ....

f. Tu ne savais pas que Laurent n'y connaissait rien ?

→ ....

g. Moi, je ne pensais pas qu'ils gagneraient si facilement.

→ ....

h. Mon père disait que ce serait leur jour de chance.

→ ....

323 **Mettez les verbes soulignés au présent et respectez la concordance des temps.**

Exemple : Saviez-vous que Louis fêterait ses 30 ans ce soir ?

→ ***Savez*-vous que Louis *fêtera* ses 30 ans ce soir ?**

a. As-tu dit que tu connaissais sa nouvelle adresse ?

→ ....

b. Nous avons cru que tu avais eu un problème.

→ ....

c. Je ne <u>pensais</u> pas que vous arriveriez si tard.

→ ....

d. On <u>pensait</u> que vous deviez quitter votre bureau plus tôt.

→ ....

e. J'<u>étais</u> sûre que tu allais nous téléphoner.

→ ....

f. Ta secrétaire <u>a affirmé</u> que tu étais parti vers 15 heures.

→ ....

g. Pierre <u>a assuré</u> qu'il ne fallait pas s'inquiéter.

→ ....

h. Louis <u>a dit</u> qu'on ferait la fête sans toi, mais te voilà.

→ ....

324 **Écrivez le verbe entre parenthèses au temps qui convient.**

Exemple : J'ai eu l'impression que tu **hésitais** (hésiter).

a. Je pense que tout .... (être) plus calme la semaine prochaine.

b. Elle était sûre que vous .... (connaître) la nouvelle avant elle.

c. On croyait que le lendemain tu .... (prendre) le train de 8 h 30.

d. Ils ont découvert qu'on .... (voler) un tableau de Van Gogh cette nuit.

e. Elle a décidé qu'on .... (partir) tôt demain matin.

f. Êtes-vous sûrs que vos amis .... (accepter) votre proposition demain matin ?

g. Antoine croyait qu'il .... (se casser) le pied hier soir.

h. Saviez-vous qu'il .... (faire) si froid cette semaine ?

325 **Réécrivez ces phrases au passé.**

Exemple : Vous ne pensez pas que ce cadeau lui plaira ?

→ ***Vous ne pensiez pas que ce cadeau lui plairait ?***

a. Il me semble que tu maigris beaucoup.

→ ....

b. Léa est certaine que son projet sera accepté.

→ ....

c. J'ai l'impression que Mme Boyer prendra bientôt sa retraite.

→ ....

d. Elle croit que nous partagerons les frais de transport.

→ ....

e. Êtes-vous sûrs que vos amis nous rejoindront au théâtre ?

→ ....

f. Je trouve que notre situation s'améliore.

→ ....

g. Marc est convaincu que sa sœur rentrera en France le mois prochain.

→ ....

h. Ses parents ne pensent pas qu'il terminera sa maîtrise en juin.

→ ....

B. INDICATIF ET SUBJONCTIF

326 Complétez les phrases suivantes par un indicatif ou un subjonctif.

Exemples : Je ne pense pas qu'il *soit* (être) heureux.

Tu crois qu'il *viendra* (venir) ce soir ?

a. Nous ne croyons pas qu'ils .... (partir) à l'étranger cette année.

b. Vous croyez qu'il .... (être) trop tôt ?

c. J'ai toujours pensé que Solange .... (vouloir) rester en France.

d. Et toi, Pierre, est-ce que tu crois qu'ils .... (déménager) l'année prochaine ?

e. Je ne pense pas qu'ils .... (être) encore bien décidés à partir.

f. Tu ne crois donc pas qu'il .... (obtenir) ce poste dont il nous a parlé ?

g. Non. Je pense qu'il .... (avoir) encore besoin de réfléchir.

h. Je crois surtout qu'ils .... (ne pas être) pressés ; car ils se trouvent très bien sur la Côte d'Azur.

327 Faites des phrases sur le modèle donné en employant l'indicatif ou le subjonctif.

Exemple : Elle partira en vacances demain ; j'en suis ravi.

→ *Je suis ravi qu'elle parte en vacances demain.*

a. Sophie ne finira pas son stage ; je le regrette.

→ ....

b. Vous m'appellerez vendredi ; je préfère.

→ ....

c. Elles prendront le train ; je l'espère.

→ ....

d. Il répondra le premier ; je le sais.

→ ....

e. Elle fait tout très bien ; j'en suis persuadé.

→ ....

f. On ira à Paris ; je le souhaite.

→ ....

g. Tu mettras ton pull gris ; je le veux.

→ ....

h. Vous serez prudents ; je l'exige.

→ ....

328 Réécrivez les phrases suivantes en employant les expressions données suivies du subjonctif.

Exemple : Les conducteurs font attention aux limitations de vitesse. (il est essentiel)

→ *Il est essentiel que les conducteurs fassent attention aux limitations de vitesse.*

a. Les catastrophes naturelles sont de plus en plus nombreuses. (c'est préoccupant)

→ ....

b. La population planétaire prend conscience de l'importance de la nature. (il est essentiel)

→ ....

c. Les pays industrialisés dépensent de l'argent pour lutter contre la pollution. (il est souhaitable)

→ ....

d. Les grandes villes ont des pistes cyclables. (c'est bon signe)

→ ....

e. Les réserves d'eau dans le monde sont en baisse. (c'est dramatique)

→ ....

f. Il y a encore beaucoup trop de morts sur les routes françaises. (c'est regrettable)

→ ....

g. Les côtes françaises sont parfois victimes de marées noires. (il est inadmissible)

→ ....

h. L'État défend le littoral français. (il est normal)

→ ....

329 **Complétez les phrases suivantes par l'indicatif ou le subjonctif.**

Exemple : Thomas refuse que sa fille ***sorte*** (sortir) tard le soir.

a. Nous craignons qu'il ne .... (comprendre) pas ce roman.

b. Vous savez que Joseph .... (vendre) sa moto ?

c. Elle voudrait qu'un décorateur .... (refaire) son appartement.

d. Il est probable que les employés .... (refuser) toute négociation.

e. J'espère que l'avenir .... (être) meilleur.

f. Quand t'es-tu aperçu que les enfants .... (avoir) des difficultés ?

g. Je doute que tu .... (parvenir) à finir ce livre avant ce soir.

h. Elle affirme qu'on lui .... (fournir) ce renseignement à la gare.

330 **Terminez les phrases en mettant le verbe entre parenthèses au subjonctif ou à l'indicatif.**

Exemple : Elle lisait pendant qu'il ***travaillait*** (travailler).

a. Elle fait le ménage avant qu'ils .... (revenir).

b. Depuis qu'ils .... (avoir) des enfants, ils ne sortent plus.

c. Nous regardons la télévision en attendant qu'ils .... (finir) leurs devoirs.

d. Nous irons nous promener pendant que tu .... (faire) les courses.

e. Je faisais la vaisselle tandis qu'elle .... (coucher) les enfants.

f. Elle restait à ses côtés jusqu'à ce qu'il .... (s'endormir).

g. Je suis entré au moment où elle .... (sortir).

h. Elle s'est mise à pleurer dès que je lui .... (annoncer) la nouvelle.

331 **Complétez les phrases suivantes par le temps du mode indicatif approprié (parfois deux possibilités).**

Exemple : S'il ne vient pas au rendez-vous, ***j'avertis immédiatement le directeur.***

a. Si j'étais arrivé à temps, ...

b. Si tu m'avais écouté, ...

c. Si elle accepte ma proposition, ...

d. Si vous étiez d'accord, ...

e. Si nous refusons, ...

f. Si tu allais chez le coiffeur, ...

g. Si seulement elle acceptait de dîner avec moi, ...

h. Si je l'avais connue plus tôt, ...

C. LE DISCOURS RAPPORTÉ

332 Mettez les verbes suivants au présent, au futur ou à l'imparfait (parfois plusieurs possibilités).

Exemple : Je pense que nous ***arriverons*** (arriver) de bonne heure dimanche prochain.

a. Pourquoi ne lui dites-vous pas que vous .... (être) malade ce matin ?

b. Jean croit qu'il .... (pouvoir) tout se permettre en ce moment.

c. La secrétaire m'avertit que sa voiture ne .... (vouloir) pas démarrer ; elle sera donc en retard ce matin.

d. Alice se demande si elle .... (obtenir) sa licence d'histoire à la fin de l'année.

e. Tu ne trouves pas que la mariée .... (porter) une robe originale hier à la mairie ?

f. Peux-tu me dire ce que tu .... (faire) lundi dernier sur le boulevard Saint-Germain ?

g. Il me semble que tu .... (aller) beaucoup mieux depuis trois jours.

h. L'été prochain ? Nous ne savons pas encore où nous .... (partir) en vacances.

333 Reliez par une flèche les éléments suivants pour en faire des phrases (plusieurs associations possibles).

a. Il m'explique —————————————————

b. As-tu reconnu

c. Nous pensons

d. J'imaginais

e. A-t-elle avoué

f. Ils ont compris

g. Je crois

h. Elle se demande

1. si elle a bien fermé la porte.

2. ce que je dois faire.

3. que vous aviez plus de 30 ans.

4. ce qu'il a voulu dire.

5. qu'elle avait pris la mauvaise route ?

6. que tu t'étais trompé ?

7. que nous n'avions jamais dit ça.

8. qu'il est temps de rentrer.

334 Introduisez les phrases suivantes au passé et mettez les verbes à l'imparfait ou au plus-que-parfait.

Exemples : Le juge déclare que la séance peut commencer.

→ ***Le juge a déclaré que la séance pouvait commencer.***

J'ai l'impression que le public est venu nombreux.

→ ***J'ai eu l'impression que le public était venu nombreux.***

a. La victime dit qu'on lui a volé une forte somme d'argent.

→ La victime a dit qu'on ....

b. Le témoin affirme qu'il a vu cet homme sortir de l'hôtel.

→ Le témoin a affirmé ....

c. Le gardien dit qu'il ne reconnaît pas cet homme.

→ ....

d. La victime assure qu'on est entré dans sa chambre par la porte.

→ ....

e. Le suspect déclare qu'il ne connaît pas l'hôtel Meurisse.

→ ....

f. Le juge demande au suspect s'il a déjà rencontré la victime.

→ ....

g. Le suspect reconnaît qu'il a travaillé quelques mois dans son entreprise.

→ ....

h. Le juge admet qu'il n'y a aucune preuve et annonce qu'il reporte la séance.

→ ....

335 Réintroduisez les phrases suivantes au présent.

Exemple : L'hôtelier nous a assuré que nous pourrions arriver en pleine nuit.

→ *L'hôtelier nous assure que nous pourrons arriver en pleine nuit.*

a. Je t'ai dit que j'avais réservé une chambre pour samedi soir.

→ ....

b. L'hôtelier m'a demandé si nous resterions plusieurs jours.

→ ....

c. J'ai répondu que nous déciderions une fois sur place.

→ ....

d. J'ai voulu savoir si notre chambre donnerait sur la mer.

→ ....

e. Il m'a expliqué qu'à cette saison, c'était difficile car l'hôtel était déjà presque plein.

→ ....

f. Il a ajouté qu'il ferait son possible pour répondre à ma demande.

→ ....

g. J'en ai profité pour lui demander quel temps il faisait.

→ ....

h. Il m'a annoncé que les températures étaient très douces et qu'on aurait sûrement du soleil.

→ ....

336 Reliez les éléments suivants pour en faire des phrases (parfois plusieurs possibilités).

a. Je me suis dit
b. Tu savais
c. Il m'a demandé
d. Nous ne connaissons pas
e. Le ministre a félicité
f. Nous espérions
g. Je te répète
h. Je lui ai promis

1. que Jef était papa ?
2. quel train je prendrais.
3. le pays où vous avez vécu.
4. qu'il accepterait notre proposition.
5. que je ne suis pas d'accord.
6. le gendarme pour son courage.
7. qu'il n'avait pas tort.
8. de venir la chercher à l'aéroport.

Bilans

337 Conjuguez les verbes entre parenthèses.

Au commissariat :

*Ce jour-là, Monsieur Roger m'avait dit qu'il (arriver) .... **(1)** à 9 heures précises. Ma femme, elle, pensait qu'il (être) .... **(2)** en retard. Elle le connaissait. C'est pourquoi elle m'a conseillé de lui demander son numéro de portable afin que je (pouvoir l'appeler) .... **(3)**. Ce que j'ai fait ; car à 9 h 30, il n'était toujours pas là.*

*Monsieur Roger ne m'avait pas dit pourquoi il (venir) .... **(4)**. Sans doute pensait-il que je le (savoir) .... **(5)**.*

*Lorsqu'il est arrivé, Monsieur Roger m'a raconté qu'il (devoir) .... **(6)** vérifier l'emploi du temps de sa locataire, Madame Landru. Je lui ai dit qu'elle (être) .... **(7)** souvent absente et qu'elle (laisser) .... **(8)** son studio à une amie que je (voir) .... **(9)** rarement.*

*Monsieur Roger ne semblait pas satisfait. Il m'a demandé si je (connaître) .... **(10)** l'adresse de l'employeur de sa locataire. Évidemment, je l'ignorais. Il m'a demandé alors que je (prendre) .... **(11)** contact avec l'agence afin qu'elle me (fournir) .... **(12)** le numéro de téléphone de son travail.*

*Le lendemain, j'ai appelé l'agence qui m'a répondu qu'elle (appeler) .... **(13)** la veille le directeur de la locataire. Et ce dernier avait répondu que Mademoiselle Barnier (téléphoner) .... **(14)** pour dire qu'elle (être) .... **(15)** souffrante et qu'elle (envoyer) .... **(16)** un certificat d'arrêt de maladie.*

Depuis, nous n'avons plus aucune nouvelle de cette dame.

338 Rayez ce qui ne convient pas.

– Monsieur Boule, vous présidez la Ligue des loisirs. Que pensez-vous des loisirs des Français ?

– Il y a trente ans, on pensait que le temps libre n' (soit/était) **(1)** pas vraiment « mérité » et, pour cette raison, le Français moyen n'y (accorde/accordait) **(2)** pas une grande importance. Il ne pouvait pas prévoir qu'un jour il s'y (intéressait/intéresserait) **(3)** davantage. Aujourd'hui il apparaît que le temps de travail (est/soit) **(4)** inférieur à celui des loisirs. C'est pour cette raison que s'est créée une véritable politique des loisirs. Il me semble que ce phénomène (tende/tendra) **(5)** à se développer encore.

– Pouvez-vous nous dire comment les Français occupent leur temps libre ?

– Je crois que je (peux/puisse) **(6)** me permettre d'avancer que la télévision (prend/prenne) **(7)** la première place. On la (regardait/regarderait) **(8)** en moyenne plus de trois heures par jour. Il est possible que la radio (vient/vienne) **(9)** en seconde position avec deux heures d'écoute quotidienne. Mais heureusement, nous sortons encore. Il semble que les Français (sont/soient) **(10)** encore cinéphiles ; selon les statistiques, 49 % (iraient/aillent) **(11)** au cinéma au moins une fois par an. On peut néanmoins regretter que le nombre d'entrées (décroît/décroisse) **(12)** régulièrement. Pour la lecture, je ne pense pas que la tendance (est/soit) **(13)** alarmante : on peut se réjouir que la lecture se (répand/répande) **(14)** puisque le nombre de livres publiés (grandisse/grandit) **(15)** chaque année. Si la lecture est en baisse, je peux vous assurer que la musique (fait/fasse) **(16)** un bond en avant.

– Et le sport ?

– On peut se féliciter que le sport (devient/devienne) **(17)** si important : deux Français sur trois en font aujourd'hui.

– Je vous remercie.

XII. LE PASSIF

On n'est jamais si bien servi que par soi-même.

A. LE PASSIF AU PRÉSENT. MORPHOLOGIE

339 Soulignez les phrases au passif.

Exemples : L'assemblée s'est réunie tôt ce matin.

<u>Les lois sont votées par le Parlement.</u>

a. Les députés sont élus pour cinq ans.

b. Le Premier ministre est désigné par le président de la République.

c. Le Sénat est situé dans le jardin du Luxembourg.

d. Un ancien député est devenu ministre.

e. Une séance de débats s'est tenue toute la nuit.

f. Le palais de l'Élysée est réservé au chef d'État.

g. Les ministres sont nommés par le Premier ministre.

h. Le ministère des Finances est installé à Bercy.

340 Soulignez les formes passives.

Exemples : Trois femmes sont assises sur un banc.

Ces trois femmes <u>sont fatiguées</u> par leur journée de travail.

a. Ces deux enfants sont égarés dans la ville.

b. Ils se sont rencontrés par hasard.

c. Ils sont recherchés par leurs parents.

d. Ils sont nés à quelques années d'intervalle, dans la même ville.

e. Pour la nuit, ils sont hébergés par une institution.

f. Leurs parents sont avertis qu'on les a retrouvés.

g. Ces enfants sont ravis de retrouver leurs parents.

h. Ce soir, les parents sont rassurés sur le compte de leurs enfants.

341 Réécrivez les phrases suivantes à la forme active.

Exemple : Le Petit Chaperon rouge est mangé par le loup.

→ *Le loup mange le Petit Chaperon rouge.*

a. La citrouille est transformée par la fée. → ....

b. Les six frères sont guidés par le Petit Poucet. → ....

c. Blanche-Neige est chassée par la reine. → ....

d. Boucle d'or est effrayée par les trois ours. → ....

e. La Belle est épousée par la Bête. → ....

f. La souris est avalée par le Chat botté. → ....

g. La princesse est réveillée par le Prince charmant. → ....

h. Le géant est tué par le petit tailleur. → ....

342 Réécrivez ces phrases à la forme passive.

Exemple : Le crémier vend le fromage. → ***Le fromage est vendu par le crémier.***

a. Le boulanger fait le pain. → ....

b. Le pâtissier prépare le gâteau. → ....

c. Le maçon répare le mur. → ....

d. Le médecin soigne le malade. → ....

e. Le banquier accorde un prêt. → ....

f. Le pêcheur attrape le poisson. → ....

g. L'agriculteur cultive le champ. → ....

h. Le comptable vérifie un dossier. → ....

343 Transformez les phrases suivantes à la forme passive.

Exemple : En 1590, le Hollandais Antonie Van Leeuvenhoek invente le microscope optique.

→ ***Le microscope optique est inventé par le Hollandais Antonie Van Leeuvenhoek en 1590.***

a. L'Égypte découvre le premier instrument à percussion ; il date de 4000 ans avant J.-C.

→ ....

b. Blaise Pascal, alors âgé de 19 ans, conçoit le calculateur mécanique en 1642.

→ ....

c. En 1644, l'Italien Toricelli invente le baromètre.

→ ....

d. Le premier essuie-glace date de 1911 en Prusse. Le conducteur, ou le passager, l'actionne.

→ ....

e. L'Anglais Christopher Cockerell fabrique le premier aéroglisseur en 1953.

→ ....

f. On traverse la Manche la même année, entre Douvres et Calais.

→ ....

g. Le Japonais Kunitaka Arimura dépose le premier brevet pour une carte à mémoire en 1970.

→ ....

h. Quatre ans plus tard, le journaliste français Roland Moreno crée une carte à mémoire plus perfectionnée.

→ ....

344 Mettez ces phrases à la forme passive.

> *Exemple :* La France remporte la dernière Coupe du monde de football du XXᵉ siècle en 1998.
>
> → ***La dernière Coupe du monde de football du XXᵉ siècle est remportée par la France en 1998.***

a. L'équipe de France bat l'équipe d'Italie en finale de la Coupe d'Europe de football 2000.

→ ....

b. Les Jeux olympiques de Sydney présentent 28 sports.

→ ....

c. Les spectateurs considèrent les athlètes américains comme les grandes stars des Jeux olympiques de Sydney.

→ ....

d. Le comité de tennis désigne l'Américain André Agassi meilleur joueur de l'année 1999.

→ ....

e. La championne française Mary Pierce gagne le tournoi de Roland-Garros 2000.

→ ....

f. En finale de la Coupe du monde de rugby 1999, l'Australie domine largement la France.

→ ....

g. L'Allemand Michaël Schumacher remporte la dernière course de Formule 1 du XXᵉ siècle.

→ ....

h. Les journaux sportifs saluent la performance des basketteurs de Limoges.

→ ....

345 Écrivez ces titres de journaux sous la forme de phrases passives au présent.

> *Exemple :* Ouverture d'une ligne de métro parisienne ultra-moderne.
>
> → ***Une ligne de métro parisienne ultra-moderne est ouverte.***

a. Fermeture de certaines plages bretonnes à cause de la marée noire.

→ ....

b. Réduction de la taxe d'habitation.

→ ....

c. Signature de la paix entre la Serbie et le Kosovo.

→ ....

d. Prévision d'un temps printanier sur toute la France.

→ ....

e. Abaissement du prix de la communication téléphonique.

→ ....

f. Annonce d'une augmentation du prix du carburant.

→ ....

g. Agrandissement de l'aéroport parisien de Roissy-Charles-de-Gaulle.

→ ....

h. Ouverture de huit salles de cinéma multiplex à Nice depuis le mois de mars 2000.

→ ....

346 Mettez ces phrases à la forme passive.

Exemple : On réunit les locataires de l'immeuble.

→ *Les locataires de l'immeuble sont réunis.*

a. On évoque les principaux problèmes. → ....

b. On aborde la question des boîtes aux lettres. → ....

c. On définit une priorité dans les travaux. → ....

d. On prend un rendez-vous avec l'architecte. → ....

e. On établit un calendrier des charges. → ....

f. On prévient les absents par courrier recommandé. → ....

g. On fixe une date pour la prochaine assemblée. → ....

h. On vote l'installation d'un ascenseur. → ....

347 Mettez ces phrases à la forme active en utilisant *on*.

Exemple : Noël est attendu avec impatience. → *On attend Noël avec impatience.*

a. La lettre au Père Noël est envoyée. → ....

b. Le sapin est installé au milieu du salon. → ....

c. Les chaussures sont rangées devant la cheminée. → ....

d. La dinde aux marrons est préparée. → ....

e. La bûche de Noël est décorée. → ....

f. Les invités sont attendus. → ....

g. Les bougies sont allumées. → ....

h. Le champagne est servi. → ....

348 Réécrivez ces phrases à la forme active.

Exemples : Le système de calcul des retraites est modifié.

→ *On modifie le système de calcul des retraites.*

Le budget des universités est étudié par une commission spéciale.

→ *Une commission spéciale étudie le budget des universités.*

a. Les associations sont préoccupées par les jeunes des banlieues.

→ ....

b. Les personnes âgées sont prises en charge.

→ ....

c. La Sécurité sociale est réformée.

→ ....

d. Les personnes sans ressources sont soignées gratuitement.

→ ....

e. Les jeunes enfants sont surveillés par des puéricultrices.

→ ....

f. Les lycéens sont sensibilisés aux questions économiques par les enseignants.

→ ....

g. Les frais médicaux sont remboursés par l'assurance maladie.

→ ....

h. Les femmes actives sont retenues par des responsabilités professionnelles.

→ ....

349 Répondez à ces questions par des phrases à la forme active ou passive.

Exemples : Le départ du train pour Nancy est-il annoncé par le chef de gare ?

→ Oui, **le chef de gare annonce le départ du train pour Nancy.**

Un passager occupe-t-il cette place ?

→ Oui, **cette place est occupée par un passager.**

a. L'accès aux wagons est-il autorisé par le contrôleur ?

→ Oui, ...

b. Le service de restauration sert-il des plateaux-repas ?

→ Oui, ...

c. La machine composte-t-elle les billets ?

→ Oui, ...

d. Ce passager réserve-t-il une couchette supérieure ?

→ Oui, ...

e. On prie les voyageurs de surveiller leurs bagages ?

→ Oui, ...

f. Les tarifs de la SNCF sont-ils calculés en fonction de la distance parcourue ?

→ Oui, ...

g. Des réductions sont-elles accordées aux retraités ?

→ Oui, ...

h. La SNCF propose-t-elle des tarifs spéciaux aux militaires ?

→ Oui, ...

350 Faites des phrases à la forme passive à partir des éléments donnés. Employez le présent.

Exemple : pas de dévaluation du franc cette année – dévaluer

→ **Le franc n'est pas dévalué cette année.**

a. pas d'augmentation du prix du carburant – augmenter

→ ....

b. pas d'ouverture des grandes surfaces le dimanche – ouvrir

→ ....

c. pas de vente de cigarettes dans les supermarchés – vendre

→ ....

d. pas de réduction des journées de congé – réduire

→ ....

e. pas d'imposition des ressources pour les salariés de moins de 25 ans – imposer

→ ....

f. pas de remise en question des avantages sociaux – remettre en question

→ ....

g. pas de vérification d'identité pour les étrangers – vérifier

→ ....

h. pas de circulation automobile dans le centre-ville – autoriser

→ ....

B. LE PASSIF AUX AUTRES TEMPS DE L'INDICATIF

351 Réécrivez ces phrases à la forme active.

> *Exemple :* Les dossiers d'inscription seront retirés au secrétariat.
> → ***On retirera les dossiers d'inscription au secrétariat.***

a. Les étudiants seront accueillis à partir du 15 juin.

→ ....

b. Le secrétariat sera ouvert au public de 9 heures à 17 heures.

→ ....

c. Toutes les pièces demandées seront présentées par les étudiants.

→ ....

d. Tout dossier incomplet sera refusé par les secrétaires.

→ ....

e. Les demandes d'inscription seront étudiées par une commission de l'université.

→ ....

f. Les étudiants seront avertis des décisions prises par un courrier.

→ ....

g. Les inscriptions définitives seront organisées dès le début de septembre.

→ ....

h. Certains étudiants seront orientés vers d'autres centres universitaires par des conseillers.

→ ....

352 Mettez ces phrases à la forme passive.

> *Exemple :* Les parents accompagneront leurs enfants à la gare.
> → ***Les enfants seront accompagnés par leurs parents à la gare.***

a. On distribuera un badge à chaque enfant.

→ ....

b. Les moniteurs rassembleront les bagages.

→ ....

c. On n'autorisera pas les parents à monter dans le train.

→ ....

d. On communiquera l'adresse du centre de vacances aux familles.

→ ....

e. Le directeur du centre invitera les parents à écrire souvent.

→ ....

f. Il n'acceptera aucune visite des proches pendant la durée du séjour.

→ ....

g Les moniteurs organiseront des activités diverses.

→ ....

h. On avertira régulièrement les familles du déroulement du séjour.

→ ....

353 Soulignez les verbes à l'imparfait passif.

    Exemples : Jeanne d'Arc était habillée en homme.

                    Au Moyen Âge, les paysans <u>étaient protégés</u> par leur seigneur.

a. La société féodale était très hiérarchisée.

b. Elle était dirigée par le roi.

c. Les villages étaient regroupés autour des châteaux forts.

d. Au XIIIe siècle, la France était ravagée par des épidémies.

e. La population des villes s'était orientée vers le commerce.

f. De grandes foires étaient organisées.

g. Les révoltes de paysans étaient devenues nombreuses.

h. À la fin du XIVe siècle, le Moyen Âge était achevé.

354 Mettez les phrases suivantes au passif.

    Exemple :   Le 1er janvier, on distribuait des étrennes.

                  → ***Des étrennes étaient distribuées le 1er janvier.***

a. Le jour de l'Épiphanie, on mangeait la galette des Rois.

→ ....

b. Pour Carnaval, on déguisait les plus jeunes.

→ ....

c. À Pâques, les familles donnaient des chocolats aux enfants.

→ ....

d. Le 1er avril, les petits dessinaient des poissons.

→ ....

e. Pour le 1er Mai, on offrait un brin de muguet.

→ ....

f. Le jour du 14 Juillet, la ville organisait un feu d'artifice et un bal.

→ ....

g. Le jour de la Toussaint, on fleurissait les cimetières.

→ ....

h. Pour Noël, la mère préparait un bon repas.

→ ....

Mais rassurez-vous, toutes ces fêtes existent encore !

355 Complétez les phrases suivantes en conjuguant les verbes entre parenthèses au passé passif.

    Exemple :   L'année 1999 ***a été marquée*** (marquer) par plusieurs catastrophes naturelles.

a. En France, des milliers d'habitations .... (détruire) par une violente tempête.

b. Plusieurs personnes .... (retrouver) mortes.

c. Des milliers d'arbres .... (arracher).

d. 300 000 personnes .... (priver) d'électricité et de téléphone pour les fêtes de fin d'année.

e. Paris n'......................... (ne pas épargner).

f. Les Français .... (traumatiser) par cette catastrophe.

g Les entreprises en difficulté .... (soutenir) financièrement par l'État.

h. Presque dans le même temps, les côtes bretonnes et vendéennes .... (toucher) par une gigantesque marée noire.

356 **Réécrivez ces informations au passif.**

Exemple : Les pompiers ont retrouvé un bébé tombé du sixième étage, sain et sauf.
→ ***Un bébé, tombé du sixième étage, a été retrouvé par les pompiers sain et sauf.***

a. Dans les Alpes, un couple de skieurs a découvert sur la piste des billets de banque d'une valeur totale de 3 000 euros.

→ ....

b. Les U.S.A ont créé un Centre pour lutter contre la fraude sur Internet.

→ ....

c. Une équipe scientifique a découvert des pigments de couleur vieux de 400 000 ans.

→ ....

d. Un automobiliste a pris l'autostoppeur.

→ ....

e. Des policiers américains ont arrêté un enfant de 6 ans soupçonné de meurtre.

→ ....

f. Un chirurgien a retrouvé dans l'estomac d'une patiente une cuiller à café.

→ ....

g. Des chercheurs ont confirmé la mort de Napoléon 1er par l'arsenic.

→ ....

h. La mairie de Strasbourg a mis en place un numéro vert pour lutter contre les mauvaises odeurs.

→ ....

357 **Écrivez des phrases passives à partir des indications temporelles données.**

Exemple : dans trois semaines – les résultats du baccalauréat – connaître
→ ***Dans trois semaines, les résultats du baccalauréat seront connus.***

a. en 1995 – le Japon – bouleverser par un terrible tremblement de terre

→ ....

b. hier matin – une manifestation des infirmières – organiser

→ ....

c. le mois prochain – le prix des cigarettes – augmenter

→ ....

d. avant 1945 – les Françaises – ne pas autoriser à voter

→ ....

e. en 1992 – le permis de conduire à points – instaurer

→ ....

f. il y a une quinzaine d'années – le *Portrait du docteur Gachet* peint par Van Gogh – vendre 82,5 millions de dollars

→ ....

g. actuellement – le président de la France – élire pour cinq ans

→ ....

h. aujourd'hui – la plupart des entreprises – abonner au réseau d'informations Internet

→ ....

358 **Faites passer ces phrases de l'actif au passif ou du passif à l'actif.**

Exemples : En 2000, la France était peuplée de 58,6 millions d'habitants.

→ ***En 2000, 58,6 millions d'habitants peuplaient la France.***

Les femmes atteindront peut-être une espérance de vie de 85 ans en l'an 2010.

→ ***Une espérance de vie de 85 ans sera peut-être atteinte par les femmes en l'an 2010.***

a. La consommation d'alcool et de tabac a réduit la durée de vie des hommes.

→ ....

b. Entre 35 et 50 ans, une inégalité devant la mort est constatée parmi les catégories sociales.

→ ....

c. En 1976, une loi européenne a autorisé le travail nocturne des femmes.

→ ....

d. D'ici quelques années, la circulation en région parisienne sera nettement améliorée par la création de nouveaux transports en commun.

→ ....

e. Le recensement de 1999 a comptabilisé près de 300 000 mariages en France.

→ ....

f. Le recul de l'âge moyen de la maternité a été provoqué par l'arrivée massive des femmes dans le monde du travail.

→ ....

g. On estime à 1,5 million le nombre de personnes travaillant « au noir ».

→ ....

h. On recense actuellement environ 4 millions d'étrangers en France.

→ ....

359 **Faites des phrases avec** *on***.**

Exemple : La boulangerie sera fermée le lundi 8 mai.

→ ***On fermera la boulangerie le lundi 8 mai.***

a. Le Premier ministre sera reçu à 11 heures.

→ ....

b. Bientôt, de nouveaux services seront proposés via le téléphone.

→ ....

c. Dans les années à venir, la distance Paris-Nice sera couverte par le train en cinq heures.

→ ....

d. Le vaccin contre le sida sera bientôt découvert.

→ ....

e. Des voyages dans l'espace seront probablement organisés dans le futur.

→ ....

f. D'ici demain, les résultats des examens seront connus.

→ ....

g. Dans cinquante ans, les voitures seront entièrement automatisées.

→ ....

h. Dans peu de temps, les courses quotidiennes pourront être faites par Internet.

→ ....

360 Écrivez ces phrases à la forme active.

Exemple : Une stagiaire a été recrutée. → *On a recruté une stagiaire.*

a. Son dossier avait été examiné par le directeur du personnel.

→ ....

b. Cette personne a été présentée par l'université.

→ ....

c. Son contrat sera signé pour une durée de six mois.

→ ....

d. Des tâches administratives lui sont actuellement confiées.

→ ....

e. Des responsabilités plus importantes pourraient lui être attribuées dans quelques semaines.

→ ....

f. Une prime de fin de stage lui sera versée par l'entreprise.

→ ....

g. Son rapport de stage aura été achevé avant la fin de l'année.

→ ....

h. Cette stagiaire pourrait être définitivement engagée à la fin de son stage.

→ ....

361 Écrivez ces phrases à la forme passive.

Exemple : Un témoin aurait vu le cambriolage.

→ *Le cambriolage aurait été vu par un témoin.*

a. Le cambrioleur aurait fracturé la porte de la bijouterie.

→ ....

b. Le passant aurait aperçu le cambrioleur.

→ ....

c. Le cambrioleur aurait bousculé ce passant en sortant de la bijouterie.

→ ....

d. Son complice l'aurait attendu au coin de la rue en voiture.

→ ....

e. Le passant, un touriste japonais, aurait pris cette photo.

→ ....

f. Il aurait également noté le numéro d'immatriculation de la voiture.

→ ....

g. On identifierait facilement le coupable.

→ ....

h. Commissaire, retiendrez-vous ce témoignage ?

→ ....

362 Répondez aux questions suivantes par des phrases passives.

   Exemples : On t'a envoyé la feuille de déclaration de revenus ? (oui, la semaine dernière)

   → ***Oui, elle m'a été envoyée la semaine dernière.***

   Quand devons-nous la remplir ? (pour le 28 février)

   → ***Elle doit être remplie pour le 28 février.***

a. Comment calcule-t-on les impôts ? (sur la base des revenus annuels)

→ ....

b. Qui déclare ses revenus ? (tout le monde en France)

→ ....

c. Le service du fisc dispense-t-il certaines personnes de payer des impôts ? (les personnes économiquement faibles)

→ ....

d. Qui gère le fisc ? (le ministère des Finances et du Budget)

→ ....

e. Que paient les recettes fiscales ? (les dépenses de l'État)

→ ....

f. Comment répartit-on le budget ? (en plusieurs enveloppes ministérielles)

→ ....

g. L'État emploie qui ? (tous les fonctionnaires)

→ ....

h. On réduira bientôt les impôts sur le revenu ? (oui, de 5 %)

→ ....

C. CONSTRUCTIONS PARTICULIÈRES DU PASSIF

363 Complétez les phrases suivantes par *de, du, des* ou *par*.

   Exemple : Le ciel est couvert *de* nuages noirs.

a. Gérard Depardieu est l'acteur préféré ...... Américains.

b. Les grands artistes sont rarement reconnus ...... leurs contemporains.

c. Notre maison de campagne est entourée ...... champs.

d. Pour Noël, les rues ont été ornées ...... guirlandes lumineuses.

e. Les visiteurs seront guidés ...... une conférencière.

f. Les films d'art et d'essai ne sont généralement pas vus ...... le grand public.

g. Mme Brun assistera à l'inauguration du centre culturel ; elle sera accompagnée ...... maire.

h. La manifestation a été surveillée ...... le service d'ordre.

364 Associez les éléments pour en faire des phrases.

a. Mon amie sera vêtue
b. La baie du Mont-Saint-Michel est baignée
c. M. Dubois était coiffé
d. Sa broche est sertie
e. Le débat sera précédé
f. La montagne était entièrement couverte
g. Ce recueil est composé
h. Les vitrines des grands couturiers sont décorées

1. d'objets raffinés.
2. de neige.
3. d'un manteau rouge.
4. d'un documentaire.
5. d'une soixantaine de poèmes.
6. de soleil.
7. d'un superbe chapeau melon.
8. de petits rubis.

Bilans

365 Réécrivez ce texte en mettant les phrases dont les verbes sont soulignés à la forme passive.

Les policiers <u>ont arrêté</u> cinq personnes soupçonnées de cambriolage dans la soirée de mercredi. Ils <u>ont fouillé</u> dans le même temps la maison qui leur servait de lieu de rencontre ; ils y <u>ont trouvé</u> une quantité impressionnante d'objets hétéroclites. D'après le commissaire Jourdain, chargé de l'enquête, ses hommes <u>ont interrogé</u> le voisinage et <u>relevé</u> des indices supplémentaires. Le petit groupe de malfaiteurs, composé de trois hommes et deux femmes, <u>avait prévu</u> d'autres cambriolages dans la région. Tous <u>concernaient</u> des villas de grand standing, généralement construites à l'écart des routes fréquentées, et dépourvues de systèmes d'alarme performants.

Le commissaire <u>a entendu</u> les cambrioleurs. Déjà la police <u>a prévenu</u> plusieurs victimes de cambriolages qu'elle <u>allait organiser</u> une exposition publique des objets retrouvés dans l'appartement des malfaiteurs.

Dans le village, on <u>connaissait</u> la plupart des personnes arrêtées. Les commerçants interrogés par les journalistes <u>considéraient</u> ces derniers comme des clients aimables et sans histoire. La surprise semble générale.

Le commissaire Jourdain a reconnu qu'un appel anonyme <u>avait prévenu</u> le commissariat de la présence d'un camion aux abords de la petite propriété où la police <u>devait, plus tard, découvrir</u> l'étonnant butin. Selon l'inconnu, des hommes <u>déchargeaient</u> régulièrement le camion en pleine nuit avant de repartir au petit jour.

Cette imprudence aura permis aux policiers de mettre un terme à une série de vols que les assurances <u>avaient évalués</u> à environ 6 millions d'euros.

Cinq personnes soupçonnées de cambriolage ont été arrêtées ....
....

366 Quelques règles de savoir-faire à connaître si vous êtes invité à une table française. Mettez les éléments soulignés à l'actif ou au passif.

Si <u>vous êtes invité par des Français</u>, vous devez arriver à l'heure, mais pas en avance. <u>La table sera préparée</u> avant votre arrivée. <u>Le grand verre est destiné à l'eau, le petit verre est réservé au vin</u>. En général, pour l'apéritif, <u>on vous propose une boisson alcoolisée ou non</u>, accompagnée de biscuits salés. <u>La conversation est engagée</u>.

Ensuite, <u>les hôtes vous invitent à passer à table</u> ; <u>une place vous sera attribuée</u>. Vous poserez les mains sur la table tout au long du repas. <u>On ne commencera pas le repas</u> avant la maîtresse de maison. Si l'on vous sert de la soupe, <u>elle sera bue</u> sans bruit, à la cuillère. <u>Vous utiliserez le couteau spécial</u> uniquement pour le poisson. <u>Plusieurs plats vous seront présentés</u> successivement : entrées, poisson et/ou viande. Si vous ne souhaitez pas vous resservir, <u>un « non merci » poli accompagnera votre refus</u>. <u>La salade ne doit pas être touchée par le couteau</u> ; pour la manger plus facilement, <u>vous utiliserez un petit morceau de pain</u>. <u>Les fromages sont servis</u> avec ou après la salade. <u>Ils sont généralement accompagnés de vin rouge</u>. <u>On utilise les couverts pour le fromage</u>. <u>Le dessert est apporté</u> après le fromage. Au cours du repas, <u>on félicite la maîtresse de maison</u> pour sa cuisine. À la fin du repas, <u>une cigarette ne sera pas allumée</u> sans la permission de vos hôtes.

<u>Un café vous sera</u> peut-être <u>offert</u>. Une fois votre café terminé, <u>la discussion sera poursuivie</u> quelque temps avant de quitter vos hôtes. <u>Ils seront remerciés</u> pour cette soirée.

Si des Français vous invitent, ...
....

XIII. L'HYPOTHÈSE ET LA CONDITION

S'il n'existait pas, il faudrait l'inventer.

A. L'HYPOTHÈSE

367 Soulignez les éléments indiquant une hypothèse.

Exemple : <u>Au cas où</u> votre téléviseur tomberait en panne, téléphonez à ce numéro.

a. À supposer qu'il fasse beau, nous pourrions faire un pique-nique.

b. À moins qu'il ne vienne, je ne compte pas rester à la maison ce soir.

c. Si tu bouges, tu es mort.

d. Au cas où vous ne le sauriez pas, je suis mariée.

e. Selon la voisine, le couple s'est absenté hier soir.

f. Il se peut que Jacques Chirac soit réélu président de la République.

g. Antoine veut jouer avec Lorenzo ? Dans ce cas, on passe le prendre.

h. En admettant qu'ils gagnent, la ville fera la fête toute la nuit.

368 Assemblez les éléments suivants pour faire des phrases.

a. Il est probable

b. Sans ce brouillard,

c. En cas de problème,

d. Il se peut

e. Réserver une place dans le TGV

f. Par l'autoroute,

g. Avec des verres de contact,

h. Vous verriez mieux la route

1. appelez votre assurance.

2. on arriverait plus vite.

3. que le temps s'améliore.

4. qu'il sera reçu au concours.

5. en allumant vos phares.

6. elle serait plus attirante.

7. le paysage serait magnifique.

8. risque d'être difficile.

369 Quelle serait votre réaction ? Faites des hypothèses à partir des éléments donnés.

Exemple : Vous achetez un tableau au marché aux puces. (en supposant que + subjonctif)

→ ***En supposant que nous achetions*** un tableau au marché aux puces, nous le mettrions dans le salon.

a. Vous épousez un milliardaire. (si jamais + imparfait)

→ ....

b. Vous gagnez au Loto. (au cas où + conditionnel)

→ ....

c. Vous découvrez un puits de pétrole dans votre jardin. (en admettant que + subjonctif)

→ ....

d. Vous obtenez un grand prix littéraire pour votre premier roman. (à supposer que + subjonctif)

→ ....

e. Vous créez la pilule anti-vieillissement. (en imaginant que + subjonctif)

→ ....

f. Vous avez des quintuplés. (dans l'hypothèse où + conditionnel)

→ ....

g. On invente la machine à remonter le temps. (si... /il se pourrait que + subjonctif)

→ ....

h. Vous vivrez 120 ans. (au cas où + conditionnel)

→ ....

370 **Assemblez les éléments pour former des phrases hypothétiques.**

a. Il se peut que
b. Tu apportes du foie gras,
c. À supposer qu'il y ait du verglas,
d. Au cas où vous n'auriez pas le temps,
e. En admettant que ton frère ne vienne pas,
f. En supposant qu'il n'y ait plus d'huîtres,
g. Dans l'hypothèse où les enfants seraient fatigués,
h. En admettant qu'il n'y ait pas de neige,

1. à ce compte-là, j'apporterai du champagne.
2. j'emballerais les cadeaux des enfants.
3. nous serions très fâchés.
4. nous venions réveillonner chez vous.
5. nous mangerions du homard.
6. ils pourraient aller se coucher.
7. vous pourriez dormir à la maison.
8. je décorerais le sapin tout en blanc.

371 **Enquête sur l'au-delà. Complétez les phrases suivantes par le verbe entre parenthèses au temps qui convient.**

Exemple : Même si le paradis *existe* (exister), nous préférons vivre le plus longtemps possible.

a. En admettant qu'on .... (pouvoir) se réincarner, je voudrais être un chat pour faire ce qui me plaît.

b. Au cas où nous .... (aller) en enfer après la mort, nous préférons profiter pleinement de la vie.

c. Selon Martin, le paradis .... (être) un jardin planté d'arbres, situé au sommet d'une montagne.

d. Si par hasard il y .... (avoir) un au-delà, les vivants ne seraient pas pressés de le connaître.

e. À supposer que l'apocalypse .... (être) la fin du monde, on espère ne pas connaître ce moment.

f. Qu'il .... (prendre) le nom d'Éden ou de Nirvana, le thème de la vie éternelle apparaît dans de nombreuses religions.

g. En imaginant que les morts .... (revenir) sur terre, notre planète serait surpeuplée.

h. Dans l'hypothèse où un dieu .... (diriger) le monde, pourquoi laisse-t-il les hommes faire la guerre ?

372 Voici quelques croyances anciennes ; choisissez l'expression de l'hypothèse en accord avec le reste de la phrase.

Exemple : (Dans l'hypothèse où/En admettant que/Comme si) vous terminiez une bouteille, vous vous marierez avant la fin de l'année.

a. (Au cas où/En supposant que/Peut-être) tu te lèves du pied gauche, tu seras de mauvaise humeur toute la journée.

b. Vous cassez un miroir ; (à ce compte-là/comme si/dans l'hypothèse où) vous auriez sept ans de malheur.

c. (Il faudra/Il fasse/Il faudrait) faire un vœu lorsqu'on mange un produit pour la première fois de l'année.

d. (Au cas où/Si jamais/À supposer que) vous plantiez des lentilles le premier jour du mois, vous aurez de l'argent tout le mois.

e. (Il se peut que/En cas de/Au cas où) la rencontre d'un chat noir porte malheur.

f. On trouve un trèfle à quatre feuilles ; (peut-être/à ce compte-là/il est possible que) vous soyez heureux.

g. (Dans le cas où/En imaginant que/En cas de) découverte d'un fer à cheval, accrochez-le au-dessus de votre porte : il vous portera bonheur.

h. Vous salez trop ce plat ; (peut-être/comme si/il est possible que) vous soyez amoureux.

B. LA CONDITION

373 Distinguez l'hypothèse (H) de la condition (C).

Exemple : Nous pourrions aller au théâtre samedi prochain, à condition que tu sois libre. **(C)**

a. Elle a préféré faire comme si elle ne m'avait pas vu. ( )

b. À condition qu'il n'y ait pas la queue et que les places ne coûtent pas trop cher, nous sommes d'accord pour aller voir le spectacle de Maurice Béjart. ( )

c. Du moment que vos amis arrivent à l'heure, nous pourrons visiter l'exposition Cézanne ensemble en nocturne. ( )

d. Il se peut qu'ils y aillent en métro ; dans ce cas ils doivent prévoir une heure pour s'y rendre. ( )

e. Dans l'hypothèse où vous n'obtiendriez pas de place pour *Le Misanthrope*, que diriez-vous de voir la dernière pièce de Jérôme Savary ? ( )

f. Je t'accompagnerai bien volontiers voir *Le Bonheur est dans le pré* pourvu que j'aie fini mon travail de français. ( )

g. Sans le talent de Clémence Massart, la pièce n'aurait eu aucun intérêt ! ( )

h. Vous adoreriez ce spectacle si vous y assistiez. ( )

374 Soulignez les termes exprimant la condition.

Exemple : Sans eux, tout se serait bien passé.

a. Ils accepteront notre proposition à condition qu'on leur donne une garantie.

b. Je vous promets d'arriver à l'heure, moyennant un petit pourboire.

c. J'accepterai ce poste si l'entreprise me prête une voiture.

d. Du moment qu'on le garde à l'hôpital, je ne me fais aucun souci.

e. Je lui dirai ce que je pense… si tant est qu'il accepte la discussion.

f. Pour peu qu'il boive, il devient vite stupide !

g. Notre fils viendra avec nous dîner, pourvu qu'il y ait son ami Charles.

h. Je veux bien sortir avec vous, à condition qu'il ne pleuve pas.

375 Que se passera-t-il dans quelques années ? Faites des hypothèses à partir des éléments donnés en employant *si*.

Exemple :   finir ses études – devenir médecin – Julie
→ *Si Julie finit ses études, elle deviendra médecin.*

a. réussir ton bac – entrer à la fac de droit – tu

→ ....

b. se marier – ne pas changer de nom – Céline

→ ....

c. avoir des enfants – déménager – les Dubois

→ ....

d. obtenir ce poste d'ingénieur – quitter Bourges – Alain

→ ....

e. partir travailler au Canada – passer nos vacances au Québec – nous

→ ....

f. prendre leur retraite à 60 ans – se retirer à Vence – nos parents

→ ....

g. réussir ses études – avoir une vie agréable – Claude

→ ....

h. s'installer à Paris – acheter une résidence secondaire – je

→ ....

376 Transformez les phrases suivantes en employant l'imparfait et le conditionnel présent.

Exemple :   Si tu peux venir, ce sera bien. → *Si tu pouvais venir, ce serait bien.*

a. S'il ne peut plus travailler, il s'ennuiera.

→ ....

b. Si vous voulez le faire, vous pouvez le faire.

→ ....

c. Si tu me téléphones, je viens tout de suite.

→ ....

d. Si vous comptez venir à Nice, nous vous inviterons chez nous.

→ ....

e. Si nous partons à Bali, nous vous rapporterons un souvenir.

→ ....

f. Si les amis de Julien viennent ce soir, je leur ferai un plat de lasagnes.

→ ....

g. Si elle obtient son permis de conduire, on ouvrira une bonne bouteille.

→ ....

h. Si tu viens à moto, tu devras faire très attention.

→ ....

377 Ce n'est malheureusement pas possible... Écrivez les verbes entre parenthèses à l'imparfait ou au conditionnel.

Exemple : Si vous *parliez* (parler) l'espagnol, vous *pourriez* (pouvoir) vivre à Madrid.

a. Tu .... (comprendre) mieux si tu .... (écouter) en cours.

b. Si on .... (être) riche, on .... (arrêter) de travailler.

c. Mon père .... (voyager) s'il .... (avoir) une santé meilleure.

d. S'il m'.................... (obéir), tout .... (aller) mieux entre nous.

e. Où .... (s'installer) -tu si tu .... (devoir) déménager ?

f. Cela me .... (plaire) si on .... (écrire) un roman ensemble.

g. S'ils te .... (dire) leur secret, tu le .... (garder) ?

h. Tu .... (venir) avec nous si on te le .... (proposer) ?

378 Assemblez les éléments suivants pour faire des phrases exprimant la condition. Respectez l'emploi correct des modes et des temps.

a. Je serai plus tranquille
b. Sans cette panne d'essence,
c. Si vous aviez pris l'adresse exacte,
d. Élise prendra la voiture,
e. Pourvu que tu ne conduises pas trop vite,
f. Tu peux sortir
g. En cas de problème,
h. Tu ne courrais aucun risque

1. nous ne serions pas en train de tourner en rond !
2. en partant de jour.
3. pourvu que tu ne sois pas seule à conduire.
4. à condition que je sache où tu es !
5. n'hésite pas à me téléphoner.
6. nous aurions fait meilleure route.
7. je ne me ferai pas de souci.
8. pour peu que sa mère le lui permette.

379 Choisissez parmi les éléments proposés (parfois plusieurs possibilités).

Exemple : J'inviterai nos parents ce soir ☐ *si* ☐ *à condition que* ☒ *à condition de* ne pas rentrer trop tard du bureau.

a. Tu pourras prendre quelques jours de congés pour les fêtes ☐ *à condition que* ☐ *pourvu que* ☐ *sans* tous les employés n'aient pas la même idée que toi.

b. ☐ *Du moment que* ☐ *À condition de* ☐ *Sans le chien*, nous pourrions sortir plus souvent le soir.

c. Nous prendrons un taxi pour aller au théâtre ☐ *selon que* ☐ *si* ☐ *pourvu que* nous serons en avance ou non.

d. ☐ *S'* ☐ *Même s'* ☐ *Pour peu qu'* il pleut, la circulation sera ralentie.

e. Je ne vous accompagnerai pas au spectacle ☐ *sauf si* ☐ *à moins que* ☐ *pourvu que* je me sens mieux.

f. Vous n'aurez pas de places pour *Faust* ☐ *avec* ☐ *à condition de* ☐ *à moins de* réserver trois semaines à l'avance.

g. ☐ *À moins que* ☐ *Quand bien même* ☐ *Pour peu que* la critique serait mauvaise, le public sera nombreux.

h. ☐ *À condition d'* ☐ *Avec* ☐ *Sans* une salle plus enthousiaste, les acteurs auraient mieux joué !

380 Cochez l'élément correct parmi ces propositions.

Exemple : Nos amis de Bruxelles arriveront à 12 h 15 pourvu que leur avion ☐ *est* ☐ *serait* ☒ *soit* à l'heure.

a. Nous les conduirons à l'hôtel, à moins qu'ils ☐ *ne préfèrent* ☐ *préféreront* ☐ *préféreraient* venir déjeuner directement à la maison.

b. Dans l'après-midi, j'emmènerai Suzanne au musée Picasso suivant qu'elle ☐ *est* ☐ *soit* ☐ *sera* fatiguée ou non par le voyage.

c. Bruno, lui, accompagnera son ami au Salon nautique sauf s'il ☐ *veuille* ☐ *veut* ☐ *voudrait* faire autre chose.

d. Pour peu qu'ils en ☐ *auront* ☐ *ont* ☐ *aient* envie, on pourrait passer la soirée tous les quatre chez Raymonde.

e. À condition de ☐ *réserve* ☐ *réserver* ☐ *réserverait* une table tout de suite, nous serons placés près de la scène.

f. Demain, à condition qu'il ne ☐ *pleuvra* ☐ *pleut* ☐ *pleuve pas*, nous pourrions aller au château de Fontainebleau.

g. S'ils ☐ *veulent* ☐ *veuillent* ☐ *voudraient* on pourrait même pique-niquer dans la forêt après la visite du château.

h. Le soir, avant de les reconduire à l'aéroport, à moins qu'ils ne ☐ *seraient* ☐ *sont* ☐ *soient* très pressés, il serait agréable d'aller prendre un verre dans le quartier du Marais.

Bilans

381 Complétez le dialogue suivant en utilisant *selon, il se peut que, à condition de, il est probable que, sans, dans l'hypothèse où, supposer que, à supposer que, si, en supposant que* (**parfois plusieurs possibilités**).

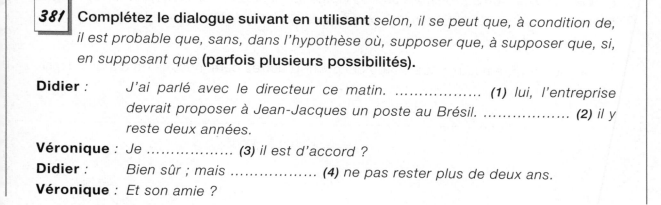

Didier : J'ai parlé avec le directeur ce matin. .... *(1)* lui, l'entreprise devrait proposer à Jean-Jacques un poste au Brésil. .... *(2)* il y reste deux années.

Véronique : Je .... *(3)* il est d'accord ?

Didier : Bien sûr ; mais .... *(4)* ne pas rester plus de deux ans.

Véronique : Et son amie ?

Didier : .... **(5)** elle reste à Toulouse. À cause de son travail. .... **(6)** elle pourrait obtenir un congé d'un an, elle l'accompagnerait.

Véronique : Ce n'est tout de même pas facile.

Didier : C'est vrai ; mais .... **(7)** son amie le suive, je crois que cette expérience à l'étranger peut être une très bonne chose pour sa carrière.

Véronique : Tu le ferais, toi, ... **(8)** on te le proposait ?

Didier : .... **(9)** nous n'ayons pas d'enfants, et .... **(10)** le pays proposé serait intéressant, pourquoi pas ! Le problème, c'est que, ... **(11)** Jean-Jacques, j'ai peu de chance.

Véronique : Pour quelle raison ?

Didier : Je ne parle ni l'anglais, ni l'espagnol ; et .... **(12)** la maîtrise d'au moins une langue étrangère, il est aujourd'hui très difficile d'avoir un poste hors de France.

382 Rayez ce qui ne convient pas.

– Tu connais les personnages de bandes dessinées ?

– Oui, j'en connais certains.

– Alors on va faire un petit jeu : je te donne des indications et tu dois découvrir le héros. D'accord ?

– D'accord. Tu commences.

– Si (c'était/ce serait) **(1)** un animal, il (avait/aurait) **(2)** une trompe et de grandes oreilles. Il se pourrait bien qu'il (vit/vive) **(3)** dans un pays imaginaire nommé Célesteville. Je suppose qu'il en (est/serait) **(4)** le roi. Dans l'hypothèse où tu le (connais/connaîtrais) **(5)**, tu (savais/saurais) **(6)** déjà qu'il est très élégant dans son costume vert. Il est possible qu'il (a/ait) **(7)** pour amie une vieille dame. Au cas où tu l'aurais reconnu, (peux/pourrais) **(8)** -tu me dire son nom ?

– Je suppose que c'est Babar ! Alors, à moi maintenant : (Pour peu que/Si) **(9)** tu le rencontrais, tu (tombais/tomberais) **(10)** tout de suite amoureuse de lui. Au bureau, il ne fait rien correctement (à moins qu'/sauf s') **(11)** il ne dorme. Selon qu'il (a/ait) **(12)** sommeil ou non, il est possible qu'il (mette/met) **(13)** au point des tas de machines bizarres en compagnie de sa mouette et de son chat. Tu le reconnaîtras tout de suite pourvu que tu le (vois/voies) **(14)** dans sa vieille voiture bricolée. Enfin, en ajoutant qu'il a beaucoup de problèmes avec son patron mais qu'il se venge sur la police, tu (serais/seras) **(15)** obligée de me dire son nom, surtout si j' (ajoute/ajoutais) **(16)** qu'il est le roi de la gaffe.

– Ça y est, j'ai trouvé : c'est Gaston Lagaffe !

À votre tour, amusez-vous à faire découvrir d'autres personnages de bandes dessinées à un enfant.

XIV. LA CAUSE

Puisque le vin est tiré, il faut le boire.

A. DISTINCTION CAUSE/BUT

383 Pour chacune de ces phrases, indiquez si elles expriment le but (B) ou la cause (C).

Exemple : Elle ne sort pas parce que son enfant est malade. *(C)*

a. En raison de la tempête, il est recommandé aux habitants de ne pas sortir. ( )

b. Ils sont capables de tout pour conserver leurs avantages. ( )

c. Puisque vous n'êtes pas d'accord, je m'en vais. ( )

d. Elle n'a pas acheté ces meubles de peur de se tromper. ( )

e. Tu montes à cheval pour le plaisir. ( )

f. Ils sont partis à 6 heures, par crainte des embouteillages. ( )

g. Il est en arrêt de travail parce qu'il a eu un accident. ( )

h. Ils vont souvent au restaurant car ils apprécient la bonne cuisine. ( )

384 Reliez les phrases suivantes.

a. Pourquoi prenez-vous l'Eurostar ?   1. Pour le plaisir.

b. Pourquoi m'accompagnes-tu ?   2. Parce que j'ai faim.

c. Pourquoi a-t-il été récompensé ?   3. Pour faire un stage.

d. Pourquoi joues-tu ?   4. Parce que c'est plus rapide.

e. Pourquoi mangez-vous autant ?   5. Pour mieux dormir.

f. Pourquoi allez-vous à Lyon ?   6. Parce qu'il fait beau.

g. Pourquoi prenez-vous du tilleul ?   7. Pour te faire plaisir.

h. Pourquoi êtes-vous de bonne humeur ?   8. Parce qu'il a été courageux.

385 Imaginez les questions.

Exemple : ***À cause de quoi vous êtes-vous blessé ?*** ← À cause de mon imprudence.

a. .... ← Parce que je te connais.

b. .... ← Car nous partons demain à l'aube.

c. .... ← À cause d'elle.

d. .... ← Parce que nous adorons ce peintre.

e. .... ← En raison du mauvais temps.

f. .... ← Pour son honnêteté.

g. .... ← Par pure paresse.

h. .... ← Parce qu'il est beau et qu'il joue bien.

386 Imaginez un slogan publicitaire avec *pour* ou *parce que* en respectant les indications de but (B) ou de cause (C).

> *Exemples : **Pour vivre mieux,** buvez Morgane, l'eau minérale de Bretagne. (B)*
>
> ***Parce que vous voulez prendre de l'altitude,** partez avec Everest, l'agence de l'aventure. (C)*

a. ...., pensez à votre retraite complémentaire. (C)

b. ...., consultez le 3615 code SNCF. (B)

c. ...., adressez-vous aux Artisans de France. (C)

d. ...., achetez le ticket vert ! (B)

e. ...., mangez des kiwis ! (B)

f. ...., vous aimerez le château de Versailles. (C)

g. ...., achetez un téléphone portable. (B)

h. .... , lisez *La Vie*. (C)

B. L'EXPRESSION DE LA CAUSE SUIVIE DE L'INDICATIF OU DU SUBJONCTIF

387 Soulignez les locutions et conjonctions de subordination exprimant la cause.

> *Exemple :* J'ai pris le parasol <u>parce que</u> le soleil est trop fort.

a. Compte tenu du monde qu'il y a sur la plage, je préfère rester chez moi.

b. Comme nous n'avons pas de jardin, nous promenons les enfants dans les parcs de la ville.

c. Puisque tu es déjà prêt, tu peux aller te baigner.

d. Vu que la mer est calme, il n'y a aucun danger pour les enfants.

e. Sous prétexte qu'il faisait chaud, elle est restée chez elle pour faire la sieste.

f. Il préfère louer un petit bateau parce qu'on est plus tranquille.

g. En raison des fortes chaleurs, nous vous conseillons de ne pas sortir avant 16 heures.

h. Puisqu'il pleut en Bretagne, viens donc à Nice !

388 Transformez les phrases suivant le modèle.

> *Exemple :* Je n'ai pas fait cet exercice parce qu'il était trop difficile.
>
> → Cet exercice était trop difficile, ***c'est pourquoi** je ne l'ai pas fait.*

a. Il n'est pas sorti parce qu'il gardait ses enfants.

→ ....

b. Aurore est restée à la maison parce qu'elle attendait Philippe.

→ ....

c. Ils ne m'ont pas dit au revoir parce que nous nous sommes disputés.

→ ....

d. Je me suis endormi parce que j'étais trop fatigué.

→ ....

e. Nous sommes allés à Rome parce que nous ne connaissions pas cette ville.

→ ....

f. Il n'a pas lu le journal parce qu'il n'avait pas le temps.

→ ....

g. Elle est heureuse parce qu'elle vient d'avoir un petit garçon.

→ ....

h. Ils ont fait la grasse matinée parce qu'ils se sont couchés tard.

→ ....

389 **Transformez les phrases suivantes en utilisant** *parce que.*

Exemple : Le bateau a du retard à cause de la tempête.

→ Le bateau a du retard *parce qu'il y a une tempête.*

a. Il a réussi grâce à notre soutien.

→ ....

b. En raison du verglas, elle a préféré laisser sa voiture au garage.

→ ....

c. Il s'est trompé à cause d'une faute d'inattention.

→ ....

d. Ce jeune homme a été arrêté pour vol dans un magasin de luxe.

→ ....

e. Il a battu le record du monde grâce à un vélo révolutionnaire.

→ ....

f. Vu ta maladie, je te conseille de ne pas sortir.

→ ....

g. Notre enfant étant trop petit, nous ne l'emmènerons pas au cinéma.

→ ....

h. Le musée est fermé pour cause de travaux.

→ ....

390 **Complétez les phrases suivantes introduites par une conjonction de subordination.**

Exemple : Comme nous n'avons pas d'enfants, nous (partir) *partons faire du ski hors saison.*

a. Je refuse, non pas parce que je (ne pas être d'accord) ....

....

b. Parle, puisque tu (insister) ....

c. Il s'est dépêché parce qu'il (être en retard) ....

d. Je ne me déplacerai pas car je (ne pas avoir envie) ....

e. Elle ne s'est pas baignée sous prétexte que l'eau (être froide) ....

f. Tu ne peux pas comprendre, vu que tu (ne pas vivre ici) ....

g. Du moment que Joël (venir) ....

h. Comme je suis libre cet après-midi, j' (aller) ....

391 Reliez les phrases par une expression de cause en utilisant *comme, puisque, parce que* (parfois plusieurs possibilités).

Exemple : Je n'ai pas pu venir. J'ai eu un accident.
→ Je n'ai pas pu venir **parce que** j'ai eu un accident.

a. Vous êtes pressé. Partez sans moi !

→ ....

b. Il y avait des embouteillages. Je n'ai pas pu arriver à l'heure.

→ ....

c. Ton aide m'a été profitable. J'ai réussi mon examen.

→ ....

d. Le ciel est menaçant. Je préfère prendre mon parapluie.

→ ....

e. Mon enfant avait de la fièvre. J'ai dû le garder à la maison.

→ ....

f. Les gens vivent plus longtemps. Ils sont mieux soignés qu'auparavant.

→ ....

g. Tu n'as rien à faire. Tu vas me rendre un petit service.

→ ....

h. Boris n'a pas 16 ans. Il ne peut pas aller voir ce film.

→ ....

392 Associez les éléments suivants pour en faire des phrases.

a. Théo n'a pas été autorisé à rentrer
b. Eh bien ! expliquez-nous
c. Comme il était tard,
d. Comme ils ont été cambriolés,
e. Elle a échoué
f. Ici il est heureux,
g. Il faut nous décider tout de suite
h. Du fait qu'ils habitent Bethléem,

1. nous sommes rentrés à pied.
2. ils se sont fait installer une alarme.
3. car tu ne l'avais pas aidée.
4. parce qu'il est trop jeune.
5. puisque vous êtes si fort.
6. surtout que nous partons dans une semaine.
7. nous sommes invités chez eux pour Noël.
8. tant la lumière est chaude et la nature intacte.

393 Complétez les phrases suivantes avec *que, de ce que* ou *non que* (parfois deux réponses possibles).

Exemple : Il s'étonne **que** ses enfants ne soient pas d'accord avec ce qu'il dit.

a. Elle est surprise .... tu ne lui aies pas écrit.

b. Tout cela est venu .... il n'a pas accepté la discussion.

c. Il s'étonne .... elle ne vienne pas.

d. Je crains .... il ne s'endorme plus tôt que prévu.

e. Les délégués syndicaux sont furieux .... le ministre ne les reçoive pas.

f. Il s'inquiète .... il ne lui ait encore rien dit.

g. J'ai peur .... M. Thomas ne refuse tes propositions.

h. Je vous dis cela, ... je veuille vous décevoir mais parce qu'il faut que vous ayez conscience de la situation.

394 Complétez librement les phrases en utilisant l'indicatif ou le subjonctif.

Exemples : Comme on était dimanche, (ils/aller) ***ils sont allés se promener au bois de Vincennes***.

Elle s'inquiète à l'idée que (son fils/aller) ***son fils aille passer deux mois en Inde***.

a. Il est resté chez lui sous prétexte qu' (il/faire froid) ....

b. Il refuse de leur prêter de l'argent vu qu' (ils/se disputer) ....

c. Le propriétaire de notre appartement critique le fait que (nous/ne pas payer à temps) ....
....

d. Du moment que (Julie/nous accompagner) ....

e. Les gens s'étonnent que (le café/être cher) ....

f. Le directeur a refusé, non pas parce qu' (il/ne pas vouloir) ....
....

g. Elle s'inquiète qu' (il/ne pas revenir) ....

h. Il ne veut pas partager les frais pour la simple raison qu' (il/être absent) ....
....

C. L'EXPRESSION DE LA CAUSE SUIVIE D'UN NOM OU DE L'INFINITIF

395 Remplacez les groupes de mots soulignés par les mots entre parenthèses.

Exemple : Il est tombé malade <u>parce que l'air était pollué</u>. (à cause de + nom)
→ Il est tombé malade ***à cause de la pollution de l'air***.

a. Je ne pourrai pas aller à ce cocktail <u>parce que j'ai un rendez-vous à la même heure</u>. (à cause de + nom)

→ ....

b. <u>Vu qu'il est souvent absent</u>, il risque de se faire renvoyer. (à force de + infinitif)

→ ....

c. Les otages ont été sauvés <u>parce que la police a été efficace</u>. (grâce à + nom)

→ ....

d. <u>Comme il n'y avait plus de sandwich</u>, j'ai commandé un croque-monsieur. (faute de + nom)

→ ....

e. Les magasins sont fermés <u>parce que c'est le 1er Mai</u>. (en raison de + nom)

→ ....

f. <u>Tu prends trop de risques</u>, tu vas avoir un accident. (à force de + infinitif)

→ ....

g. <u>Vu qu'il fait chaud</u>, je m'en vais faire la sieste ! (vu + nom)

→ ....

h. Nous ne pourrons pas faire les réparations nécessaires <u>parce que nous manquons de moyens</u>. (faute de + nom)

→ ....

396 Complétez les phrases suivantes en utilisant *à*, *de/du*, *par*, *pour*, **ou laissez tel quel.**

Exemple : Il a perdu son travail pour cause **de** licenciement.

a. Il a été décoré .... son talent.

b. Vu .... les circonstances, la réunion est reportée à la semaine prochaine.

c. Elle a été sauvée grâce .... votre association.

d. La route est bloquée à cause .... départ de la course.

e. Ils font ce travail .... nécessité.

f. À cause .... toi, je n'ai pas pu suivre les nouvelles du jour.

g. Étant donné .... la situation, nous vous invitons à rester chez vous.

h. Nous ne sommes pas sortis à cause .... l'ouragan qui s'est abattu sur la ville.

397 Complétez les phrases suivantes en utilisant *à*, *de*, *d'*, *par*, *pour* **ou** *avec*.

Exemple : Il avait fait ce pari **par** goût du risque.

a. En apprenant que l'équipe de France avait gagné, il a sauté .... joie.

b. .... l'entendre, on dirait que tous les Français ont son train de vie !

c. Il la regardait, muet .... admiration.

d. .... voir sa tête, l'entretien ne s'est pas bien passé.

e. Il a été condamné .... trafic d'armes.

f. .... ce temps, tu ne peux pas jardiner.

g. Il a voté contre ce projet .... esprit de contradiction.

h. L'employé a été sanctionné .... ses absences répétées.

398 Faites des phrases marquant la cause.

Exemple : Zinedine Zidane – un grand buteur durant la Coupe du monde – être

→ Zinedine Zidane **est connu pour avoir été** un grand buteur durant la Coupe du monde.

a. Juliette Binoche – un Oscar à Hollywood – recevoir

→ ....

b. J.M.G Le Clézio – de beaux romans de voyage – écrire

→ ....

c. Pierre Boulez – de grands orchestres – diriger

→ ....

d. Yves Saint-Laurent – l'un des plus grands couturiers français – être

→ ....

e. Charles Trenet – de superbes chansons durant cinquante ans – composer

→ ....

f. Luc Besson – le film *Jeanne d'Arc* – mettre en scène

→ ....

g. Gérard Loiseau – de la cuisine française un art – faire

→ ....

h. Gérard Depardieu – le rôle de Christophe Colomb – interpréter

→ ....

399 Transformez les phrases en utilisant *pour* + nom ou *pour* + infinitif.

  Exemple : Le sportif a été applaudi parce qu'il avait réalisé un exploit.
    → Le sportif a été applaudi **pour avoir réalisé un exploit/pour son exploit**.

a. Il a été décoré parce qu'il avait sauvé une vie humaine.

→ ....

b. Ils ont été condamnés parce qu'ils avaient commis un vol.

→ ....

c. Le jeune officier a été cité parce qu'il avait été courageux.

→ ....

d. Les employés ont été renvoyés parce qu'ils étaient arrivés en retard à trois reprises.

→ ....

e. L'inspecteur a été jugé parce qu'il avait revendu de la drogue.

→ ....

f. Le député a été sifflé parce qu'il avait tenu des propos injurieux.

→ ....

g. Le conducteur a été arrêté parce qu'il avait franchi la ligne blanche.

→ ....

h. La chanteuse a été applaudie parce qu'elle avait du talent.

→ ....

400 Imaginez les réponses aux questions suivantes en employant *à cause de*.

  Exemple : Pourquoi ne mange-t-elle pas ? → **À cause de son régime**.

a. Pourquoi l'air de Mexico est-il si pollué ? → ....

b. Pourquoi y a-t-il tant de monde dans les rues ? → ....

c. Pourquoi le métro s'est arrêté ? → ....

d. Pourquoi la boulangerie est fermée ? → ....

e. Pourquoi pleure-t-il ? → ....

f. Pourquoi la tour Eiffel s'appelle ainsi ? → ....

g. Pourquoi la rue est barrée ? → ....

h. Pourquoi les journaux ne paraissent pas aujourd'hui ? → ....

401 Exprimez la cause avec *sous*. Complétez les phrases en choisissant l'une des expressions suivantes : *sous le choc, sous l'effet, sous l'influence, sous le poids, sous l'action, sous l'empire, sous l'emprise, sous le coup*.

  Exemple : Elle ne peut pas parler ; elle est **sous le coup** de l'émotion.

a. Elle a fini par s'endormir .... des somnifères.

b. Son dos se courbe .... de la fatigue.

c. Il n'a pas été blessé mais il est encore .... de l'accident.

d. .... de la colère, il lui a dit des choses très dures.

e. Il ne faut pas qu'il reste plus longtemps .... de son frère aîné.

f. Il est difficile de revenir à une vie normale quand on a été .... de la drogue.

g. La situation s'est améliorée .... conjuguée des associations et des pouvoirs publics.

h. .... de la surprise, il n'a pas réagi.

---

402 Associez les éléments suivants pour en faire des phrases.

a. Si l'on mangeait ? Je meurs ⟍

b. Il a reçu le prix Nobel

c. Il a été puni

d. Elle a agi

e. Je vous rends votre clé, je l'avais prise

f. Je vais me coucher, je tombe

g. On lui a retiré son permis

h. Ce matin, il fait – 10 °C, un vieil homme est mort

1. pour ses recherches en génétique.

2. par intérêt.

3. de faim.

4. par erreur.

5. pour sa cruauté.

6. de froid.

7. de sommeil.

8. pour conduite en état d'ivresse.

---

403 Pour chacune des phrases, choisissez l'un des mots suivants correspondant à la situation : *l'explication, la raison, les sources, le facteur, le motif, le pourquoi, l'origine, le mobile.*

Exemple : Vous nous avez menti : pour quelle *raison* ?

a. Le .... de son action était honnête. Il n'a pas agi par intérêt.

b. Il nous faut remonter aux .... pour bien comprendre cette affaire.

c. Il sera absent une semaine pour .... de santé.

d. Une solide expérience professionnelle est un .... de succès lorsque vous cherchez un travail.

e. Les experts ignorent encore le .... et le comment de l'accident.

f. Sur l'...................... de sa fortune, certains disent qu'il s'est enrichi durant la guerre.

g. Les satellites nous fourniront sans doute un jour l'...................... de tous les phénomènes climatiques.

h. Une seule question obsède l'inspecteur B. : le .... du crime.

D. LA CAUSE EXPRIMÉE PAR LE GÉRONDIF OU PAR LE PARTICIPE PRÉSENT

404 Remplacez les mots soulignés par une proposition subordonnée.

Exemples : Hier, Bruno a provoqué un accident en freinant trop tard.

→ Hier, Bruno a provoqué un accident ***parce qu'il a freiné trop tard***.

Croyant que Jeanine allait appeler, il est resté près du téléphone.

→ ***Comme il croyait que Jeanine allait appeler***, il est resté près du téléphone.

a. Pensant que tu dormais, je n'ai pas osé sonner.

→ ....

b. En faisant de la gymnastique, vous gardez la forme.

→ ....

c. Les loyers parisiens étant trop chers, Frédéric a décidé de vivre en banlieue.

→ ....

d. En lisant ce livre, elle a eu envie de visiter l'Auvergne.

→ ....

e. Pensant qu'il allait faire beau, je n'ai pas mis de pull pour sortir.

→ ....

f. Sachant qu'il y avait un bon film à la télévision, ils ont préféré rester chez eux.

→ ....

g. Connaissant très bien Paris, Jérémy a répondu à toutes nos questions.

→ ....

h. Rémy s'est rendu malade en mangeant des huîtres.

→ ....

405 **Reformulez ces phrases en utilisant le participe présent ou le gérondif.**

Exemples : Comme les toilettes étaient occupées, il a dû patienter.

→ ***Les toilettes étant occupées**, il a dû patienter.*

Il a réussi parce qu'il s'entraînait chaque jour.

→ *Il a réussi **en s'entraînant chaque jour.***

a. Comme je suis âgée et que je vis seule, je dépense peu.

→ ....

b. Elle a terminé sa thèse parce qu'elle a travaillé jour et nuit.

→ ....

c. Comme les invités commençaient à s'endormir, nous leur avons proposé de danser.

→ ....

d. Comme les magasins sont ouverts les dimanches de décembre, j'irai faire mes achats ces jours-là.

→ ....

e. Il s'est coupé le doigt parce qu'il a utilisé un outil tranchant.

→ ....

f. Comme la pluie se mettait à tomber, ils se sont abrités sous un porche.

→ ....

g. Comme les congés approchent, les élèves ne pensent qu'aux vacances.

→ ....

h. Coralie a sensiblement maigri parce qu'elle a supprimé le fromage et les desserts.

→ ....

Bilans

406 Complétez le texte avec *parce que, comme, grâce à, puisque, en raison de, étant donné, pour, sous prétexte que* **(parfois deux possibilités).**

.... **(1)** du festival de Cannes, comme chaque année la circulation a été perturbée sur la Croisette et dans la ville. Des milliers de spectateurs attendaient l'arrivée des stars du moment. .... **(2)** l'importance de l'événement, de gros moyens avaient été mis en place.

.... **(3)** la mobilisation des forces de l'ordre, aucun incident n'a été relevé lors de la traditionnelle montée des marches. Les stars étaient présentes au rendez-vous. Mais, ... **(4)** la pluie tombait, ces dernières n'auront fait qu'une brève apparition sur le tapis rouge du festival.

Les journalistes et les spectateurs, venus nombreux, semblaient déçus. .... **(5)** l'orage se faisait de plus en plus fort et que la pluie redoublait d'intensité, les gens ont fini par se disperser plus tôt que prévu. Certains en ont profité pour tenter de forcer le cordon de sécurité. D'autres, ... **(6)** ils avaient une invitation, ont pu obtenir ce qu'ils souhaitaient.

.... **(7)** avoir dit que la pluie était souvent au rendez-vous à l'ouverture du festival, les organisateurs ont joué la carte de la sérénité. Il est vrai que ce festival est un événement médiatique exceptionnel .... **(8)** plus de deux milliards de personnes le suivent à travers le monde.

Ce n'est donc ni un gros orage, ni de fortes pluies qui parviendront à décourager les passionnés de cinéma.

407 Choisissez la bonne formule.

Entretien entre un directeur et son employé :

Le directeur : M. Barnier, pourquoi n'avez-vous pas appelé l'entreprise pour expliquer votre absence d'hier après-midi ?

M. Barnier : Je suis franchement désolé, M. le Directeur. Je n'ai pas pu vous joindre hier (car/à cause de/comme) **(1)** les lignes étaient tout le temps occupées.

Le directeur : C'est exact. Nous avions un problème. (Du fait de/C'est que/Comme) **(2)** les employés du téléphone travaillaient sur nos lignes, ils avaient tout coupé. Mais vous auriez pu m'envoyer un fax !

M. Barnier : Malheureusement, M. le Directeur, je n'ai pas pu (parce que/à cause de/de peur que) **(3)** je me trouvais en pleine campagne.

Le directeur : En pleine campagne ?

M. Barnier : Nous avions décidé, ma femme et moi, de rendre visite à une amie la veille au soir. (Par crainte de/De peur que/Étant donné que) **(4)** notre voiture était tombée en panne à quelques kilomètres de la maison et à une heure avancée de la nuit, nous avons dû dormir sur place. Le lendemain matin, (grâce à/pour/à cause de) **(5)** l'intervention d'un ami mécanicien, nous avons pu réparer notre voiture. Le problème, c'est que nous ne pouvions toujours pas vous joindre (grâce à/ce n'est pas que/car) **(6)** les lignes téléphoniques de l'entreprise étaient occupées.

Le directeur : *Vous auriez pu envoyer un fax ?*

M. Barnier : *J'y ai pensé. Malheureusement, (avec/à cause de/comme)* **(7)** *l'appareil de notre ami était également en panne, nous n'avons rien pu faire.*

Le directeur : *Et la mairie ? Vous auriez pu demander à la mairie ?*

M. Barnier : *Le village le plus proche se trouvait à trente kilomètres.*

Le directeur : *Et les voisins ?*

M. Barnier : *Notre ami n'a qu'un seul voisin. (Par crainte de/Étant donné que/De peur que)* **(8)** *ses relations avec ce dernier ne sont pas bonnes, nous n'avons pas osé le lui demander.*

Le directeur : *Décidément, ce n'était pas votre jour de chance !*

M. Barnier : *Comme vous dites, M. le Directeur.*

Le directeur : *(À cause de/Car/Comme)* **(9)** *nous avons beaucoup de retard, je vous propose de venir travailler demain.*

M. Barnier : *Demain ?*

Le directeur : *Eh bien oui, demain ! Quel est le problème ?*

M. Barnier : *C'est dimanche, M. le Directeur.*

Le directeur : *Et alors ? (Sous prétexte que/Car/De peur que)* **(10)** *nous sommes un dimanche, vous ne viendriez pas travailler ?*

M. Barnier : *C'est que... ce dimanche-là, ce sera impossible.*

Le directeur : *Et pour quelle raison ?*

M. Barnier : *(Car/Comme/À cause de)* **(11)** *la communion de ma fille ; nous recevons toute la famille chez nous.*

Le directeur : *Décidément, vous êtes un homme très occupé !*

M. Barnier : *N'est-ce pas ? D'ailleurs, j'avais l'intention de vous demander un jour de congé la semaine prochaine (parce que/en raison de/de crainte de)* **(12)** *j'ai un travail fou à la maison ; je ne m'en sors pas !*

XV. LE BUT

Donner un œuf pour avoir un bœuf.

408 Soulignez les phrases qui indiquent un but.

> *Exemples :* Étant donné le froid, des stations de métro restent ouvertes la nuit.
> <u>En vue des fêtes, ils ont décoré toutes les rues.</u>

a. Il a été puni pour sa mauvaise conduite.

b. Elle fait des efforts pour gagner la course.

c. Marie ne viendra pas sous prétexte qu'elle est fatiguée.

d. Il a été félicité pour avoir sauvé une vieille dame.

e. Pour lui faire plaisir, nous irons au restaurant.

f. Elle est âgée ; pour cette raison, elle ne viendra pas avec nous.

g. Par crainte de la chaleur, ils ferment les volets.

h. Nous l'avons accompagnée chez le médecin afin qu'elle se soigne.

409 Soulignez les éléments qui introduisent le but ou la finalité d'une action.

> *Exemple :* Ils se sont déchaussés <u>de façon à</u> ne pas réveiller les voisins.

a. Afin que les enfants n'aient pas peur, ils ont allumé la lampe.

b. Pour ne pas déranger la gardienne, ils ont attendu son réveil.

c. Nous avons prévenu Mme Giraud pour qu'elle ne s'inquiète pas.

d. Nous avons pris un taxi de crainte d'arriver en retard.

e. Les enfants ont appelé la nourrice de manière qu'elle soit au courant.

f. Il faut manger ta soupe pour grandir.

g. Prenons un parapluie de peur qu'on ne se mouille !

h. Je lui lirai tout l'article de sorte qu'il comprenne mieux cette affaire.

410 Faites des phrases à partir des éléments donnés en utilisant *pour*.

> *Exemple :* réserver le taxi – téléphoner dès à présent
> → ***Téléphone dès à présent pour réserver le taxi.***

a. être plus chic – mettre son costume

→ ....

b. se protéger du froid – prendre son manteau

→ ....

c. éviter de se faire mal – enfiler des gants

→ ....

d. vérifier que tu as de l'argent – ouvrir son portefeuille

→ ....

e. voir plus clair – prendre ses lunettes

→ ....

f. acheter des cigarettes – passer d'abord au bureau de tabac

→ ....

g. l'offrir à la maîtresse de maison – choisir chez le fleuriste un joli bouquet

→ ....

h. le présenter à l'entrée – prendre ton carton d'invitation

→ ....

411 Utilisez *pour que* **suivi du subjonctif et faites des phrases suivant le modèle.**

Exemple : Les enfant sont heureux. Nous achetons une maison.

→ ***Nous achetons une maison pour que les enfants soient heureux.***

a. Ils peuvent s'amuser. Nous avons choisi un grand jardin.

→ ....

b. Ils vont au stade. Je reviens tôt.

→ ....

c. Ils se baignent. Nous avions prévu une piscine.

→ ....

d. Il est à l'heure. Je l'accompagne à moto.

→ ....

e. Il finit un jeu avec son ami. Je lui laisse l'ordinateur.

→ ....

f. Il comprend mieux. Je lui montre cet exercice de solfège.

→ ....

g. Je dors tranquillement. Il écoute la musique avec un casque.

→ ....

h. Nous jouons ensemble. On a acheté une table de ping-pong.

→ ....

412 **Assemblez les éléments suivants pour faire des phrases.**

Nous prendrons la voiture :

a. pour ⟶ 1. nous rendre chez Lucie.

2. vous arriviez à temps.

3. accompagner Emmanuel.

4. être à l'heure.

5. le trajet soit plus agréable.

b. pour que

6. tu puisses conduire.

7. les enfants viennent avec nous.

8. voyager plus confortablement.

413 Faites des phrases à partir des éléments donnés. Employez l'infinitif ou le subjonctif.

Exemples : Vous téléphonerez. Je saurai. → Vous téléphonerez **pour que je sache**.

Tu prendras le train. Tu viendras chez moi. → Tu prendras le train **pour venir chez moi**.

a. Nous allons chez elle. Nous déjeunerons.

→ ....

b. Tu me préviens. Je t'attendrai.

→ ....

c. On déménage à Toulon. On profitera de la mer.

→ ....

d. Elle travaille. Elle réussira son examen de médecine.

→ ....

e. J'ai rendez-vous avec le notaire. Je signerai un acte de vente.

→ ....

f. Elles se retrouvent. Alice ne sera pas seule à Noël.

→ ....

g. Ils se marient. Ils feront plaisir à la famille.

→ ....

h. Vous ne ferez pas de bruit. Les enfants pourront dormir tard.

→ ....

414 Complétez les phrases suivantes par *afin de* ou *afin que*.

Exemple : Elle se lève tôt *afin de* ne pas être en retard.

a. Je vais l'appeler .... il soit averti.

b. Il m'a écrit .... me rassurer.

c. Je lui ai parlé .... tout soit bien clair.

d. Tu as fait cela .... je perde.

e. Nous lui avons écrit .... il nous appelle.

f. J'ai suivi les actualités .... comprendre ce qui s'est passé.

g. On est allés à la campagne .... être au calme.

h. Je suis parti .... ne plus les voir.

415 Terminez les phrases suivantes à partir des éléments donnés.

Exemple : Tu auras un bureau afin d' (être) *être plus tranquille*.

a. Vous me téléphonerez afin que (ne pas s'inquiéter) ....

b. Elle fera des courses afin que (dîner) ....

c. Je mettrai un chapeau afin que (reconnaître) ....

d. Nous suivrons le plan afin de (ne pas se perdre) ....

e. Vous irez voir ce médecin afin de (se faire soigner) ....

f. Tu achèteras un timbre afin de (poster) ....

g. J'enverrai un fax afin que (savoir) ....

h. Vous lirez cet article afin de (comprendre) ....

416 Rayez ce qui ne convient pas : *à* ou *que*.

Exemple : Gardez ce ticket de façon (à/~~que~~) avoir une preuve d'achat.

a. Recomptez votre monnaie de façon (à/qu') il n'y ait pas d'erreur.

b. Écrivez-nous de façon (à/que) retenir une chambre.

c. Arrivez dix minutes en avance de façon (à/que) être bien placés.

d. Prends tes jumelles de façon (à/que) tu voies mieux les acteurs.

e. Allume la radio de façon (à/que) nous écoutions les informations.

f. Parlons un peu de façon (à/que) faire connaissance.

g. Va au guichet de façon (à/que) tu te renseignes.

h. Réfléchis de façon (à/que) répondre correctement.

417 Assemblez les éléments suivants pour en faire des phrases.

Il rentre tôt :

a. de manière que

b. de manière à

1. nous allions au cinéma.
2. retrouver sa femme à 8 heures.
3. se coucher de bonne heure.
4. terminer son roman.
5. nous passions une soirée ensemble.
6. ses enfants le voient.
7. vous l'emmeniez au théâtre.
8. faire du sport.

418 Complétez les phrases suivantes à l'aide de *de peur de* ou *de peur que*.

Exemple : Je lui ai écrit **de peur qu'**elle arrive avant le 15.

a. J'ai mis des lunettes de soleil .... il me reconnaisse.

b. Même à la montagne, il prend son téléphone .... un accident.

c. Il emporte toujours un livre .... s'ennuyer.

d. Elle prend son manteau .... prendre froid.

e. Il est resté la nuit avec elle à l'hôpital .... elle se sente seule.

f. J'ai relu six fois mon texte .... faire des fautes.

g. Il a tenu l'échelle .... elle tombe.

h. Nous l'avons accompagné à l'aéroport .... il rate son avion.

419 Complétez les phrases suivantes en employant *de crainte de* ou *de crainte que*.

Exemple : Il débranche son téléphone **de crainte d'**être dérangé.

a. Elle conduit sa voiture au garage .... elle ne tombe en panne.

b. Ils font des économies .... l'avenir ne soit difficile.

c. Je vous prends un rendez-vous .... vous n'attendiez longtemps.

d. Il envoie des C.V.* .... se retrouver sans emploi.

e. Je t'attendrai en bas de chez moi .... tu ne te perdes.

---

* *C.V. : abréviation de* curriculum vitæ *; indications sur l'état civil, les diplômes et l'expérience professionnelle d'une personne.*

f. Tu prendras ton manteau .... il ne fasse froid.

g. Prévenez-la de votre visite .... elle n'ait une réaction trop vive.

h. Vérifie l'orthographe de ce mot .... te tromper.

420 **Faites des phrases sur le modèle suivant et employez** *de sorte que* **suivi du subjonctif.**

Exemple : Passez ce concours ; vous n'aurez pas de regrets.

→ Passez ce concours *de sorte que vous n'ayez pas de regrets*.

a. Réfléchissez bien ; votre décision sera définitive.

→ ....

b. Travaille sérieusement en classe ; tu réussiras dans la vie.

→ ....

c. Prends tes responsabilités ; tu deviendras adulte.

→ ....

d. Poursuis tes études ; tu feras ce que tu aimes.

→ ....

e. Tenez vos engagements ; on vous respectera.

→ ....

f. Soyez plus objectif ; vous analyserez mieux les situations.

→ ....

g. Prends la vie du bon côté ; tu seras plus heureuse.

→ ....

h. Faites ce qu'il faut ; tout s'arrangera.

→ ....

421 **Transformez les phrases suivantes en utilisant** *que* **suivi du subjonctif.**

Exemple : Parle plus fort ; je veux t'entendre.

→ Parle plus fort *que je t'entende*.

a. Approche-toi ; je veux te voir.

→ ....

b. Écoutez-moi ; je veux vous exposer mon projet.

→ ....

c. Asseyez-vous ; je veux faire votre connaissance.

→ ....

d. Viens ici ; je veux te prendre dans mes bras.

→ ....

e. Reste tranquille ; je veux finir ce travail.

→ ....

f. Donnez-moi cette lettre ; je veux y répondre.

→ ....

g. Passez-moi ce dossier ; je veux prendre une décision rapide.

→ ....

h. Prêtez-moi un crayon ; je veux écrire ce numéro de téléphone.

→ ....

422 Choisissez la bonne formule.

Exemple : Il t'aidera (~~pour~~/de sorte que) tu progresses en maths.

a. Je fais des courses (afin que/de crainte de) tu n'aies pas à les faire.

b. Elle suit l'actualité (de façon à/de peur de) se tenir au courant.

c. Je fais un stage d'informatique (pour/de sorte que) nous puissions utiliser ce programme.

d. Tu te tiens prêt (de sorte que/de peur que) Paul n'ait pas à attendre.

e. Donnez-moi cette petite annonce (que/de crainte que) vous ne la perdiez.

f. Elle achète une robe du soir (afin de/en vue de) cette réception.

g. Ils déménagent (en vue de/afin de) la naissance de leur enfant.

h. Prends des forces (pour/en vue de) gagner cette médaille.

423 Associez les éléments suivants pour faire des phrases.

Fais une liste :

a. afin de —————————————————→ 1. tu n'oublies rien.

b. de crainte que

c. que ————————————→ 2. ne rien oublier.

d. de sorte que

e. en vue de   3. cette soirée.

f. de peur d'

g. dans le but de   4. oublier quelque chose.

h. de façon à

                                          5. tu n'oublies quelque chose.

424 Complétez les phrases suivantes par *de sorte que/de, de crainte de/que, pour/pour que, afin de/que, en vue de, de façon à/que...* **(parfois plusieurs possibilités).**

Exemple : Elle se prépare ***en vue de*** son entrée en scène.

a. Il refait ses calculs .... se tromper.

b. Voici ma carte .... vous ne perdiez mon adresse.

c. Elle travaille .... réussir.

d. Il a quitté son bureau .... aller déjeuner.

e. Ils achètent un minibus .... les enfants aient plus de place.

f. Elle réfléchit .... son prochain départ en retraite.

g. Je fais un régime .... les pantalons m'aillent mieux.

h. .... réussir vos plats, prenez un bon livre de cuisine.

425 Complétez les phrases suivantes par l'infinitif ou le subjonctif des verbes entre parenthèses.

Exemple : Je viendrai garder vos enfants de sorte que vous ***puissiez*** (pouvoir) sortir.

a. Lisez attentivement ce texte de façon à bien le .... (comprendre).

b. Elle suit un traitement dans le but de .... (guérir).

c. Tu vas chez le coiffeur afin qu'il te .... (faire) une permanente.

d. Il fait du sport pour .... (garder) la forme.

e. Ils font des économies de manière à .... (envoyer) leurs enfants à l'université.

f. Je prends un café serré de façon à .... (ne pas s'endormir).

g. Elle travaille beaucoup dans le but de .... (réussir) un concours.

h. Il a téléphoné de manière que nous .... (aller) à son anniversaire.

426 **Terminez les phrases suivantes.**

Exemple : On ne mangera plus de poisson cru de manière à **ne pas lui déplaire**.

a. Je te préviendrai à l'avance de sorte que ....

b. Pour ...., elle a refusé ce travail.

c. Ils se sont séparés afin que ....

d. Elle m'a tout raconté de manière que ....

e. De crainte de ...., on a préféré rester à la maison.

f. Ils ont acheté un grand congélateur de façon à ....

g. Cet entraînement a pour but de ....

h. Nous passons nos vacances au bord de la mer pour que ....

Bilans

427 **Complétez le dialogue suivant en utilisant** *pour, afin de, de sorte que, en vue de, de crainte que, de peur de, de manière à* **(parfois plusieurs possibilités).**

Jocelyne : .... *(1) l'anniversaire de Sébastien, nous inviterons les grands-parents .... (2) ils puissent le voir. Il faudra faire les courses vendredi .... (3) leur arrivée car ils resteront tout le week-end.*

Hadrien : *Je vais les appeler dès aujourd'hui .... (4) il n'y ait plus de place dans le TGV.*

Jocelyne : *Tu as raison. La dernière fois que maman a souhaité prendre le train .... (5) passer quelques jours ici, elle n'a pas pu. Ils étaient tous complets.*

Hadrien : *Normal : c'était le week-end de l'Ascension !*

Jocelyne : *Le mieux serait qu'ils réservent tout de suite .... (6) être sûrs d'avoir une place.*

Hadrien : *Au pire, il restera la solution de la voiture.*

Jocelyne : *Tu sais bien que papa ne veut pas prendre sa voiture, ... (7) avoir un accident sur l'autoroute.*

Hadrien : *Je croyais que c'était plutôt .... (8) se trouver coincé dans les embouteillages des départs en vacances !*

Jocelyne : *Peu importe ! De toute façon, il y aura de la place dans le train ; et, ... (9) éviter qu'ils prennent un taxi, tu iras les chercher à la gare.*

428 Rayez ce qui ne convient pas.

Quelques conseils (pour/de façon que) **(1)**, mesdames, vous gardiez une allure jeune :

De manière (que/à) **(2)** conserver un teint clair, évitez de fumer et ayez une alimentation équilibrée. (En vue de/De sorte que) **(3)** votre peau reste plus jeune, faites-vous des masques à base de produits naturels.

Dormez suffisamment (afin de/pour que) **(4)** vos traits ne soient pas tirés. Faites de l'exercice chaque semaine quelques heures (en vue de/pour que) **(5)** vos muscles ne se détendent pas. (De sorte que/Dans le but de) **(6)** ce ne soit pas trop contraignant, entraînez-vous avec une personne que vous aimez bien.

Évitez de boire de l'alcool de crainte (à/que) **(7)** votre organisme ne soit empoisonné. De façon (à/que) **(8)** conserver votre bonne mine, allez régulièrement à la campagne.

Ne portez pas de vêtements trop stricts (pour que/en vue de) **(9)** ne pas vous vieillir ; préférez-leur des tenues plus décontractées. Et surtout, (de manière que/de sorte à) **(10)** votre visage fasse oublier votre âge, gardez le sourire !

XVI. LE PARTICIPE PRÉSENT ET LE GÉRONDIF

La fortune vient en dormant.

A. LE PARTICIPE PRÉSENT

429 Écrivez le participe présent des verbes qui suivent.

Exemples : nous achetons → **achetant**   vous finissez → **finissant**

a. nous avons → ....   b. vous souhaitez → ....

c. nous comprenons → ....   d. vous jetez → ....

e. ils sont → ....   f. vous choisissez → ....

g. vous recevez → ....   h. nous mangeons → ....

430 Donnez le participe présent des verbes suivants.

Exemples : avoir → **ayant**   être → **étant**

a. venir → ....   b. faire → ....

c. craindre → ....   d. savoir → ....

e. voir → ....   f. ranger → ....

g. dire → ....   h. mettre → ....

431 Soulignez les participes présents.

Exemples : Il est fatigant.

<u>Partant</u> vivre en Suède, elle a très peur du froid.

a. Étudiant en médecine, son emploi du temps est chargé.

b. Venant de comprendre mon erreur, je me suis excusé.

c. Marchant vite, le trajet lui a semblé court.

d. Ce film est bouleversant.

e. Un passant s'arrête devant ma boutique !

f. Étudiant la littérature, il a lu toute l'œuvre de Flaubert.

g. Les participants sont priés de se rendre en salle A01.

h. Passant tous les jours dans cette rue, je n'avais jamais remarqué cette façade originale.

432 Faites des phrases sur le modèle suivant.

Exemple : Elle est malade et elle n'ira pas travailler.

→ **Étant malade,** elle n'ira pas travailler.

a. Nous prenons le train de 18 h 53 et nous devons partir plus tôt.

→ ....

b. Il vient d'arriver et il se repose.

→ ....

c. J'ai mal aux pieds et je change de chaussures.

→ ....

d. Vous connaissez le dossier et vous pouvez prendre cette décision.

→ ....

e. Nous partons en vacances et nous mettons les bagages dans la voiture.

→ ....

f. Tu sais où est la boulangerie et tu peux y aller seul.

→ ....

g. Je fais du sport et j'entretiens ma silhouette.

→ ....

h. Elle travaille dans la communication et elle connaît beaucoup de monde.

→ ....

433 Transformez les subordonnées en participe présent.

Exemple : Le propriétaire <u>qui ne trouvait pas d'acheteur</u> a baissé son prix.

→ Le propriétaire **ne trouvant pas d'acheteur** a baissé son prix.

a. Un client <u>qui souhaitait vendre son appartement</u> nous a contactés.

→ ....

b. La maison <u>qui dominait Vence</u> a été vendue.

→ ....

c. Un passant <u>qui lisait une annonce dans le journal</u> s'est mis à rire.

→ ....

d. Le couple <u>qui divorçait</u> a été obligé de vendre.

→ ....

e. Le propriétaire <u>qui n'était pas d'accord</u> a raccroché.

→ ....

f. M. Bianco <u>qui travaille dans l'immobilier</u> a fait une bonne affaire.

→ ....

g. Ma femme <u>qui ne veut pas habiter loin de la ville</u> m'a dit de chercher ici.

→ ....

h. Le locataire <u>qui habitait à cette adresse</u> a quitté les lieux hier.

→ ....

434 Faites des phrases sur le modèle suivant. Utilisez la forme passée du participe présent. Attention aux accords.

Exemple : Sa sœur qui s'est cassé le bras n'a pas repris le travail.

→ Sa sœur **s'étant cassé le bras** n'a pas repris le travail.

a. Les employés qui se sont réunis à l'heure du déjeuner ont discuté de leur salaire.

→ ....

b. Stéphane qui s'est inscrit dans un club d'équitation a commencé les cours cette semaine.

→ ....

c. Notre voisin qui s'est acheté une moto l'a essayée hier.

→ ....

d. Sa fille qui s'est absentée mercredi de l'école a été convoquée par le Principal du collège.

→ ....

e. Le joueur qui s'est foulé la cheville lundi dernier ne pourra pas rejouer avant trois semaines.

→ ....

f. Ma grand-mère qui s'est endormie n'a pas vu la fin du film.

→ ....

g. Nos amis qui se sont trompés d'adresse sont arrivés très tard à la maison.

→ ....

h. Les personnes qui se sont présentées hier m'ont fait mauvaise impression.

→ ....

435 **Réécrivez les phrases suivantes en employant** *comme.*

Exemples : Le printemps étant arrivé, on vit davantage à l'extérieur.

→ ***Comme le printemps est arrivé***, on vit davantage à l'extérieur.

Mlle Dubois sera remplacée, étant en congé de longue maladie.

→ ***Comme elle est en congé de longue maladie***, Mlle Dubois sera remplacée.

a. Lise étant actuellement en province, je ne l'ai pas vue depuis plusieurs jours.

→ ....

b. Travaillant dans un centre de documentation, vous lisez la presse tous les jours.

→ ....

c. L'économie reprenant, la population semble moins inquiète.

→ ....

d. Étant retournés à l'école, les enfants ont retrouvé leurs copains.

→ ....

e. Anne étant absente, je peux lui transmettre un message.

→ ....

f. N'ayant pas réussi mon bac, je dois redoubler ma terminale.

→ ....

g. Ne suivant pas le Paris-Dakar, comment connaîtrait-il le vainqueur ?

→ ....

h. Aimant la voile tous les deux, nous nous sommes très bien entendus.

→ ....

436 **Exprimez la cause en employant le participe présent.**

Exemple : Mettez la table pour quatre personnes puisque Juliette ne viendra pas.

→ ***Juliette ne venant pas***, mettez la table pour quatre personnes.

a. Commençons la réunion maintenant puisque Mme Lhote n'arrive pas.

→ ....

b. Comme le plombier vient demain, nous vidons la salle de bains.

→ ....

c. Comme la nuit tombe, il est temps de rentrer.

→ ....

d. Puisque tu l'as promis, tu dois l'accompagner à ce cocktail.

→ ....

e. Nous partirons avec tes parents puisque ta mère y tient.

→ ....

f. Vous prendrez les petites routes puisque l'autoroute est saturée.

→ ....

g. Elle appelle le médecin de garde car son généraliste est en congé.

→ ....

h. Comme la chasse est ouverte, il est dangereux de se promener en forêt.

→ ....

B. LE GÉRONDIF

437 Soulignez les gérondifs.

Exemple : Géraldine s'est coupé la main <u>en épluchant</u> des légumes.

a. En étudiant la musique, il a découvert les opéras de Verdi.

b. Étudiant la chimie, elle s'intéresse à la géologie.

c. C'est en venant s'installer sur la côte qu'il s'est mis à la pêche.

d. Nous avons dîné dans une excellente auberge en rentrant de Nevers.

e. Elle cherche un studio, suivant des cours à Sciences Po.

f. Rentrant tard le soir, elle préfère appeler un taxi.

g. Venant de rencontrer Michel, elle était déjà folle de lui.

h. C'est en suivant cette route que nous sommes arrivés à Sarlat.

438 Complétez les phrases en employant le gérondif.

Exemple : Il travaille toujours ***en écoutant de la musique.***

a. Le soir, nous mangeons ....

b. Il s'est blessé ....

c. Tu fais souvent tes devoirs ....

d. Je m'habille ....

e. Ils prennent leur petit déjeuner ....

f. Cela vous arrive-t-il de conduire ....

g. Elle téléphone toujours ....

h. Te réveilles-tu ....

439 Indiquez si le gérondif exprime une simultanéité (S), une cause (Ca), une condition (Co) ou une manière (M).

Exemple : Il marche en traînant les pieds. *(M)*

a. En prenant l'autoroute ce serait plus rapide ! (   )

b. Il a appris l'italien en écoutant des cassettes. (   )

c. Vous nous feriez plaisir en venant plus souvent. (   )

d. Jean ronfle en dormant. (   )

e. En venant chez vous, nous nous sommes arrêtés chez un libraire. (   )

f. Sophie écrit en dessinant bien ses lettres. (   )

g. Il entretient son jardin en sifflotant. (   )

h. Vous prenez des risques en conduisant si vite ! (   )

440 **Exprimez la simultanéité par l'emploi d'un gérondif.**

Exemple : Il fait du vélo en même temps qu'il chantonne.

→ Il fait du vélo **en chantonnant.**

→ Il chantonne **en faisant** du vélo.

a. Émile travaille tandis qu'il suce son crayon.

→ ....

→ ....

b. Je prends mon petit déjeuner et je consulte mon agenda.

→ ....

→ ....

c. Certains automobilistes conduisent et téléphonent en même temps.

→ ....

→ ....

d. Elle répond au téléphone et feuillette un magazine.

→ ....

→ ....

e. Les étudiants écoutent et prennent des notes à la fois.

→ ....

→ ....

f. Tu chantonnes quand tu dessines ?

→ ....

→ ....

g. Elle parle vite et bafouille.

→ ....

→ ....

h. On rit quand on pense à cette mésaventure.

→ ....

→ ....

441 **Répondez sur le modèle suivant et utilisez les éléments donnés.**

Exemple : Qu'as-tu fait en attendant ? (lire une revue)

→ **J'ai attendu en lisant une revue.**

a. Qu'avez-vous fait en déjeunant ? (discuter)

→ ....

b. Qu'ont-ils fait en conduisant ? (regarder la carte)

→ ....

c. Qu'a-t-elle fait en arrivant ? (éclater de rire)

→ ....

d. Qu'as-tu fait en marchant ? (admirer le paysage)

→ ....

e. Qu'a-t-il fait en quittant sa femme ? (claquer la porte)

→ ....

f. Qu'avez-vous fait en retrouvant vos amis ? (pleurer de joie)

→ ....

g. Qu'a-t-elle fait en préparant le repas ? (écouter du Mozart)

→ ....

h. Qu'as-tu fait en visitant Lyon ? (faire des achats)

→ ....

442 **Associez faits et causes.**

a. En restant allongée au soleil,
b. Tu aggraves ta vue
c. Vous m'inquiétez
d. En m'écrivant parfois,
e. Ils se sont acheté un appartement
f. Ils améliorent leur français
g. En arrêtant de fumer,
h. Vous allez grossir

1. en mangeant si sucré.
2. elle me montre sa gentillesse.
3. en mettant de l'argent de côté.
4. en ne portant pas tes lunettes.
5. vous prolongez votre vie.
6. j'ai attrapé une insolation.
7. en écoutant la radio.
8. en me disant ça.

443 **Exprimez la cause par l'emploi d'un gérondif.**

Exemple : Comme il travaillait sur un ordinateur, il s'est rendu compte que sa vue baissait.
→ *En travaillant* sur un ordinateur, il s'est rendu compte que sa vue baissait.

a. Elle a gagné un voyage parce qu'elle a participé à un concours de mots croisés.

→ ....

b. J'ai eu un accident car je me suis endormi au volant.

→ ....

c. Comme tu regardais la télévision, tu as amélioré ton français.

→ ....

d. Tu feras les courses puisque tu passes devant le supermarché !

→ ....

e. Comme tu consultais Internet, tu as retrouvé l'adresse électronique de Jean-Grégoire.

→ ....

f. Il voyage beaucoup parce qu'il travaille dans une compagnie aérienne.

→ ....

g. Patricia a changé parce qu'elle vit au Vietnam.

→ ....

h. Vous vous rencontrez souvent car vous habitez dans la même rue.

→ ....

444 Dites le contraire et employez un gérondif.

Exemple : La directrice a exposé la situation sans prendre d'exemples.
→ La directrice a exposé la situation **en prenant des exemples**.

a. On a signé le contrat sans le modifier. → ....

b. Mireille a regardé le film sans pleurer. → ....

c. Les petits ont joué tout l'après-midi sans crier. → ....

d. Elle a répondu sans hésiter. → ....

e. Nicolas s'endort sans écouter la radio. → ....

f. Je regarde l'émission sans faire de commentaires. → ....

g. Alain parle sans bégayer. → ....

h. Certains sportifs courent sans s'essouffler. → ....

445 Exprimez la manière en employant un gérondif négatif.

Exemple : Les enfants sont sortis. Ils ne se sont pas bousculés.
→ Les enfants sont sortis **en ne se bousculant pas**.

a. Les Français acceptent cette réforme. Ils ne protestent pas.

→ ....

b. Ce magasin change ses heures d'ouverture. Il ne prévient pas ses clients.

→ ....

c. Vous faites vos achats. Vous ne comparez pas les prix.

→ ....

d. Je choisis les films que je veux voir. Je ne lis pas les critiques.

→ ....

e. Ils travaillent dans la bibliothèque. Ils ne font pas de bruit.

→ ....

f. Courez derrière moi et ne me dépassez pas.

→ ....

g. Il réussit tout. Il ne se force pas.

→ ....

h. Nous faisons le voyage. Nous ne disons pas un mot.

→ ....

446 Formulez des conditions à l'aide du gérondif.

Exemple : Vous arriveriez à l'heure si vous vous leviez plus tôt.
→ Vous arriveriez à l'heure **en vous levant** plus tôt.

a. Si on a plus de temps libre, la vie sera plus agréable.

→ ....

b. Elle apprendrait facilement ses leçons si elle écoutait mieux en classe.

→ ....

c. Je conduirais si j'habitais à la campagne.

→ ....

d. Si je prends le train de 18 heures, j'arriverai avant la nuit.

→ ....

e. Il serait en meilleure forme s'il faisait du sport.

→ ....

f. Il y aurait moins d'accidents de la route si on respectait les limitations de vitesse.

→ ....

g. Si tu refuses ce poste, tu feras une grave erreur.

→ ....

h. Si nous nous entraînions régulièrement, nous pourrions gagner ce match.

→ ....

447 **Remplacez les éléments exprimant la condition par un gérondif lorsque c'est possible.**

    Exemples : Nous aurons de bonnes places à condition d'arriver à l'avance.

        → Nous aurons de bonnes places *en arrivant* à l'avance.

        Au cas où il serait absent, adressez-vous à la concierge. → *impossible*

a. Tu obtiendras facilement ce renseignement pourvu que tu consultes le Minitel.

→ ....

b. J'assisterai à cette fête à condition que tu m'accompagnes.

→ ....

c. Du moment que vous n'avez pas de problèmes, vous êtes heureux.

→ ....

d. Nous ferons du ski à condition qu'il y ait de la neige.

→ ....

e. Si vous vous sentez fatiguée, nous ne sortirons pas ce soir.

→ ....

f. Avec une solide organisation, elle s'en sortirait mieux.

→ ....

g. Vous auriez de meilleures relations avec la clientèle à condition d'être plus souple.

→ ....

h. Au cas où tu gagnerais au Loto, tu pourrais t'offrir un beau voilier.

→ ....

448 **Utilisez un gérondif lorsque c'est possible.**

    Exemples : Il est arrivé alors que vous veniez de partir. → *impossible*

        Elle s'endort lorsqu'elle écoute une histoire.

        → Elle s'endort *en écoutant* une histoire.

a. Il fait le tour du lac quand il fait beau.

→ ....

b. Nous partirons lorsqu'il sera fatigué.

→ ....

c. Tu peux connaître les horaires si tu téléphones à la gare.

→ ....

d. Ils se sont rencontrés alors qu'ils jouaient au tennis.

→ ....

e. Je comprends mieux son attitude parce que je lis sa lettre.

→ ....

f. Ils avancent et ils bousculent les passants.

→ ....

g. Tu prends sa voiture quand il te la prête ?

→ ....

h. Elle serait plus jolie si elle se maquillait moins.

→ ....

Bilans

449 **Rayez ce qui ne convient pas.**

(Étant confronté/Confrontant) (1) à de graves problèmes, le père du petit Frédéric a accepté malgré tout de s'exprimer devant les caméras.

(En s'interrogeant/S'interrogeant) (2) sur ce dossier sensible, les journalistes avaient sollicité une interview de la famille. La mère de l'enfant (souffrant/étant souffrante) (3), et la grand-mère (ayant été/étant) (4) admise à l'hôpital pour troubles cardiaques, ces derniers avaient demandé à M. Bertin de répondre à quelques-unes de leurs questions tout (tenant/en tenant) (5) compte du fait qu'il était toujours délicat d'interroger un père (en traversant/traversant) (6) un moment si difficile de sa vie.

Le souci principal de la famille Bertin (étant/en étant) (7) de trouver rapidement 150 000 euros pour soigner leur fils, le père n'a pas hésité à accueillir les journalistes (demandant/en demandant) (8) devant les caméras aux gens de bonne volonté de faire un geste pour sauver le petit Adrien.

(En organisant/Organisant) (9) une collecte avec le concours de la radio et de la télévision, les journalistes ont réussi à recueillir en un temps record - vingt-quatre heures - la somme dont la famille avait besoin.

Ce matin, M. Bertin a tenu une nouvelle fois à s'exprimer. (Rendant/En rendant) (10) hommage aux personnes qui avaient donné de l'argent, et (soulignant/en soulignant) (11) l'effort déterminant des médias pour défendre sa cause, ce dernier a conclu (disant/en disant) (12) que son drame personnel lui aura permis de constater l'extraordinaire élan de solidarité qui peut toucher un peuple pour des causes simples et justes.

(En proposant/Proposant) (13) la création d'une association visant à soutenir les enfants victimes de cette maladie, M. Bertin a fait preuve, lui aussi, d'un bel élan de solidarité. Souhaitons-lui bonne chance.

450 Rayez ce qui ne convient pas.

*(Traversant/En traversant) **(1)** une période difficile, le quotidien* Le Monde *a décidé de changer de présentation.*

*(Procédant/En procédant) **(2)** à ce changement, le journal espère rassembler davantage de lecteurs. De plus, ses recettes publicitaires (s'effondrant/en s'effondrant) **(3)**, il souhaite les redresser. (Paraissant/En paraissant) **(4)** depuis plus de cinquante ans, c'est la plus importante modification que connaît* Le Monde *depuis sa création.*

*Le nouveau président présente ces transformations (portant/en portant) **(5)** sur trois points essentiels : une rénovation de l'organisation (réformant/en réformant) **(6)** les structures internes, une recapitalisation (devant/en devant) **(7)** compenser la hausse du prix du papier et la rénovation du titre (proposant/en proposant) **(8)** une nouvelle maquette.*

*Mais (attirant/en attirant) **(9)** de nouveaux lecteurs, il ne fallait pas déplaire aux anciens. Pour cela, tout (enrichissant/en enrichissant) **(10)** les rubriques traditionnelles, des nouveautés sont apparues (concernant/en concernant) **(11)** par exemple un fait de société ou une personnalité. Enfin, (touchant/en touchant) **(12)** à la présentation du journal, la pagination et le format restent identiques. Ainsi, tout (changeant/en changeant) **(13)** les caractères d'imprimerie, le nouveau journal ne semblera pas très différent de celui que vous connaissez.*

INDEX

Les chiffres renvoient aux numéros d'exercices

Q-R

S

T

V-Y